SMART

초등 교육을 위한 스마트 교수·학습 모형

스마트 교육으로
미래 교육을 연다

강성주 | 김현진 | 최숙기 | 김정렬 | 방정숙 | 김국현 | 조성화 공저

 북스힐

* 이 책은 세종특별자치시에서 지원한 연구 사업인 『스마트 학교 모델 개발 연구』에 기반하고 있음을 밝힙니다.

교실의 "수업" 풍경을 떠올려보라고 하면 대부분의 사람들은 교실 앞 칠판에서 하얀 분필로 판서를 하며 설명하고 있는 선생님과, 딱딱한 책걸상에 앉아 필기를 하고 있는 학생들의 모습을 떠올립니다. 대부분이 이러한 장면을 떠올리는 이유는 학교가 생긴 이래로 이러한 모습이 변함없이 이어지고 있기 때문입니다. 하지만 미래에는 이런 학교에 대한 고정관념이 바뀌어야 할 것 같습니다. 그 새로운 시도가 "스마트 교육"이라는 이름으로 시작되고 있습니다.

이미 일부 학교에서는 학생들이 책과 노트에 연필로 필기하는 것보다 스마트 패드에 전자펜으로 필기하는 것이 더 익숙하며, 선생님의 설명만 듣기보다 인터넷으로 검색하고 친구들과 이야기를 나누며 지식을 형성해가는 과정이 더욱 익숙합니다. 또한 학교 선생님이 아니더라도 유명한 과학자나 사회운동가 등을 인터넷을 통하여 교실에서 선생님으로 만날 수 있고, 교실에서 열심히 공부하고 운동장에서는 뛰어놀기만 했던 과거와 달리 운동장, 복도 어디든 교실이 되어 학습할 수 있는 공간이 되었습니다. 이렇게 스마트 교육이 실현된 학교에서 선생님은 학생들이 어디에서든 지식을 형성할 수 있도록 유연하게 학습 지침을 제공하고 어려운 부분을 도와주는 조력자로서 역할을 하게 됩니다.

이 책은 이러한 청사진을 대한민국의 일반 학교에 앞당기기 위한 시도입니다. 각 과목별 전문가들이 머리를 모아 교실에서 스마트 교육 방법을 활용하여 다양한 방식의 교육을 이끌 수 있는 교수·학습 모형을 연구하고 적용하여, 그 결과물을 이 책에 담았습니다.

혹시 아직까지 최첨단 스마트 기기가 있어야만 스마트 교육을 할 수 있다고 생각하고 있다면, 그것은 오해입니다. 스마트 교육은 첨단 IT 기기를 사용한 교육이라기보다는 학습 환경의 변화에 따르는 교육 방향의 변화라고 이해하는 것이 좋습니다. 선생님들은 이 책에서 제시하고 있는 모델을 바탕으로 각각의 교실 환경과 학생에 맞는 스마트 교육을 진행할 수 있을 것입니다. 이 시도가 우리가 상상하는 멋진 모습의 새로운 학교를 앞당겨주기를 기대합니다.

저자 일동

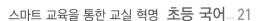

1장

스마트 교육의 이해

01 스마트 교육의 개념

1. 스마트 교육의 정의 및 범위

21세기 사회 진입에 따른 사회적 변화와 정보통신 기술의 발달은 새로운 형태의 인재를 요구하고 있다. 이에 따라 정부에서는 2011년 6월 "인재대국으로 가는 길, 스마트 교육 추진 전략"을 세우고, 2012년 3월부터 스마트 교육을 시행하였다.

교육과학기술부(2011)에서는 스마트 교육을 21세기 지식 정보화 사회에서 요구되는 새로운 교육 방법, 교육과정, 평가, 교사 등 교육 체제 전반의 변화를 이끌기 위한 지능형 맞춤 교수·학습 지원 체제라고 정의하고 있다. 즉, 스마트 교육은 교육 환경의 변화에 따른 교육 전 영역을 아우르는 종합적인 변화이며, 미래학교의 교육을 위한 지원시스템을 의미한다.

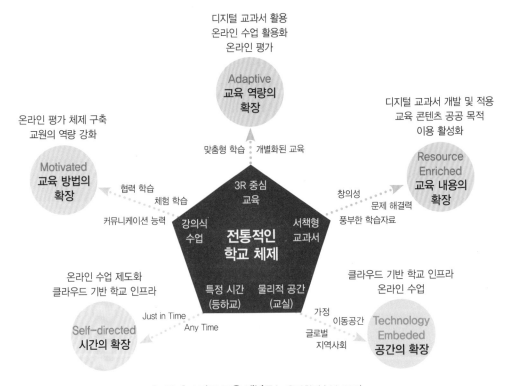

[그림 1] **스마트 교육 개념도**(교육과학기술부, 2011)

스마트 교육은 SMART의 각 글자를 첫머리로 한 다섯 가지 특징을 지닌다. 첫째, S(Self-directed, 자기주도적)는 교수·학습자에 관한 인식의 변화로서 학습자는 지식을 수용하는 수동적인 존재가 아니라 지식을 생산하는 적극적인 존재이며, 교수자는 지식을 전달하는 주도적 역할에서 벗어나 학습을 돕는 조력자로서의 역할을 담당한다. 학습자는 온라인 수업과 클라우드 기반의 학교 인프라를 통하여 자신의 학습 성취도를 진단·처방하고, 자신이 원하는 시간과 장소에서 학습함으로써 기존의 교육에서 시간의 제약을 넘을 수 있다.

둘째, M(Motivated, 흥미)은 체험을 기반으로 지식을 재구성할 수 있는 교수·학습 방법의 변화로 창의적 문제 해결과 과정 중심 평가를 지향한다. 이는 기존의 정형화된 교과 지식을 강의식으로 하는 수업에서 협력 학습, 체험 학습, 커뮤니케이션 학습 등의 다양한 교육 방법으로의 확대를 의미한다.

셋째, A(Adapted, 수준과 적성)는 학습자의 수준과 적성을 고려하여 유연하고 개별화된 학습을 제공함을 말한다. 교육 체제의 유연성이 강화되고 개인의 선호가 다양해짐에 따라, 학교는 지식을 대량으로 전달하는 장소에서 수준과 적성에 맞는 개별화된 학습을 지원하는 장소로 진화한다. 이러한 과정에서 스마트 기기, 디지털 교과서 등을 활용할 수 있으며, 이는 다양한 교육 방법을 시행할 수 있는 교육 역량의 확장을 의미한다.

넷째, R(Resource Enriched, 풍부한 자료)은 오픈마켓과 소셜네트워킹 등을 활용하여 공공기관, 민간 및 개인이 개발한 풍부한 콘텐츠와 집단지성, 소셜러닝 등의 다양한 국내외 학습자원을 교육에 활용함을 의미한다. 디지털 교과서를 통해 제공될 수 있는 다양한 종류의 학습 콘텐츠는 기존의 서책형 교과서가 제공하는 제한된 교육 내용의 확장을 의미하며, 학습자가 학습의 흥미와 문제 해결력을 증진하는 데 도움을 줄 수 있다.

마지막으로 T(Technology Embedded, 정보기술 활용)는 학습에 정보기술을 이용하여 학습자의 학습선택권을 최대한 보장하는 교육 환경을 의미한다. 클라우드 기반 학교 인프라와 온라인 수업을 활용하여 기존의 교실 중심 수업에서 벗어나 학습자의 요구에 따라 언제 어디서나 학습할 수 있도록 지원할 수 있는 교육 공간의 확장을 의미한다.

하지만 학자들은 스마트 교육에 대하여 비슷하지만 다른 관점을 보이고 있다. 임병노(2011)는 학습자가 스마트 기기와 소셜네트워크를 활용하여 스스로의 학습 요구를 진단하고 학습과정을 설계하여 최적의 성과를 내는 과정 속에서 자기주도적·창의적 학습 역량을 개발하는 학습 형태라고 정의한다. 임정훈(2011)은 스마트 교육을 지능적·적응적 스마트 기능을 갖춘 첨단 정보통신 기술 기반의 스마트 기기를 활용하여 학습자 개개인이 수준별·맞춤형 개별 학습과 소셜네트워크에 기반한 협력 학습을 통해 이론적·체계적인 형식 학습과 실천적·맥락적인 비형식 학습을 수행함으로써 학습 성과를 최적화하기 위한 학습 체제라고 정의하고 있다. 김현철(2011)은 기존에 분리되었던 교육적 단위들(교과서, 교육자료, 외부 전문가, 학생, 교사, 학교, 교실 등)이 스마트 인프라(클라우드, 무선인터넷, 유비쿼터스, 스마트 기기 등)를 바탕으로 자동 연결되어 새로운 교육적 가치(참여와 공유, 협력, 창의, 융합, 문제 해결력 등)를 발생시키는 것이라고 말한다. 즉, 학자들은 교육에 스마트 기술을 사용하여 교수 방법을 변화시키는 데에 초점을 둔 미시적 관점을 보인다.

스마트 교육에 대한 다양한 관점을 종합한 정의는 김현진(2012)에서 찾아볼 수 있다. 스마트 교육이란 미래교육 대비와 21세기 학습 역량 증진을 위한 교육 패러다임의 변화를 추구하는 교육 지원 체제로서, 이를 위해서 작게는 수업 방법의 개선에서부터 교육 체제의 종합적인 변화까지의 교육 혁신을 말하며, 특별히 첨단 스마트 기술이 이를 효과적으로 지원할 수 있다.

2. 스마트 교육과 21세기 학습자 역량

21세기 사회는 지식 기반 사회로서 반복된 훈련으로 습득한 기술이나 간단한 사고 능력이 필요했던 과거의 산업 사회와 달리 고차원적인 사고와 복합적인 문제 해결력을 요구한다. 따라서 교육도 강의를 반복함으로써 획일화된 기술을 가진 산업 사회형 인재를 대량으로 양산하던 과거의 시스템에서 벗어나 고차원적 능력을 가지고 사고하는 다양한 인재를 양성하는 것으로 변화되어야 한다. 이러한 이유에 따라 21세기 학습을 위한 파트너십(Partnership for 21st century learning)에서는 21세기를 성공적으로 살아가기 위하여 필요한 핵심 학습 능력을 선정하였다. 이 역량은 창의력과 혁신(Creativity and Innovation), 비판적 사고력 및 문제 해결력(Critical Thinking, Problem Solving, Decision Making), 협력(Collaboration)과 의사소통(Communication)이다. 여기에 ACT21S의 skills for living in the world 영역에서 제시한 시민의식(Citizenship)을 추가하기도 한다.

21세기 학습자 능력을 기르기 위한 방법으로 현대 사회에서는 스마트 기기, 클라우드, 무선인터넷 등의 스마트 기술에 주목하고 있다. 스마트 기술은 일상적 삶에서도 의사소통 방식, 정보의 접근과 활용 등에서 큰 변화를 가져왔다. 사람들은 자신의 스마트 기기를 이용하여 다양한 정보에 쉽고 빠르게 접근할 수 있으며, 획득한 정보를 다른 사람과 공유하며 의견을 자유롭게 나누기도 한다. 이러한 스마트 기술의 성격은 스마트 교육이 지향하는 21세기 학습자 역량과 같은 성격을 가진다. 즉, 스마트 기술은 21세기 학습자 역량을 기를 수 있는 효과적인 교육 방법이자 교육 목표가 될 수 있다.

02 스마트 교육의 교수·학습 모형

현장에서 개발된 스마트 교육 사례는 교육과학기술부의 거시적인 측면의 지원 체제이기보다는 교실에서 실천할 수 있는 교육 방법의 변화인 미시적 측면에서 살펴볼 수 있는 사례가 대부분이다. 김현진(2012)에 따라 스마트 교육 사례는 [표 1]과 같이 분류할 수 있다.

1. 교실 중심 협력 학습

교실 중심 협력 학습은 교실에서 가장 보편적으로 사용할 수 있는 모형으로서 기존의 협력 학습에서 스마트 기술을 이용하여 새로운 활동을 추가한 형태다. 이러한 수업은 상대적으로 플랫폼이 부족한 스마트 환경에서도 활용할 수 있으며, 기존의 수업과 많이 다르지 않으므로 스마트 교육에 익숙하지 않은 교사도 쉽게 적용해볼 수 있다.

이 수업의 일반적인 절차는 '문제 상황 제시→문제 확인 및 역할 분담→모둠별 개별 활동→문제 해결안 도출→협력 보고서 작성→해결안 발표→평가 및 성찰'이다. 이때 스마트 기기는 기존에

[표 1] 스마트 교수·학습 사례 모형 분류

스마트 교육 모형	교육 방법	핵심 학습자 역량	적용 스마트 기술
교실 중심 협력 학습	협력 학습	의사소통, 협력	문서협력도구
지능형 맞춤 학습	개별화 학습	사고력, 협력	OER
증강현실 탐구 학습	체험 학습	창의성	증강현실 애플리케이션
비형식 학습 통합 모형	체험 학습	의사소통, 협력	QR코드
학교 간 프로젝트 학습	협력 학습	의사소통, 협력	원격화상기술
글로벌 프로젝트 학습	협력 학습	협력	원격화상기술
스마트 STEAM 교육	협력 학습	사고력, 협력	SNS
e-교과서 활용 모형	종합	의사소통	e-교과서
의사소통 모형	협력 학습	창의성, 의사소통, 협력	문서협력도구, SNS, 녹음/녹화 기능

김현진(2012). 스마트 교육의 개념과 교수·학습 모형, 청람교과교육포럼, 미발간, 일부 수정.

교사가 일방적으로 강의를 통하여 전달하던 지식을 학습자끼리 협력하여 스스로 지식을 구성할 수 있도록 도와주고, 스마트 기기를 이용함으로써 모둠원 모두가 학습 활동에 적극적으로 참여할 수 있다. 하지만 이 수업 모형은 학습자가 협력을 통하여 지식을 창출하는 형태이므로 학습 방향에 대한 교사의 피드백이 중요하다.

사례: 초등학교 사회과(조기성, 2012)

초등학교 4학년의 사회과에서 적용된 이 수업은 궁궐의 특징을 설명하는 교과서 내용을 바탕으로 하였다. 교사는 e-교과서를 통하여 서울에 있는 궁궐을 제시한 후, '다른 나라 친구에게 궁궐을 소개하기'라는 과제를 부여하였다. 학생들은 교사가 제시한 문제를 해결하기 위하여 모둠원별로 조사할 내용을 나누었다. 학생들은 개인의 스마트 기기를 이용하여 자신이 맡은 부분을 웹에서 검색한 후 메모장에 정리하였다. 메모장에 정리한 내용은 다른 나라 친구들에게 궁궐을 소개하기 위하여 구글 번역기를 이용하여 다른 나라의 언어로 번역한 후, 구글 문서에 정리하였다. 이때 교사는 모바일 구글은 텍스트 환경밖에 지원하지 않으므로 미리 그림과 폰트 설정을 해놓은 문서로 들어가도록 안내해야 한다. 궁궐 소개 보고서가 완성되면, 학생들은 보고서를 SNS에 탑재하고 활동 소감을 공유하였다.

2. 지능형 맞춤 학습

지능형 맞춤 학습은 인터넷의 풍부한 교수·학습 자료를 활용하여 학습자의 수준에 맞춰 개별화한 교수·학습을 말한다. 최근에 '교실 뒤집기'라고 불리는 새로운 수업 방식인 Flipped instruction(Flipped the Classroom, Flipped teaching)이 이 모형에 적당하다. 이 수업의 절차는 학생 스스로 교사가 만든 비디오나 OER(Open Education Resource)로 학습 주제에 대하여 미리 공부한 후, 교실에서는 다른 학생들과 학습한 지식을 적용하여 문제를 해결하는 형태다. 여기서 교사는 학생들의 활동을 안내하는 조력자 역할을 담당한다. 이러한 수업 형태는 수업 시간을 학생들이 상호작용할 수 있는 장으로 활용함으로써 학생들의 활동을 강조하여 한정된 시간을 효율적으로 활용할 수 있다. 또한 개별 스마트 기기를 이용하여 개별적으로 학습하는 형태는 자신의 수준에 맞는 학습 자료를 선택하여 학습 성취도를 높일 수 있다는 장점이 있다. 하지만 학생의 수준에 맞는 학습 자료를 미리 준비해야 한다는 점에서 교사의 부담이 크며, 학습에 흥미가 부족한 학생을 이끌기 위한 장치가 부족하다는 단점도 있다.

사례: 초등학교 학년 통합 교실(블로터닷넷, 2012. 5. 18.)

소규모 학교의 경우 학생수가 적어 한 교실에서 두 학년이 함께 공부하는 경우도 있다. 이러한 경우 이전의 강의식 수업으로는 효과적인 학습을 진행하기가 어렵다. 이러한 환경을 극복하기 위하여 슬레이트 PC를 이용한 교수·학습 활동을 해보았다.

　사례의 교실은 5학년과 6학년의 통합 교실로, 수업이 시작되면 학생들에게 교과서를 펴고 슬레이트 PC를 켜도록 했다. 교사는 6학년에게 학습 목표를 소개한 후 교과서를 읽고 스스로 노트를 정리하는 과제를 내준 다음, 5학년들에게는 교과서 내용을 설명해주었다. 그동안 6학년 학생들은 교과서를 읽고 정리하며 모르는 부분은 인터넷을 검색하고 이미지를 캡처하여 정리하였다. 정리한 내용은 블로그에 올려 다른 사람들과 공유하였다. 약 15분이 지난 후, 6학년 학생들은 학습 주제에 대하여 자신이 정리한 내용을 발표하고, 5학년 학생은 배운 내용을 컴퓨터에 정리하고 블로그에 올리도록 하였다.

3. 증강현실 탐구 학습

　증강현실 탐구 학습은 스마트 기술의 특징을 잘 살린 모형으로, 증강현실을 교수·학습 방법으로 사용한다. 증강현실은 가상현실의 한 분야로 실제 환경이 가상 사물이나 정보를 합성하여 원래의 환경에 존재하는 사물처럼 보이도록 하는 컴퓨터 그래픽 기법이며(위키피디아, 2013), 스마트 기기에서 미리 제작된 애플리케이션(이하 '앱')을 통하여 이용할 수 있다.

　이 모형의 장점은 교실에서 적용할 수 없는 교육을 증강현실을 통하여 현장감 있게 배울 수 있다는 점과 교실 밖의 세상과 연계함으로써 현실세계에서의 지식을 적용한 상황 학습이 가능하다는 점이다. 하지만 증강현실 앱을 수업에서 활용할 수 있는 범위가 제한적이라는 단점이 있다.

사례: 초등학교 과학과(허두랑, 2012)

　초등학교 6학년 과학 수업에서 북쪽 하늘에 보이는 별자리를 학습하기 위하여 증강현실 앱을 활용하였다. 'Star Walk'는 증강현실을 통하여 행성의 움직임을 관찰할 수 있는 응용프로그램이다. 학생들은 별자리 앱의 조작 방법을 숙지한 후, 앱을 실행한 스마트 기기를 하늘을 향해 들어 올려 북쪽 하늘의 별자리가 나타나게 하였다. 그리고 스마트 기기에 나타난 북쪽 하늘의 별자리를 관찰한 다음, 학습지에 그렸다. 관찰한 별자리 중 평소에 관심을 가졌던 별자리는 검색을 통하여 별자리에 얽힌 신화나 전설을 간단히 정리한 후 발표할 수도 있다. 마지막으로 학생들은 수업의 결과를 SNS에 자유롭게 정리하여 올렸다.

4. 비형식 학습 통합 모형

　비형식 학습(Informal learning)은 교육적으로 의도하지 않은 활동에서 자연스럽게 배우는 학습을 의미한다. 하지만 이 모형의 비형식 학습은 학교 수업의 연장으로 학교 밖인 박물관, 극장, 놀이동산 등에서 일상 중에 배우는 활동을 정리하고 훈련시키는 데에 의의가 있다. 이 모형의 일반적인 절차는 현장을 방문하거나 체험하여 얻은 자료를 보고서 등의 산출물로 내는 형태로 진행된다.

이 모형은 학생들이 학습에 대한 높은 동기를 가지고 자발적으로 참여한다는 점에서 큰 장점이 있지만, 학생의 안전과 통제 면에서 교사들이 큰 부담을 져야 한다는 측면의 단점도 있다.

사례: 고등학교 지구과학과(경남 지구과학 교과교육연구회, 2012)

경남 지구과학 교과교육연구회(2012)에서는 지구과학 중심 STEAM(융합인재교육) 수업을 위한 CRM 을 개발하여 시공간의 제약 없이 활용할 수 있는 프로그램을 구성하였다. 지구과학 중심 STEAM 요소를 QR코드로 제작하고 현장에 부착하여, 학생들이 QR코드를 이용하여 능동적으로 체험 학습을 할 수 있도록 계획하였다.

QR코드에는 기관에 대한 소개와 학습 멘토용 안내지(교수·학습 지도안, CRM 소개 및 활동 포인트, QR코드 학습자료 안내), 학생용 체험 활동지, 정리 활동지 등이 포함되어 있으며, 이렇게 개발된 코드는 지역사회의 협조를 얻어 경남 지역의 14개 기관에 부착하였다. 학생들은 체험 활동 기관을 방문했을 때 체험 활동지를 QR코드로 인식하여 학습한 뒤, 학교로 돌아와 정리 활동을 할 수 있으며, 이를 통하여 체험 활동 경험과 지식을 내면화시킬 수 있다.

5. 학교 간 프로젝트 학습

학교 간 프로젝트 학습 모형은 인터넷 및 스마트 기술을 이용하여 교실 내의 친구들뿐만 아니라 도시와 농촌 학교, 본교와 분교와 같은 다른 학교 학생들과 함께 학습하는 모형이다. 이전의 화상 수업의 경우에는 교사가 중심이 되는 설명식 강의가 중심이었으나, 최근의 수업에서는 양쪽 학교 학생들 간의 협력 학습을 포함하기도 한다. 또한 도시와 농촌의 학교 간 프로젝트 학습은 각 지역의 특성을 살려 교육할 수 있기에 현장감 있는 교육이 가능하다.

이러한 수업 모형은 자신의 지역사회뿐만 아니라 다른 지역의 친구를 만날 수 있다는 점에서 학습

화면 공유하기 발표 및 질의하기

[그림 2] **학교 간 프로젝트 수업 사례**(2013년도 스마트 교육 연구학교 연수 및 협의회, 2013)

동기를 불러일으키기에 좋다. 하지만 수업활동을 위한 의사결정이나 자료 수집과 분석, 보고서 작성을 위한 토론이 인터넷 커뮤니티를 통해 진행되므로 면대면 상황보다는 효율적인 대화가 어려울 수 있다.

사례: 근덕초등학교 본·분교 통합 수업(2013년도 스마트 교육 연구학교 연수 및 협의회, 2013)

강원도 삼척시에 위치한 근덕초등학교는 본교를 중심으로 4개의 분교(궁촌분교, 노곡분교, 동막분교, 마읍분교)가 온라인 화상수업을 이용하여 스마트 교육을 하고 있다. 이러한 수업의 경우는 화상 수업에 대한 교사들의 인식 차이와 수업 설계 방법, 비용 및 기술적 문제, 수업 설계 등의 부분에서 어려움이 발생한다. 이러한 문제를 해결하기 위하여 교사들은 미리 수업에 관하여 논의하였다. 우선 수업 주제는 본·분교 간 온라인 화상수업이 당위성을 가질 수 있도록 각 지역의 특성을 살릴 수 있는 6학년 '동물과 함께하는 생활'로 정하고, 다양한 사례를 학습할 수 있도록 학급별로 애완동물이나 경제동물을 기르는 학생을 미리 선정하여 동물을 기른 과정과 느낌을 발표하는 수업 활동을 계획하였다. 이 수업 주제에 맞춰 수업은 교사 1인 주도로 전개하고, 각 학급의 활동 결과를 온라인으로 발표하도록 하였다. 그리고 비용 및 기술적 문제를 극복하기 위하여 본·분교의 교사 PC에 학생 방향으로 웹캠을 설치하여 구글 행아웃 앱을 이용하여 교류하였다. 학생들은 PC와 연결된 TV 화면을 보면서 자신의 경험을 발표하였다.

6. 글로벌 프로젝트 학습

글로벌 프로젝트 학습은 온라인 서비스를 이용하여 진행한 학교 간 프로젝트 학습에서 대상 학교가 다른 나라의 학교로 바뀐다는 점을 제외하면 거의 유사하다. 다른 나라 친구들과 함께 수업을 받는 경험을 통하여 학생들은 외국어 능력을 쌓을 수 있고, 글로벌한 감각을 익힐 수 있다. 하지만 외국어 능력이 부족한 학생들에게는 오히려 어려움이 있을 수 있고 문화 간 충돌이 생길 수 있으므로 학습 전 공감대 형성이 필요하다. 또한 협력 활동의 절차도 복잡하기보다는 흥미롭고 용이한 것으로 선택해야 한다.

사례: 광주교대 부설초등학교 IVECA 운영

광주교대 부설초등학교는 학생들의 국제 감각을 기르기 위하여 2010년부터 IVECA(국제 가상학교 프로그램)를 통하여 미국의 초등학교와 화상수업을 진행하고 있다.

수업 전에 양국 교사는 양국의 교육과정을 분석하여 공통된 교육 내용을 확정하였다. 그리고 수업을 어떻게 진행할 것인지 협의하여 수업 절차를 결정하였다. 또 양국의 학생들에게 수업 주제를 사전에 안내하고 각자 주제에 대하여 조사하게 한 후, 조사 내용을 홈페이지에 탑재하였다. 양국의 학생들은 홈페이지에 올라간 내용을 살펴보며 의견을 교환하였다. 본격적인 수업은 주로 조사 내용을 발표하고 토론하는 내용 위주로 진행되었다. 이때 학생들의 이해를 돕기 위해 한국인 자원봉사자가 통역을 하였다.

7. 스마트 STEAM 교육

스마트 STEAM 교육은 기존의 STEAM에 스마트 기술을 이용한 모형이다. 이 교육은 여러 교과목의 내용이 통합된 형태로 21세기 학습자 능력을 기르기 위하여 교과 내용을 재구성하고 교과를 통합하는 스마트 교육의 목표와도 잘 부합된다. 또한 기존에 개발된 STEAM 교육의 대부분이 강의식 설명이기보다는 학생들이 직접 문제를 해결하거나 체험하는 형태가 많아서 스마트 기술이 효과적으로 기능할 수 있다. 하지만 이 수업 모형은 정규 교과 활동에서는 이루어지기 어렵다는 단점이 있다.

사례: 중학교 STEAM(교육과학기술부, 2012)

이 수업은 중학교 STEAM 교육에서 시도된 사례로, SNS를 활용하여 학생들의 의사소통 과정에 효율성을 높였다. 교사는 지난 시간에 학습한 지진과 내진 설계의 원리를 설명한 후, 학교에서 지난 시간의 학습을 적용해볼 것을 제안하였다. 학생들은 모둠별로 모여 해결해야 할 문제를 정리한 후 역할을 분담하였다. 또한 교사는 모둠별로 지진에 취약한 부분을 찾아 나서기 위하여 찾아갈 곳을 정하는 과정에서 위치가 겹치지 않도록 조정하였다. 학생들은 학교 일대를 돌아다니며 지진에 취약할 것 같은 위치와 이유를 SNS에 올렸다. 학생들은 다른 모둠이 올린 사례를 살펴보며 자신들의 자료를 수집하였다. 교실로 모인 학생들은 다른 학생들의 자료를 살펴보며 토의를 통하여 내진 설계를 어떻게 적용할지 아이디어를 도출하였다. 그리고 마지막으로 자신이 수집한 자료와 의견을 다른 학생들에게 발표하였다. 나머지 학생들은 모둠의 발표가 끝날 때마다 구글 드라이브를 통하여 동료 평가를 하고, 교사는 보완할 점과 잘한 점을 상세하게 설명하였다.

8. e-교과서 활용 모형

e-교과서는 스마트 교육의 5대 중점 추진과제 중 하나인 '디지털 교과서 개발 및 적용'에서 알수 있듯이 스마트 교육에서 매우 높은 비중을 차지하고 있다. 하지만 현장에서 시도되고 있는 스마트 교육의 대부분은 정부에서 제작한 디지털 교과서가 아니라 교사가 직접 제작한 e-교과서 형태다. e-교과서는 일반인이 저작도구를 이용해 쉽게 제작할 수 있는 e-Book과 같은 형태로서, 교사는 수업에 필요한 웹사이트나 동영상 등의 교수·학습 자료를 e-교과서에 넣어 학생들이 수업 내용에 집중할 수 있도록 도와준다. 하지만 수업을 위하여 직접 교과서를 제작해야 하는 교사의 부담이 증가하는 단점이 있다.

사례: 초등학교 과학과(교육과학기술부, 2012)

초등학교 6학년 과학과에서 e-교과서를 활용해보았다. 학생들은 교사가 미리 제작한 e-교과서를 통하여 '수리부엉이의 습격'이라는 동영상을 감상한 후, 문제를 확인하였다. 문제는 '사람들이 생태계에 미치는 영향과 자연을 보호하기 위한 방법을 조사하여 발표하기'다. 교사는 SNS에 '발표 점검(자료 점검, 발표자 선정, 발표 준비) → 발표하기(화면 보고 발표하기, 친구 발표 모습 SNS에 공유하기) → 정리하기(정리자료 감상하기, 생각 말하기)'의 학습 활동 절차를 미리 안내하였다. 학생들은 문제를 해결하기 위하여 해당 주제를 e-교과서를 통하여 공부하고, e-교과서에서 안내한 웹을 검색하였다. 검색하여 얻은 자료는 모둠원끼리 공유할 수 있도록 네이버 N드라이브에 탑재하였다. 이때 교사 역시 학생들이 공유한 자료를 점검하고 다른 모둠과 상호작용하도록 안내하였다. 학생들은 발표 자료를 정리해 발표한 후, 서로의 활동 내용을 평가하였다.

9. 의사소통 모형

이 수업은 수업의 효과성을 높이기 위한 다른 수업 모형과 달리 학생들의 태도 향상, 학습 동기 유발의 효과에 초점을 둔 모형이다. 많은 교사들이 스마트 교육을 시도한 이후 가장 달라졌다고 생각하는 점은 잘하는 몇몇 학생의 의견뿐만 아니라 말이 없고 소심한 학생들의 목소리까지 들을 수 있게 되었다는 점이다. 부끄러움이 많아 말을 하지 않던 학생들도 개별 스마트 기기를 이용하면 자신의 의견을 표현할 수 있으며, 교사는 그러한 학생들의 의견을 실시간으로 받아볼 수 있고, 빠르게 의사소통하며 더욱 쉽게 정을 쌓을 수 있다.

하지만 SNS나 앱을 활용하여 수업 시간 이후에도 의견을 나눌 경우 교사 개인의 시간을 들여야 하며, 교사 개인의 계정을 활용할 경우 학생들에게 사생활이 노출될 수도 있다. 이러한 경우 올바

[그림 3] 재량활동 수업 모습

른 의사소통이 이루어질 수 있도록 사전에 네티켓 교육을 실시하며 학생들이 자발적으로 의사소통에 참여할 수 있도록 독려가 필요하다.

사례: 중학교 재량활동(김두일, 2012)

중학교 재량활동 시간을 이용한 '우리 학급 소개 동영상 제작하기' 사례는 스마트 교육을 이용한 생활지도가 가능하다는 점을 보여주었다. 교사는 폐쇄형 SNS를 활용하여 모둠클래스를 개설한 후, '우리 학급 소개 동영상 제작'이라는 프로젝트 과제를 소개하였다. 학생들은 프로젝트 과제를 수행하기 위하여 구체적인 계획을 세우고 역할을 분담하였다. 학생들의 협의는 오프라인과 SNS를 이용한 온라인에서 모두 이루어졌으며, 시나리오 작업의 경우 온라인 협업이 가능한 경우에는 구글 드라이브를 이용하여 함께 작업하였다. 제작한 학급 동영상은 모든 학생이 함께 볼 수 있도록 클래스에 탑재하였다. 본 사례는 학기 초에 SNS를 활용하여 학생들의 의사소통과 협력을 이끌어냈다는 점에서 의의가 있다.

03 스마트 교육 교수·학습 모형 개발 방향

스마트 교육이 시행되면서 많은 수의 스마트 교수·학습 사례가 현장 교사들의 손에서 개발되었다. 개발된 사례는 다양한 교수·학습 방법을 시도할 수 있는 초등학교급 모형이 대부분이다. 중등학교는 초등학교와 비교할 때 상대적으로 입시 부담이 커, 교과의 전문성을 살리며 다양한 교수·학습 방법을 시도하는 새로운 형태의 교육을 적용하기가 쉽지 않은 까닭이다. 하지만 21세기 학습자 역량을 기르기 위한 교육은 초등학교뿐만 아니라 중등학교급에서도 꼭 필요하다. 그러므로 본 스마트 교육 교수·학습 모형은 초등과 중등의 학교급 특성을 살리면서 과목별 전문성에 맞게 개발하였다.

기존에 개발된 스마트 교육 모형은 모형의 개발 주체에 따라 큰 차이점을 보인다. 학자가 개발한 모형의 경우, 과목에 상관없이 폭넓게 적용할 수 있는 형태로 개발된 모형은(김혜정·김현철, 2012) 스마트 교육의 이점을 활용하여 과목이나 학교급에 상관없이 사용할 수 있지만, 교실에서 과목의 특성에 맞게 활용하기는 어렵다. 반면에 교사들이 개발한 모형의 경우, 교실 환경에 맞춰 쉽게 적용할 수 있도록 현장 중심으로 개발되었다(박선아 외, 2012). 하지만 이런 모형은 학교급과 과목별로 고루 개발된 것이 아니라 일부 학교급과 일부 과목의 모형이 많아 전 과목에 적용하기는 어려운 점이 있다. 본 교재의 스마트 교육 교수·학습 모형은 이러한 상황을 고려하여 양쪽의 장점을 포괄하는 모형을 추구하였다. 기존의 교과별 핵심 모형을 활용하여 이론의 바탕으로 삼되, 교실의 스마트 교육 환경에 적용할 수 있도록 모형을 일부 변형하거나 새로운 모형을 학교급·과목별로 개발하였다.

스마트 교육의 도입 배경이자 지향점은 21세기 학습자 역량을 기르는 것이다. 21세기 학습자 역량은 교육 내용이나 교육 방법 등의 한 가지 변화로만 이루어지지 않는다. 교과에서 학습해야 할 학습 내용을 바탕으로 21세기 학습자 역량을 증진시킬 수 있는 활동과 방법이 꾸준히 이루어져야 한다. 그러므로 본 연구에서는 스마트 교육 교수·학습 모형에 21세기 학습자 역량을 증진시킬 수 있는 다양한 활동을 추가하였다.

기존의 스마트 교육 교수·학습 모형은 교육 방법의 변화라는 미시적 측면에서 개발하여 스마트 기술을 활용하여 혁신적인 교육 방법의 변화는 가져왔지만, 기존의 평가 방식을 이용하여 스마트 교육에서 추구하는 학습 목표를 측정할 수는 없었다. 하지만 본 연구에서 개발한 스마트 교육 교수·학습 모형은 스마트 교육을 거시적 관점에서 바라보는 교육과학기술부의 관점에 따라, 스마트 교육을 교육 방법적 관점에서만 바라보는 것이 아니라 교육과정, 평가, 교사 등 교육 체제 전반의 변화를 이끄는 지원 체제라는 관점을 받아들여 스마트 교육에 적합한 평가 방법을 마련하였다. 그 개발 절차를 정리하면 다음과 같다.

첫째, 기존의 교수·학습 모형의 이론적 근거를 바탕으로 학교급·과목별 특성에 맞는 새로운 스마트 교육 교수·학습 모형을 개발하였다.

둘째, 스마트 교육 교수·학습 모형에 21세기 학습자 역량을 증진시킬 수 있는 다양한 활동과 방법을 추가하였다.

셋째, 교육과학기술부의 거시적 관점에 따라 스마트 교육 교수·학습 모형에 적합한 평가 방법을 마련하였다.

04 교과별 수업 모형의 특징 및 개요

　본 교재의 스마트 교육 수업 모형의 대부분은 기존의 수업과 마찬가지로 '동기 유발−활동−정리 및 발표'의 단계를 따르고 있다. 하지만 스마트 교육의 목표인 21세기 학습자 역량 강화를 위하여 문제를 해결하기 위한 협력 학습을 강조했으며, 스마트 도구는 학습자와 학습자 간, 학습자와 교사 간 원활한 의사소통을 뒷받침하는 도구로 활용하였다. 또한 활동 결과를 발표하는 것에 그치던 기존의 수업에서 발전하여, 스마트 도구를 활용하여 활동 중간에도 다른 학습자들의 활동 상황을 공유함으로써 학생 개인이 자신의 활동 상황을 점검할 수 있도록 하였다.

　개발된 스마트 교육 교수·학습 모형을 활동 위주로 살펴보면 학교급의 특성이 드러난다. 초등학교 모형에서는 학생의 흥미를 끌기 위하여 이야기 위주로 접근하거나 놀이와 같은 활동을 포함한다. 학생들은 역할극, 노래하기 등 실생활과 연결되는 활동을 통해 자연스럽게 지식을 생성할 수 있다. 또한 스마트 도구는 학생들이 쉽게 사용할 수 있는 검색 엔진의 카페 게시판, SNS, 클라우드나 스마트 기기의 기본 기능인 카메라, 녹음기 등이 이용된다. 중등학교의 경우, 초등학교와 달리 지식을 강화하기 위하여 규칙 도출하기, 지식 생성하기 등의 탐구 활동이 많다. 중등학교 학생은 스마트 기술에 대한 이해도가 초등학생보다 빠르므로 초등학교급에서 사용하는 도구와 GSP, 구글 어스 등 학생들이 평소에 알지 못하던 도구를 이용하여 학습할 수 있다.

　본 교재의 스마트 교육 교수·학습 모형을 과목별로 살펴보면 교과별 특징이 드러난다. 국어와 영어와 같은 언어 교과의 경우, 스마트 도구를 이용하여 읽기, 말하기, 쓰기 등의 활동을 모든 학생이 수행할 수 있도록 되어 있다. 사회 교과의 경우, 실시간으로 지식을 검색하고 공유하면서 지식을 획득하는 과정에서 스마트 도구를 이용하였다. 과학 교과의 경우에는 스마트 도구를 활용하여 1인 맞춤형 학습을 구현하였으며, 관찰 과정과 결과를 다양한 방법으로 기록할 수 있는 방법을 제시하고 있다.

[표 2] 스마트 교수·학습 모형의 대표 활동

		초등			중등	
		모형	대표 활동		모형	대표 활동
국어	읽기	협동적 SMART 모형	광고 분석하기 광고 만들기	문학	라인 모형	인물망 그리기 인물지도 만들기
				문법	모드 모형	규칙 도출하기
	문학	3RS 문학 학습 모형	갈등 파악하기 역할극 하기	쓰기	그룹 모형	보고서 작성하기 보조 자료 제작하기
영어		스마트 기본 모형	날씨 표현하기		듣기+말하기 통합 의사소통 활동 모형	초대하는 대화를 듣고 초대 전화하기
		스마트 과제 중심 모형	연예인 일정 검색, 표현하기			
		스마트 역할놀이 모형	역할놀이 하기		쓰기+말하기 통합 의사소통 활동 모형	세계 명절 소개글 쓰기
		스마트 스토리텔링 모형	소리 내어 읽은 후 과제 수행하기			
수학	측정	스마트 수학과 추론 모형	삼각형의 넓이 구하는 방법을 추론하고 공유하기		개념 형성 모형	e-Book에서 제공된 동영상을 시청하고 정의와 연결 짓기
	확률과 통계	스마트 수학과 문제 해결 모형	다문화 학생 수 증가에 관한 그래프 해석하기			
	측정	스마트 수학과 스토리 모형	이야기 도입하기		개념 응축 모형	GSP 프로그램으로 그래프 그리기
			이야기 탐색하기			
			이야기 조직하기		개념 도구화 모형	상위 수준 문제를 모둠별로 협력하여 해결하기
			이야기 돌아보기			
			이야기 산출하기			
과학		인지 개별 맞춤형 교수·학습 모형	학습 내용과 관련된 생각 표현하기		스마트 지식 생성 모형	관찰 결과 작성하기 (사진, 녹음 등)
			인지 갈등 상황에서 처치와 심화 활동 제시하기			효모 활성이 적용된 사례 검색하기
		PEOE 개별 맞춤형 교수·학습 모형	예상과 관련된 탐구를 하고, 관찰 결과 기록하기			축약된 보고서 작성하기
			수행 결과를 설명하여 과학적 개념 발견하기		스마트 지식 설명 모형	관찰 과정과 결과 기록하기
		역발상 교수·학습 모형	과제의 일반적인 특징 나열하기			관찰 방법 고안하기
			특징을 뒤집어 아이디어 생성하기			과학적 개념에 대해 가치 판단하기
			아이디어 선택 및 실현하기			

도덕 (초등) 사회 (중등)	SNS 활용 성찰포트폴리오 모형	SNS로 자기 성찰하기	구글 어스 이용 학습 모형	지도를 이용한 위치 찾기
			협동 학습 모형	모둠별로 해안 지역의 변화 파악하기
	교실탐구공동체 모형	반성과 관련된 주제를 토론하기	토의 학습 모형	환경 문제 해결 방안 토의하기

2장

스마트 교수·학습 모형의 실제

초등 국어
초등 영어
초등 수학
초등 과학
초등 도덕

스마트 교육을 통한 교실 혁명
초등 국어

국어 교육과 스마트 교수·학습 모형

01 국어 교육과 스마트 교수·학습 모형의 개요

1. 국어 교육과 21세기 학습자 역량

스마트 교육은 21세기 지식 정보화 사회에서 요구하는 인재를 키워내기 위해 반드시 필요한 교육이다. 지식 정보화 사회에서 요구하는 인재는 창의성과 인성을 갖추고 있으며, 문제 해결력과 창조적 사고력, 공동체 의식을 지닌 인간이다. 이와 같은 인재를 개발하기 위한 교육 방안으로 스마트 교육이 대두되고 있다.

전통적인 학교 체제에서 국어 교육은 교실이라는 특정한 물리적 공간에서 정해진 수업 시간에 따라 획일적인 서책형 국어 교과서로 읽기와 문학 중심 강의식 수업을 하는 것이었다. 이와 달리 스마트 교육을 활용한 국어 교육은 시간, 공간, 도구, 강의 내용, 강의 방법 등에 제한이 있는 전통적인 학교 체제에서 벗어나 새로운 교육으로 나아갈 수 있다. 스마트 기기를 활용한 국어 수업의 장점은 교사가 학생에게 일방적으로 지식만 전달하던 강의식 수업에서 벗어나 스마트 기기나 웹이라는 장치를 통해 교사와 학생, 학생과 학생 간의 활발한 실시간 상호작용을 이끌어 낼 수 있다는 것이다. 이를 통해 교사는 학생의 실시간 학습 상황을 체크하여 학생 개인에 맞게 개별 지도를 할 수 있을 뿐만 아니라 학생들의 진정성 있는 언어생활을 직접 관찰하고 피드백할 수 있는 기회를 얻을 수 있다.

또한 국어 교과에서의 스마트 교육은 다양한 매체를 활용할 수 있다는 점을 가장 큰 장점으로 꼽을 수 있다. 기존의 문자 언어로 구성된 서책형 교과서로는 구현하기 어려웠던 영상 자료, 음성이나 음향 자료 등을 학습 자료로 제시할 수 있다. 현대 사회에서는 매체를 통해 이루어지는 소통의 비중이 매우 커지고 있는데 스마트 교육을 활용한다면 기존에 다루기 힘들었던 풍부한 학습 자료와 다양한 교육 내용을 통해 창의성을 비롯한 학생 개별의 역량을 강화시킬 수 있다.

매체 환경의 변화로 인해 우리가 수용해야 할 대상의 범위가 문자로 이루어진 것에서 벗어나 다양한 매체 자료를 포함하는 것으로 확장되었다. 정보의 폭발적 증가와 확산으로 오늘날 지식의 수명은 점점 짧아지고 있다. 이러한 사회에서는 고정된 정보만 담고 있는 서책형 교과서 외에 웹상에서 수집할 수 있는 수많은 정보를 걸러내고 활용할 수 있도록 교육하는 활동이 반드시 필요하다. 이같은 현실에 대응하기 위해 국어 교과에서는 스마트 교육을 적극 수용하여 학생들이 실제 접하는 다양한 매체 정보를 비판적으로 독해할 수 있도록 지도 방안을 마련할 수 있다. 스마트 교육의 적극적인 활용은 학생들이 실생활에서 접하는 매체에 대한 비판적 독해 능력을 향상시켜 진정성 있

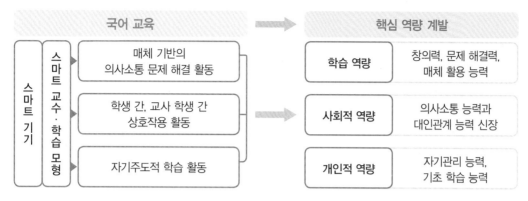

[그림 1] 스마트 교육 기반 국어 교육을 통한 핵심 역량 계발

는 국어 교육을 수행할 수 있다는 큰 장점이 있다.

2. 국어 교육에서의 스마트 교수·학습 모형의 개략

교수·학습 모형		수업 단계	주요 교수·학습 전략	활용 도구	핵심 학습자 역량
읽기	협동적 SMART 모형	검색하기 Search	검색 목표 설정하기 검색하기	스마트 패드, 검색 엔진	기초 학습 능력, 정보처리 능력, 대인관계 능력, 문제 해결력, 의사소통, 창의력
		메모하기 Memo	검색 내용 메모하기	에버노트	
		분석하기 Analyze	검색 내용 분석하기	카페	
		반응하기 Response	자신의 읽기 반응 정리하기		
		발표하기 Talk	정리한 내용 발표하기	프레지	
문학	3RS 문학 학습 모형	반응 준비하기	학습 문제 및 목표 확인하기 글에 대한 스키마 형성하기	에버노트	기초 학습 능력, 대인관계 능력, 문제 해결력, 의사소통, 창의력
		반응 형성하기	글 읽기 작품에 대한 개인 반응 정리하기		
		반응 표현하기	작품에 대한 개인 반응 표현하기 • 글 광고 만들기, 그림 그리기, 개사하여 노래 부르기, 연극으로 만들어보기 등의 활동 후 업로드하기	카메라, 에버노트, 클래스팅, 카페	
		반응 나누기	다른 사람과 반응 공유하기 • 리플 달기 • 토의하기	클래스팅, 카페	

02 스마트 모델 1: 협동적 SMART 모형

1. 교수·학습 모형 설명

협동적 SMART 모형은 2명 이상의 학습자가 스마트 도구를 활용하여 웹에서 자료 수집 및 평가·분석하는 활동을 통해 특정 주제에 대한 이해를 높이고, 검색한 정보를 이용하여 학습 활동과 관련된 자료를 만들어 발표하는 협동적인 활동이다. 학생들은 이처럼 정보를 재조직하고 기록하는 활동을 통해 지식 정보화 시대의 핵심 역량인 정보처리 능력을 학습하게 된다. 스스로 질문하고 정보를 탐색·분석하며 그에 대한 답을 스스로 찾을 수 있게 하는 기초 능력이 바로 정보처리 능력이기 때문이다. 그리고 이 모형에서는 공동의 목적을 달성하기 위해 학생 간 협력을 이끌어내는 과정에서 대인관계 능력을, 학생들의 주도적인 참여와 활동을 하는 과정에서 자기주도적 학습 능력을 신장시킬 수 있다.

협동적 SMART 모형은 최근의 읽기 교육의 방향을 대표하는 '새로운 문식성(New Literacy)'에서 정보기술과 통합된 읽기 지도의 방안을 반영하고 있다. 특히, 전통적인 서책형 기반의 읽기 과정 모형을 극복하는 새로운 온라인 읽기 지도의 단계인 중요한 정보의 탐색, 탐색한 정보에 관한 비판적 평가, 정보의 종합, 정보 기반의 상호작용을 단계화하고 있다(Leu, Reinking, Carter, Castek, Coiro, Henry, Malloy, Robbins, Rogers, & Zawilinski, 2007).

이 모형에서 학생들은 읽기 전 활동과 읽기 후 활동을 할 수 있다. 읽기 전 활동에서는 작품의 화제나 주요 개념에 대해 검색을 통해 배경지식을 조성하거나 활성화할 수 있고, 읽기 후 활동에서는 관련 자료를 검색하고 분석할 수 있으며, 이와 같은 현실 세계와 글을 관련짓는 활동을 통해 글에 대한 이해를 심화할 수 있다.

협동적 SMART 모형이라는 명칭은 '검색하기(Search)', '메모하기(Memo)', '분석하기(Analyze)', '반응하기(Response)', '발표하기(Talk)'의 머리글자를 조합하여 만들어졌다([표 1] 참조). 그 특징을 살펴보면, 먼저 검색하기 단계는 읽기 제재와 관련된 내용을 검색하기 위해 검색 목표를 설정하고, 검색을 실행하는 단계다. 학습자는 스마트 기기를 활용하여 검색 엔진을 이용해 자유롭게 관련 자료를 검색할 수 있다.

메모하기 단계는 '메모' 애플리케이션(이하 '앱')을 이용하여 필요한 내용이 담긴 웹페이지의 주소, 사진 등을 모아 메모하는 단계다. 이 단계에서 학생들은 제재와 관련된 내용을 수집하고 정리하

[표 1] 협동적 SMART 모형

학습 과정	핵심 요소	주요 내용	활용 도구
검색하기 Search	검색 목표 설정하기 검색하기	제재 관련 검색 목표 설정 및 검색어 만들기 인터넷에서 검색하기 • 적절한 검색어를 통해 웹상에서 검색하기	검색 엔진 (네이버, 유튜브 등)
메모하기 Memo	검색 내용 메모하기	검색 내용 메모하기 • 필요한 내용이 담긴 웹페이지의 주소, 사진 등을 모아 메모 문서 저장하기	메모
분석하기 Analyze	검색 내용 분석하기	검색 내용 분석하기 • 검색 내용을 살펴보고 검색 목표에 따라 분석하기 검색 내용 선별하기 • 토의를 통해 내용 선별하기	
반응하기 Response	자신의 읽기 반응 정리하기	자신의 읽기 반응 정리하기 발표할 내용 작성하기	
발표하기 Talk	정리한 내용 발표하기 학습한 지식 공유하기	발표하기, 평가하기 SNS를 활용하여 학습한 지식 공유하기	PPT, 프레지, 카페, 클래스팅

[표 2] 협동적 SMART 모형의 장점과 모형 관련 미래 사회 핵심 역량

협동적 SMART 모형의 장점	관련 핵심 역량
검색한 자료를 선별하고 종합하여 재구성하는 과정을 통해 정보처리 능력을 키울 수 있다.	정보처리 능력 창의력
정보를 읽고 선별하여 평가하는 과정을 통해 비판적 이해 능력을 키울 수 있다.	기초 학습 능력 문제 해결력
정보 검색 소양을 키워 자기주도적인 학습을 할 수 있는 기반을 마련할 수 있다.	정보처리 능력 자기관리 능력
웹이 제공하는 다양한 상호작용 도구를 통해 활발한 상호작용을 경험할 수 있다.	의사소통 대인관계 능력

게 된다. 이때 '에버노트'라는 앱을 활용하여 정보를 쉽고 간편하게 취합하고 정리할 수 있다. 이러한 스마트 도구의 사용은 정보처리 능력이라는 미래 사회 핵심 역량을 강화하는 데 긍정적인 영향을 미친다.

분석하기 단계는 검색 내용을 살펴보고 검색 목표에 따라 분석하며 내용을 선별하는 단계다. 이때 각 모둠은 토의를 통해 내용을 선별한다. 단순히 혼자서 결정하는 것이 아닌, 모둠원들과 함께 토의하고 정보를 선별하는 과정을 통해 의사소통 능력을 향상시킬 수 있다.

반응하기 단계는 자신의 읽기 반응을 정리하는 단계다. 검색 결과와 글의 내용을 연결시켜 현실 세계나 자신의 삶에 글의 내용을 투영하여 반응을 심화할 수 있다. 글의 내용이 단순히 텍스트 속에만 존재하는 사실이 아니라 충분히 실생활과 연결 지을 수 있다는 점을 깨달을 수 있다.

발표하기 단계는 검색 결과와 자신의 반응을 정리하여 발표하고, SNS를 활용하여 학습한 지식을 공유하는 단계다. 이를 통해 학생과 교사 간의 상호작용은 물론, 학생 간의 상호작용이 활발히 수행될 수 있으며, 다양한 글과 독자 간 교류 결과를 살펴볼 수 있다.

이와 같은 협동적 SMART 모형의 장점과, 이를 통해 향상시킬 수 있는 미래 사회 교육 핵심 역량은 [표 2]와 같이 정리할 수 있다.

2. 사용되는 스마트 기술

(1) 다양한 검색 엔진 앱

- 다양한 자료를 검색하여 학생들의 배경지식이나 읽기 반응을 심화하는 용도로 사용할 수 있다.
- 학생들이 친숙하게 접할 수 있는 검색 엔진 앱은 네이버 앱으로서, 한 아이디로 카페 앱과 연계해서 사용할 수 있다는 장점이 있다. 네이버 검색 앱은 구글 검색 앱보다 검색 능력은 떨어지나, 초등학생들에게 접근성이 뛰어나며 부적합한 정보가 덜 노출되는 경향이 있다. 유튜브는 다양한 동영상을 검색할 수 있는 앱으로서 교사가 필요한 동영상을 업로드하여 학생들에게 링크를 거는 등의 방법을 통해 사용할 수 있다.
- 다음 앱, 구글 앱 등으로 대체할 수 있다.
- 스마트 패드가 구비되지 못한 교실 환경일 경우에도 컴퓨터를 통해 www.naver.com 또는 www.daum.net으로 접속하여 쉽게 접근할 수 있는 장점이 있다.

(2) 에버노트

- 검색을 통해 적절한 정보를 찾을 필요가 있는 수업에서는 이 앱을 통해 필요한 정보가 있는 웹 페이지를 쉽게 저장하여 나중에 다시 살펴볼 수 있다.
- 에버노트는 사용하는 모든 장치에서 모든 것을 기록하여 저장할 수 있으며, 사용하기 쉬운 무료 앱이다. 이 앱을 통해 아이디어를 저장하고, 기록을 체계적으로 정리할 수 있다. 에버노트에는 노트 작성, 사진 캡처, 할 일 목록 만들기, 음성 메모 녹음 기능이 있으며, 이렇게 저장된

[그림 2] 검색 엔진 앱

[그림 3] 에버노트

노트를 검색하여 이메일로 전송하고 친구끼리 공유할 수 있다. 또한 스마트폰, 스마트 패드, 노트북 등의 여러 기기에서 동시에 사용할 수 있다는 장점이 있다.

- 스마트 패드가 구비되지 않은 환경에서도 evernote.com/intl/ko/를 통해 활용할 수 있다.
- 메모장, 한글2007 등으로 대체할 수 있다. 에버노트와 같은 공유 기능을 원할 때에는 다음, 네이버 등에서 제공하는 블로그나 카페 서비스를 이용해 메모 작성과 사진 업로드 등을 할 수 있다.

(3) 클래스팅

- 수업 자료의 공유 도구로 사용되며, 학습자들은 자신이 찾은 자료를 즉시 공유하면서 집단 지식을 형성해나갈 수 있다.
- 교실 기반 SNS로 사진, 동영상, 텍스트 등을 공유할 수 있으며, 알림장 기능, 비밀상담방 기능 등도 사용할 수 있다. 같은 반 친구끼리 친목을 나눌 수 있는 교육용 앱으로, 유해정보 접근에 대한 우려 없이 학생들이 자유롭게 교실별로 자료를 공유하고 반응할 수 있다는 장점이 있다.

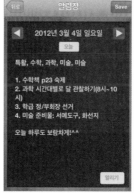

[그림 4] 클래스팅

- 스마트 패드가 구비되지 않은 환경에서도 classting.com을 통해 활용할 수 있다.

(4) 카페·밴드

- 학습자들은 카페나 밴드를 통해 자신이 찾은 자료를 즉시 공유하면서 집단 지식을 형성해나갈 수 있다.
- 네이버나 다음에서 제공하는 카페 서비스에서는 학생별, 반별, 수업 과제별로 게시판 설정이 가능하며 업로드 순으로 게시물이 정렬된다.
- 스마트 패드가 구비되지 않은 환경에서도 cafe.naver.com이나 www.band.us를 통해 활용할 수 있다.

[그림 5] 카페·밴드

3. 교수·학습 과정안

1) 교수·학습 과정안 요약

학교급	초등	학년	5학년	차시	5~6차시
교과	국어(읽기)	대단원		3. 의견과 주장	
학습 목표	실생활 속에서 광고를 찾아 광고의 신뢰성을 평가할 수 있다.				
스마트 활동	스마트 패드를 이용하여 실생활에서 살펴볼 수 있는 신뢰성 없는 광고를 검색하여 찾은 다음, 이를 평가하여 스마트 도구를 활용해 광고 바꿔보기				
학습자 역량	정보처리 능력, 대인관계 능력, 문제 해결력, 의사소통, 창의력				
수업 진행	1단계 광고 검색하기 → 2단계 광고의 신뢰성 평가하기 → 3단계 광고 바꿔보기 → 4단계 바꾼 광고 발표하기				
준비물	교사	전자칠판			
	학생	스마트 패드(검색 엔진, 에버노트, 프레지)			

2) 교수·학습 과정안

● 도입

수업 단계	교수·학습 활동		전략 및 유의점	시간 (분)	활용 도구
	교사	학생			
학습 문제 확인 및 동기 유발	전시 학습 상기하기 · 지난 시간에는 무엇을 알아보았습니까? · 광고의 신뢰성을 평가하는 방법은 무엇이었습니까? 동기 유발하기 · 광고와 실제가 달랐던 경험에 대해 이야기해봅시다.	전시 학습 내용 떠올리기 · 광고의 신뢰성을 평가하는 방법에 대하여 알아보았습니다. · 광고에서 거짓되거나 과장된 표현이 무엇인지 찾아보는 것입니다. 생활 속 장면 떠올리기 · '헤어 제품', '무설탕 사탕' 광고 등이 있습니다.	전자칠판을 활용하여 전시 학습한 내용을 제시한다. 광고에서 선전한 제품을 실제로 사용했었을 때 차이가 컸던 경험을 각자 말해보도록 한다.	5	▨ ◈ ▣ 💻 📱 📷 📹 🎬

학습 문제 확인하기	학습 문제 맞추기 게임	전자칠판을 통해 학습
• 실생활 속 광고의 신뢰성을 평가해봅시다.	• 실생활 속 광고의 ○○○을 평가해봅시다.	문제를 제시하고, 학생들이 학습할 내용을 질문을 통해 예측하도록 한다.

활용 도구 ⬜ 전자칠판 📙 교육솔루션 📝 스마트 패드 💻 컴퓨터 📱 스마트폰

활용 앱 📷 사진 👤 동영상 📊 프레젠테이션

● 전개 및 정리

수업 단계	교수·학습 활동		전략 및 유의점	시간 (분)	활용 도구
	교사	학생			
	활동 1: 광고 검색하기				
검색하기 Search	검색 목표 설정 및 검색어 찾기 • 이제부터 학습 문제를 참고하여 각 모둠이 이번 시간에 검색해야 하는 목표를 만들어보겠습니다. • 정확한 검색어를 모둠별로 상의해봅시다. 스마트 패드를 사용하여 인터넷에서 검색하기 • 신뢰성이 떨어지는 광고를 검색해봅시다.	모둠별 검색어 만들기 – 검색 목표: 신뢰성이 떨어지는 광고 검색하기 – 검색어: 허위광고, 과대광고 등 각자 다양한 광고 찾기 – 모둠별로 신뢰성이 떨어지는 광고 검색하기	모둠별 협력 학습이 가능하도록 활동지를 마련하고, 순회 지도를 통해 모둠별 검색 활동에 대해 피드백을 한다.	10	⬜📙📝💻📷👤
메모하기 Memo	에버노트로 검색한 결과를 메모·공유하기 • 필요한 내용이 담긴 웹페이지를 에버노트에 메모해봅시다.	에버노트로 검색한 결과를 메모·공유하기 – 필요한 내용이 담긴 웹페이지를 에버노트에 메모하고, 내용 중 가장 신뢰성 없는 광고 선정하기	에버노트의 공유 기능을 활용하여 모둠 학습을 할 수 있도록 안내한다.	10	📝🐘
	활동 2: 광고의 신뢰성 평가하기				
분석하기 Analyze	검색 자료 분석하기 • 지금까지 검색하고 정리한 자료를 모둠별로 토의하여 각 광고의 신뢰성을 평가해봅시다.	검색 자료 분석하기 – 에버노트에 저장된 자료들을 보고 모둠별로 토의를 통해 각 광고의 신뢰성 평가하기 – 광고 내용, 표현 등을 살펴보며 광고의 신뢰성 평가하기	전자칠판을 통해 광고의 신뢰성 평가 기준과 토의 절차를 제시하여 모둠 토의가 체계적으로 진행되도록 안내한다.	15	📝💻📊

	• 토의를 통해 가장 신뢰성이 떨어지는 광고를 선정하고, 어떤 부분이 그러했는지 정리하고 토의해봅시다.	검색 자료 선별·토의하기 – 토의 진행 절차 ① 주제에 대한 입장 정하기 ② 자료 수집 및 정리하기 ③ 각자 의견 발표하기 ④ 반대 또는 찬성 의견 제시하기 ⑤ 광고의 문제점 이야기하기 ⑥ 토의 결과 정리하기 ⑦ 토의 평가하기			
	활동 3: 광고 바꿔보기				
반응하기 React	신뢰성 있는 광고로 수정하기 • 광고에서 거짓되거나 과장된 부분은 어떻게 바꿀지 의논하고 수정해봅시다.	광고 창의적으로 바꾸기 – 광고에서 거짓되거나 과장된 부분을 어떻게 바꿀지 의논하기 – 거짓되거나 과장된 부분을 찾아 신뢰성 있는 광고로 수정하여 (클래스팅, 카페 등에) 업로드하기	광고의 거짓 정보와 과장 정보와 관련하여 광고 문구나 이미지 등을 스마트 패드의 편집 기능 등을 활용하여 수정할 수 있도록 지도한다.	20	
	활동 4: 바꾼 광고 발표하기				
발표하기 Talk	바꾼 광고 발표하기 • 모둠별로 바꾼 광고를 발표해 봅시다.	바꾼 광고 발표하기	전자칠판으로 각 모둠에서 바꾼 광고를 모둠별로 전체 대상으로 발표하도록 한다.	15	
정리하기	모둠 평가 결과 발표하기 • 모둠별로 바꾼 광고들에 대한 의견을 댓글로 달아주세요. • 모둠별로 바꾼 광고 중 어느 모둠의 광고가 가장 신뢰성 있게 발표되었는지 댓글을 달아주세요.	모둠 평가 및 우수 발표 모둠 선정하기 • ○○ 모둠이 바꾼 광고의 문구는 신뢰성은 있지만, 사진이 너무 과장되었습니다. • ○○ 모둠이 가장 신뢰성 있게 바꿨습니다. 그 이유는 문구를 ~로 수정하였기 때문입니다.	수업 관련 카페(네이버 혹은 클래스팅)에 학생들이 올린 모둠별 광고에 대한 신뢰성 평가 결과를 확인하고, 신뢰성 있는 광고에 대한 이해를 도우며 수업을 정리한다.	10	

활용 도구 🖼 전자칠판 📒 교육솔루션 📝 스마트 패드 💻 컴퓨터 📱 스마트폰

활용 앱 📷 사진 📹 동영상 📊 프레젠테이션 🐘 에버노트 ⓒ 클래스팅 ⬤ 네이버 카페

3) 교수·학습의 고려사항 및 유의점

(1) 교수·학습 내용상의 고려사항

• 학생들이 창의성을 발휘하여 기존의 광고를 신뢰성 있게 변경하는 활동이 주가 되므로 확장적

사고를 위한 허용적 분위기를 조성해준다.

- 교과서에 제시되어 있는 광고는 실생활과 동떨어져 있는 것이므로, 학생들이 실생활에서 접했던 광고 중에 신뢰성이 없는 광고를 생각해본 후, 그 광고를 선택하여 신뢰성 있게 수정할 수 있도록 지도한다.
- 선정한 신뢰성이 없는 광고에서 어떤 점 때문에 수정했는지를 설명할 수 있도록 지도한다.

(2) 교수·학습 방법상의 고려사항

- 인쇄 광고뿐만 아니라 동영상 광고도 선정이 가능하다는 것을 알려준다. 동영상 광고일 경우, UCC를 제작하여 유튜브 등에 업로드하여 주소를 링크할 수 있도록 지도한다.
- 스마트 환경이 조성되지 못한 교실에서는 컴퓨터실 등을 적절히 이용해서 수업을 진행할 수 있다. 이 모형에서 사용하는 앱 등은 컴퓨터에서도 모두 활용이 가능한 것으로 패드가 없는 환경일지라도 원활히 활동을 꾸려나갈 수 있다.
- 정해진 검색 목적 이외의 검색을 하거나 게임, 채팅 등으로 시간을 보내는 학생이 발생하지 않도록 사전에 학생들에게 충분히 설명하거나 제재 수단을 마련한다.

(3) 스마트 기기 활용 방법 및 유의점

네이버 카페

- 학생들이 카페에 가입할 때 학번과 실명으로 가입하도록 지도하며, 각 모둠별로 게시판을 만들어 수업 참여 상황을 잘 파악할 수 있도록 한다.
- 다른 모둠이 업로드한 내용을 평가할 때에는 무시하거나 공격적인 언어를 사용하지 않도록 지도한다.

에버노트

- 학생들이 에버노트를 잘 활용할 수 있도록 미리 사용법을 주지시킨다.
  ① 구글 플레이나 앱 스토어에 접속하여 에버노트를 찾아 설치한다(컴퓨터에서는 evernote.com/intl/ko/로 접속할 수 있다).
  ② 아이디, 비밀번호, 이메일 주소 입력만으로 간단히 회원 가입이 가능하다.
  ③ 에버노트는 새 노트, 스냅샷, 오디오, 첨부 파일 등의 네 가지 방법으로 노트 생성이 가능하다. 스냅샷이나 오디오 등을 이용하면 사진이나 녹음 자료를 첨부할 수 있다.
  ④ '새 노트'를 누르면 노트 제목과 노트 내용을 작성할 수 있으며, '+' 아이콘을 누르면 사진, 오디오 등의 파일도 첨부할 수 있다. 좌측 최상단의 'v' 아이콘을 누르면 저장된다.
  ⑤ 스마트폰, 스마트 패드, 컴퓨터 등으로 호환이 되므로 필요에 따라 기기를 변경하면서 사용이 가능하다는 것을 안내한다.

(4) 교수·학습 모형의 변형

이 모형은 개별 활동으로도 사용할 수 있다. 굳이 학생들 간 토의가 필요하지 않은 주제일 경우, 학생 개인별 활동으로 변형해 모형을 적용할 수 있다. 이때에도 자신이 찾은 자료와 그에 대한 반응은 클래스팅이나 카페를 통해 공유하여 집단 지식을 형성할 수 있도록 한다.

또한 이 모형은 말하기나 쓰기를 위한 자료를 수집할 때에도 사용할 수 있다는 장점이 있다. 말하기나 쓰기의 화제와 관련된 자료를 탐색하고, 수집한 자료를 정리·평가하여 내용을 선정한 뒤, 그 내용을 활용하여 자신의 반응을 쓰거나 말할 수 있다.

협동적 SMART 모형과 가장 큰 차이점은 '생각해보기' 단계이다. 이 단계에서는 검색 목표에 알맞은 자료를 수집했는지에 대해 스스로 평가하여 더 필요한 자료는 다시 검색하여 보충하고, 필요 없는 자료는 제외한다. 이 활동을 통해 지식 정보화 사회에 넘쳐나는 정보를 선별하고 활용할 수 있는 정보처리 능력을 함양할 수 있다. 개별 학습을 위한 SMART 모형은 [표 3]과 같다.

[표 3] 개별 학습을 위한 SMART 읽기 모형

학습 과정	핵심 요소	주요 내용
검색하기 Search	검색 목표 설정하기 검색하기	검색 목표 설정 및 검색어 만들기 인터넷에서 검색하기 • 적절한 검색어를 통해 웹상에서 검색하기
메모하기 Memo	검색 내용 메모하기	검색 내용 메모하기 • 필요한 내용이 담긴 웹페이지의 주소, 사진 등을 모아 메모 문서 저장하기
분석하기 Analyze	검색 내용 분석하기	검색 내용 분석하기 • 검색 내용을 살펴보고 검색 목표에 따라 분석하기 검색 내용 선별하기 • 분석 내용을 바탕으로 내용 선별하기
반응하기 Response	자신의 반응 정리하기	선별된 자료에 대해 자신의 반응 정리하기 • 선별된 자료에 대해 학습 목표에 따른 반응 정리하기
생각해보기 Thinking	더 필요한 내용 생각해보기	더 필요한 내용 다시 생각해보기 • 선별된 자료와 자신의 반응을 다시 살펴보며 더 필요한 자료나 자신의 의견을 생각해보고 추가하기

4) 교수·학습 자료

(1) 평가 기준

평가 범주			수행 내용	배점	평가 근거
태도	참여도	상	광고의 신뢰성을 평가하기 위하여 동료들과 의견을 나눈 댓글이 10개 이상이다.	10	댓글 개수
		중	광고의 신뢰성을 평가하기 위하여 동료들과 의견을 나눈 댓글이 5개 이상, 9개 이하다.		
		하	광고의 신뢰성을 평가하기 위하여 동료들과 의견을 나눈 댓글이 4개 이하다.		
	과정	상	모둠에 협력하여 검색 목적에 맞는 내용만 찾는다.	30	관찰 체크리스트
		중	모둠에 협력하나 검색 목적에 맞는 내용 외에 다른 웹사이트에 접속한다.		
		하	모둠에 협력하지 않고 검색 목적에 맞는 내용 외에 다른 웹사이트에 접속한다.		
광고 과제 제출물	광고의 완성도	상	광고의 신뢰성을 평가하여 믿을 만한 광고로 바꾸었다.	30	조별로 제출한 광고 과제 결과물
		중	광고의 신뢰성을 평가할 수 있으나, 믿을 만한 광고로 바꾸는 데 어려움을 보인다.		
		하	광고의 신뢰성을 평가하지 못하였고, 믿을 만한 광고로 바꾸는 데 어려움을 보인다.		
	검색 목적과의 연관성	상	'신뢰성 없는 광고 찾기'라는 목적에 맞게 검색하고 바꿀 광고를 선정하였다.	30	
		중	'신뢰성 없는 광고 찾기'라는 목적에 맞게 검색하였으나, 바꿀 광고를 선정하는 데 어려움을 보인다.		
		하	'신뢰성 없는 광고 찾기'라는 목적에 맞게 검색하지 않았으며, 바꿀 광고를 선정하는 데 어려움을 보인다.		
				100	

(2) 웹사이트 리스트

- 한국방송광고진흥공사 www.kobaco.co.kr
  '공익광고자료실' 메뉴에 접속하면 다양한 공익광고
  를 볼 수 있다. 이곳에서 좋은 광고의 모습을 참고
  할 수 있다.

- 한국광고협회 광고정보센터 www.adic.co.kr
  다양한 광고들을 볼 수 있다. 특히 매체별(텔레비전,
  인쇄, 라디오, 극장), 테마별 등의 분류가 잘되어 있다.
  수업을 원활히 진행하는 데 도움이 될 것이다.

- 제일기획 아이디어 페스티벌 ideafestival.cheil.co.kr
  제일기획에서 공모한 광고 아이디어 공모전 웹사이
  트로, '역대수상작' 메뉴에 가면 완성되지 않은 기
  획 단계의 광고를 살펴볼 수 있다. 학생들이 신뢰
  성 없는 광고를 수정할 때 활용할 수 있을 것이다.

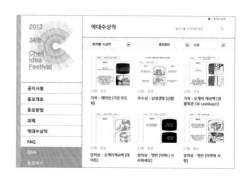

(3) 학습지 및 자료

3. 의견과 주장

5학년	반	번
이름:		

1. 광고 검색하기

검색 목표: '신뢰성이 떨어지는 광고 검색하기'

* 신뢰성이란?

검색어: 허위광고, 과대광고, 나쁜 광고 등의 검색어를 사용할 수 있습니다.

* 자신이 평소에 나쁜 광고라고 생각한 광고가 있다면 그 광고를 검색해보세요.

☞ 에버노트를 사용해 검색 결과를 메모하면, 나중에 친구들과 돌려보며 평가하기가 쉬워요.

2. 광고의 신뢰성 평가하기

(1) 자신이 찾은 광고에서 비판적으로 읽어야 할 부분을 찾아 그 이유를 정리해보고, 믿을 수 있는 만큼 별에 색칠을 해봅시다.

(2) 친구들과 토의를 통해 가장 신뢰성이 떨어지는 광고를 선택하고, 어떤 부분이 신뢰성이 떨어지는지 정리해봅시다.

내가 찾은 광고에서 비판적으로 읽어야 할 부분	이유	믿음의 별
		☆☆☆☆☆
우리 모둠에서 가장 신뢰성이 없는 광고	이유	믿음의 별
		☆☆☆☆☆

3. 광고 바꿔보기

(1) 광고에서 거짓되거나 과장된 부분을 어떻게 바꿀지 자유롭게 써봅시다.

거짓되거나 과장된 부분
믿을 만한 광고로 바꾸려면, 어떻게 해야 할까?

(2) 자신이 생각한 내용을 모둠별로 이야기해보고, 광고를 바꾸어봅시다.

 동기 유발 자료 - 광고를 보고, 어떤 점이 신뢰성이 떨어지는지 이야기해봅시다.

- 위 QR코드를 인식하면 오른쪽과 같은 광고
  가 나온다.
- QR코드를 통해 다양한 광고들을 제시할 수
  있다.

03 스마트 모델 2: 3RS 문학 학습 모형

1. 교수·학습 모형 설명

3RS 문학 학습 모형은 학생들의 독서 후 다양한 반응을 정리하고 공유하는 것에 중점을 둔 모형이다. 학생들은 동일한 문학 텍스트를 읽더라도 저마다 생각이나 느낌, 형상화의 방식이 다를 수 있다. 특히 문학 수업에서 학생들의 심미적 감상의 과정은 어느 하나로 규정지을 수 없으며, 학생들 각자의 경험과 반응을 존중하고, 이를 서로 공유할 수 있는 경험을 제공해주는 것이 중요하다.

이 모형은 문학 작품을 감상하고 떠올린 자신의 생각이나 느낌에 대해 학생들이 상호 의견을 나누고, 공감하거나 그렇지 않은 부분에 대해 다른 사람과 생각을 공유함으로써 다른 독자들과 공감대를 형성할 수 있도록 한다. 또한 자신의 생각과 다른 독자의 생각에서 발생하는 차이를 이해하고, 자신의 생각을 더욱 구체화하는 경험을 얻음으로써 학생 스스로 읽기 주체나 문학 감상의 주체로서 성장할 수 있는 기회를 제공한다.

Rosenblatt(1978)는 문학 텍스트를 읽는 독자들에 대해 필자와 동등한 공동 창조자 또는 재창조자(Recreator)의 역할을 부여하면서 독자 중심의 '교류 이론(Transactional Theory)'과 함께 독자 중심의 문학 작품 감상 지도의 중요성을 제안하였다. 교류 이론에서 독자는 텍스트나 필자가 설정한 의미를 찾아가는 수동적인 존재가 아니라, 자신의 개인적 경험과 사회적 경험 그리고 다양한 지식 자원을 활용하여 능동적으로 의미를 구성하는 주요한 존재다. 이후 Goodman(1985)은 교류 관점하에서 읽기에 관한 지식에 기반한 읽기의 '통합 이론(Unified Theory)'을 제안하면서 개인의 스키마에 따라 동일한 텍스트에 대해 저마다의 의미를 형성하는, 의미 구성의 주체이자 감상의 주체로서 독자의 역할을 강조하였다.

독자를 중심으로 한 교류 관점이 반영된 문학 수업에서는 학생들이 저마다 서로 다른 이해와 감상이 나올 수 있다는 사실을 잘 인식하고 각자의 생각을 서로 공유할 수 있도록 격려할 필요가 있다. 특히 수업 중에 교사는 학생들에게 책을 읽고 있는 중이나 읽고 난 후에 무엇을 느꼈는지, 무엇을 기억했는지, 무엇을 생각하였는지에 관하여 질문할 수 있고, 더 나아가 반응 일지나 독서 일지를 활용하여 능동적인 의미 구성의 과정을 경험하고 자신의 감상을 더욱 구체화하도록 도울 수 있다. 또한 문학 토론이나 읽기-쓰기 워크숍의 협의 과정을 통합하여 독자 간 공유가 활발히 이루어질 수 있도록 안내할 수 있다(최숙기, 2011).

교류 이론에 바탕을 둔 문학 교육에서는 스마트 기기가 기반이 된 교실 환경이 더 없이 좋은 교육 환경이 된다. 학습자들은 기기를 활용하여 자신의 반응을 다양하게 표현할 수 있을 뿐 아니라 학습자 간의 반응을 즉시 확인하고 공유할 수 있다. 즉, 3RS 문학 학습 모형은 스마트 기기를 활용하여 학생들의 독서 반응을 다양한 방식으로 표출하게 도울 뿐 아니라 학생들 간의 상호작용 또한 돕고 있다는 점에서 의의가 있다.

3RS 문학 학습 모형은 '반응 준비하기(Ready)', '반응 형성하기(Read)', '반응 표현하기(Represent)', '반응 나누기(Share)'의 머리글자를 따 이름 붙인 것으로, 글을 읽고 개인적인 반응을 형성하고 표현하는 '3R 단계'와 다른 사람과 자신의 반응을 나누는 'S 단계'로 나누어볼 수 있다.

반응 준비하기 단계는 읽기 전 활동이다. 이 단계에서 학생들은 학습 문제 및 목표를 확인하고 작품에 대한 배경지식을 조성하거나 활성화한다. 보통 작품과 관련된 자료를 살펴보거나, 글에 수록되어 있는 삽화, 사진 등에 대한 이야기를 나누거나, 글의 내용과 관련된 자신의 경험을 이야기함으로써 배경지식을 활성화한다. 이 모형에서는 스마트 기기를 활용하여 동영상, 음악, 플래시 등을 제시하여 글을 이해하는 데 필요한 배경지식을 활성화할 수도 있다.

반응 형성하기 단계는 읽기 활동이다. 학생들은 문학 작품을 읽으면서 작품과 활발한 상호작용을 하게 된다. 학생들은 작품에 대한 최초 반응을 형성하고, 작품을 읽고 난 후의 생각이나 느낌을 간단히 정리한다. 이때 작품의 등장인물, 갈등 구조, 주제 의식 등에 대한 자신의 반응을 스마트 패드의 에버노트와 같은 앱을 이용하여 즉시 메모하거나 녹음할 수 있다. 학습지가 아니라 앱을 이용하면 학생들끼리의 공유가 쉽다는 장점이 있다.

반응 표현하기 단계는 읽기 후 활동으로, 이 단계에서는 글에 대한 개인적인 반응을 정교화하거나 확장하는 활동을 한다. 학생들은 스마트 기기를 활용하여 자신의 반응을 보다 다양한 방식으로 표현할 수 있다. 예를 들면, 인상적인 부분에 대해 광고를 만들거나 그림을 그려 표현할 수도 있고, 연극으로 만들어보는 등의 활동을 통해 인물에 대해 보다 깊이 이해할 수도 있다.

반응 나누기 단계는 학생들이 개인적으로 표현한 글에 대한 반응을 공유하는 활동인데, 이와 같은 학생들 간의 상호작용은 스마트 기기를 통해 더욱 활발해질 수 있다. 학생들은 자신의 반응 결과를 카페, 클래스팅 등의 앱에 업로드하고 다수의 학생들과 공유하며 서로의 반응을 비교할 수 있다. 이를 통해 작품에 대한 이해를 높이고 현실 세계나 다양한 사람들의 삶에 투영된 작품의 모습을 보게 되어 반응을 심화할 수 있다. 또한 교사도 학생 개개인의 반응을 보다 심도 있게 살펴보고 피드백을 할 수 있다는 장점이 있다. 이러한 활동은 글을 읽고 글에 대한 반응을 다양하게 표현하는 활동을 통해 다양한 지능을 사용하는 수업이 이루어질 수 있으며, 글에 대한 반응을 창조적으로 표현하는 활동을 통해 기초 학습 능력과 창의력을 키울 수 있다. 또 웹을 통해 학생 간 반응을 공유하는 등의 활발한 상호작용을 통해 의사소통과 대인관계 능력을 신장할 수 있다.

스마트 기반 반응 중심 학습 모형의 장점과 이 모형을 통해 향상할 수 있는 미래 사회 교육 핵심

[표 4] 3RS 문학 학습 모형

학습 과정	주요 활동	활용 도구
반응 준비하기 **R**eady	학습 문제 및 목표 확인 작품에 대한 배경지식이나 경험 활성화	스마트 패드, 전자칠판
반응 형성하기 **R**ead	작품 읽기 작품에 대한 개인적 반응 정리	에버노트
반응 표현하기 **R**epresent	작품에 대한 개인 반응 표현 • 글 광고 만들기, 그림 그리기, 개사하여 노래 부르기, 연극으로 만들어보기 등의 활동 후 업로드하기	카메라, 에버노트, 클래스팅, 카페
반응 나누기 **S**hare	다른 사람과 반응 공유하기 • 리플 달기 • 토의하기	에버노트, 클래스팅, 카페

[표 5] 스마트 기반 반응 중심 학습 모형의 장점과 모형 관련 미래 사회 핵심 역량

스마트 기반 반응 중심 학습 모형의 장점	관련 핵심 역량
글에 대한 반응을 다양하게 표현하는 활동을 통해 다양한 지능을 사용하는 수업이 이루어질 수 있다.	기초 학습 능력 창의력
글에 대한 반응을 창조적으로 표현하는 활동을 통해 창의력을 키울 수 있다.	창의력 문제 해결력
웹을 통해 학생 간 반응을 공유하는 등의 활발한 상호작용을 경험할 수 있다.	의사소통 대인관계 능력

역량은 [표 5]와 같이 정리할 수 있다.

2. 사용되는 스마트 기술

(1) 교육솔루션

• 반응 준비하기 단계의 배경지식 활성화를 위해 교육솔루션(회사에 따라 다양함)을 사용할 수 있다. 학습자들은 교사가 제시한 매체를 통해 배경지식을 활성화할 수 있으며, 교사는 전자칠판 및 교사용 컴퓨터에서 모든 학생의 PC 및 스마트 패드를 볼 수 있으므로 학생들의 활동이 잘되고 있는지 살펴볼 수 있을 뿐 아니라 통제가 가능하다.

• 전자칠판 판서 내용의 실시간 공유 기능을 갖춘 소프트웨어를 통틀어 교육솔루션이라 한다. 교육솔루션의 장점은 교사가 전용 터치펜으로 전자칠판에 띄운 스마트 교과서나 수업 자료에

[그림 6] 교육솔루션

자유롭게 필기한 후, 해당 화면을 학생의 스마트 패드로 전송할 수 있다는 점이다. 학생들은 교사가 빠른 속도로 수업 내용을 요약·정리하는 동안 판서 내용을 일일이 필기할 필요 없이, 잠시 기다리면 된다. 판서를 끝낸 교사가 전자칠판 화면을 손으로 살짝 밀어내면 즉시 학생 전원의 스마트 패드에 전송되기 때문이다. 학생 역시 스마트 패드를 활용하여, 궁금한 부분을 표시해 교사에게 전송할 수 있는 등, '실시간 쌍방향 교육'이 가능하다.

(2) 클래스팅

- 수업 자료의 공유 도구로 사용할 수 있다. 학습자들은 작품에 대한 자신의 반응을 학생들과 공유하고 이를 바탕으로 자신의 반응을 정교화하거나 확장한다.
- 교실 기반 폐쇄형 SNS로 사진, 동영상, 텍스트 등을 공유할 수 있으며, 알림장 기능, 비밀 상담방 기능 등도 사용할 수 있다. 같은 반 친구끼리 친목을 나눌 수 있는 교육용 앱으로, 유해 정보 접근에 대한 우려 없이 학생들이 자유롭게 교실별로 자료를 공유하고 반응할 수 있다는 장점이 있다.
- 스마트 패드가 구비되지 않은 환경에서도 컴퓨터를 통해 classting.com에 접속하여 활용할 수 있다.

 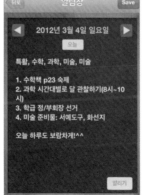

[그림 7] 클래스팅

3. 교수·학습 과정안

1) 교수·학습 과정안 요약

학교급	초등		학년	6학년	차시	5~6차시
교과	국어(문학)		대단원	1. 문학과 삶		
학습 목표	인물 사이의 갈등을 생각하며 동화를 읽을 수 있다.					
스마트 활동	등장인물들의 심리 상태를 파악하는 반응을 해보고, 패드를 사용하여 서로 그 반응을 나눌 수 있다.					
학습자 역량	대인관계 능력, 문제 해결력, 의사소통, 창의력					
수업 진행	1단계 반응 준비하기	2단계 반응 형성하기	3단계 반응 표현하기		4단계 반응 나누기	
준비물	교사	전자칠판, 교사용 컴퓨터, 교육솔루션				
	학생	스마트 패드 또는 컴퓨터, 클래스팅				

2) 교수·학습 과정안

● 도입

수업 단계	교수·학습 활동		전략 및 유의점	시간 (분)	활용 도구
	교사	학생			
학습 문제 확인 및 동기 유발	동기 유발 • e-Book의 영상을 볼까요?	재미있는 동영상 보기 – 다문화 관련 동영상 보기	(e-Book의 동영상 자료를 보며) 다문화에 대해 알고 있는 점이나 다문화 가정에 대한 경험을 자유롭게 이야기할 수 있도록 안내한다.	15	
	학습 문제 확인하기 • 인물 사이의 갈등을 생각하며 동화를 읽어봅시다.				
반응 준비하기	배경지식 활성화하기 • 다문화 가정에 대해 평소에 생각하거나 느낀 점이 있으면 이야기해봅시다.	경험이나 생각, 이야기 나누기 • 우리나라의 같은 국민이라고 생각했습니다. • 생김새와 말투가 달라서 거리감이 있었습니다.			

활용 도구 🖥 컴퓨터 〰 전자칠판 📖 교육솔루션 🖉 스마트 패드

활용 앱 📷 동영상

● 전개 및 정리

수업 단계	교수·학습 활동		전략 및 유의점	시간	활용 도구
	교사	학생			
반응 형성하기	활동 1: 글 읽고 내용 파악하기		학생들이 글을 읽기 전에 e-Book에 제시된 날개 질문을 미리 훑어보고, 등장인물 간의 갈등에 주목하며 글을 읽고 날개 질문에 대한 답을 정리하며 읽도록 지도한다. e-Book에 제시된 날개 질문 부분에 자신의 생각을 메모하도록 지도한다.	40	📝 📖
	글 읽기 •인물 사이에 나타난 갈등을 생각하며 글을 읽어봅시다. 내용 파악하기 •날개 질문에 답하면서 내용을 파악해봅시다. •할머니는 왜 이맛살을 찌푸리셨나요?	교과서 글 읽기 – e-Book(또는 교과서) 읽기 e-Book 질문의 답을 생각하며 내용 파악하기 •집 안이 너무 지저분해서입니다. •아빠가 집안일을 잘 처리하지 못하셨기 때문입니다.			
	활동 2: 인물 사이의 갈등과 해결 과정 파악하기		e-Book의 관련 부분에 인물 간 갈등 관계와 갈등이 생긴 이유에 대한 자신의 생각을 개별적으로 정리하도록 한다. 모둠 토의를 통해 인물 간 갈등 지도를 완성하도록 하고, 갈등 해결의 여러 방식들에 대해 자유롭게 이야기하도록 지도한다.		
	인물 사이의 갈등 파악하기 •글을 다시 살펴보며 인물 사이의 갈등을 정리해봅시다. •이야기에 나타난 갈등 상황은 어떤 것이 있었나요? 갈등의 해결 과정 파악하기 •갈등이 풀리게 된 중요한 사건을 찾아봅시다.	인물 사이의 갈등 지도 그리기 – 한별이와 아빠 사이의 갈등 – 한별이와 새엄마 사이의 갈등 •아빠께서 새엄마에게 선물한 머리핀을 한별이가 감춘 것입니다. •한별이가 우산을 들고 마중 나오신 새엄마를 피한 것입니다. 갈등의 해결 과정 파악하기 •새엄마가 아픈 한별이의 손을 잡고 간호해주어 병이 나은 일입니다.			
반응 표현하기	활동 3: 내가 만약 ~라면		모둠원들이 개별적으로 자신의 생각을 클래스팅에 올리고, 모둠 간 협력을 통해 등장인물의 입장에서 갈등을 해결하는 방법이 잘 드러나게 역할극을 촬영할 수 있도록 지도한다.	30	📝 📱 📷 🎥 🔄
	내가 만약 다른 인물이라면? •내가 만약 새엄마라면 어떤 생각이 들었을지, 갈등을 해결하기 위해 어떻게 했을지 표현해봅시다.	내가 만약 다른 인물이라면? – 클래스팅에 접속하여 자유로이 자신의 생각을 적어보기 – 스마트 패드의 카메라 기능을 활용하여 역할극으로 상황 표현하기			

수업 단계	교사	학생	전략 및 유의점	시간	활용 도구
		① 되고 싶은 인물 정하기 ② 표현하고 싶은 상황 정하기 ③ 교과서를 참고하여 대사 만들기 ④ 3분가량의 동영상 찍기 ⑤ 클래스팅에 업로드하기	교사는 순회 지도를 통해 역할극 촬영이 자유로운 분위기에서 순조롭게 진행될 수 있도록 수업 분위기를 조성한다.		
	활동 4: 반응 이야기 나누기				
반응 나누기	반응 나누기 – 댓글 쓰며 반응 나누기 • '빛내기' 아이콘이 가장 많이 클릭된 친구를 찾아봅시다.	다른 친구들과 반응 나누어보기 – 친구들 홈에 댓글 달며 반응 나누기 – 친구들 홈에 들어가 '빛내기' 아이콘 클릭해보기	클래스팅에 올린 동영상 모두에 반응하여 댓글을 달 수 있도록 학생들을 지도하고, 특정 동영상에 반응이 집중되지 않도록 안내한다.	30	📝💻©️

활용 도구 📝 스마트 패드 🖥 컴퓨터 📱 스마트폰 🔲 교육솔루션

활용 앱 📷 사진 📹 동영상 ©️ 클래스팅

● 정리

수업 단계	교수·학습 활동		전략 및 유의점	시간	활용 도구
	교사	학생			
정리하기	• 이 글에서 인물 사이의 갈등이 어떻게 해소되는지 이야기해봅시다.	클래스팅에 올라온 친구들의 자료를 토대로 모둠별로 갈등 지도에 갈등 해소 방법 추가하기		5	📝📱©️

활용 도구 📝 스마트 패드 📱 스마트폰

활용 앱 ©️ 클래스팅

3) 교수·학습의 고려사항 및 유의점

(1) 교수·학습 내용상의 고려사항

• 자유로운 반응을 촉진하되 작품과 직접적으로 관련 없는 반응이나 작품 내용과 동떨어진 반응을 보이지 않도록 지도한다.

• 작품 속 인물이 되어 표현할 때 작품 내용에 기반을 두고 장난스럽게 표현하지 않도록 유의한다.

• 다문화 가정 학생이 있을 경우 민감할 수 있는 내용이므로 외국인 비하나 반감 등의 반응이 나오지 않도록 상황에 맞게 주의한다.

(2) 교수·학습 방법상의 고려사항

- 교사는 학생들의 반응을 실시간으로 점검하여 부적절한 반응을 보이는 학생에게 즉시 피드백을 할 수 있도록 한다.
- 스마트 기기가 없을 경우 다음과 같은 방식으로 활동하도록 안내한다.
  ① 가로로 반을 접은 A4 사이즈 종이를 준비한다.
  ② 작품 속 인물이 되어 왼쪽 칸에 표현하도록 안내한다.
  ③ ②의 종이를 앞뒤 친구들과 돌려 보면서 왼쪽 칸에 적힌 친구의 반응에 대한 생각이나 느낌 등을 오른쪽 칸에 적도록 한다.

(3) 스마트 기기 활용 방법 및 유의점

- 클래스팅: 이메일만으로 간단하게 아이디를 생성할 수 있기 때문에 익명으로 다른 아이디를 만들어 악성 댓글을 다는 등의 일이 일어날 수 있으므로 교사는 철저한 정보통신 윤리 교육을 선행해야 한다.
- 클래스팅 입력 절차는 다음과 같다.
  ① 구글 플레이나 앱 스토어에 접속한 뒤 클래스팅을 검색하여 설치한다(컴퓨터에서는 classting.com으로 접속할 수 있다).
  ② 아이디, 비밀번호, 이메일 주소 입력만으로 간단히 회원 가입을 할 수 있다.
  ③ 로그인 후 😊 아이콘을 클릭하면 자신의 홈에 접속할 수 있다.
  ④ 화면의 상단 중앙에 위치한 '오늘은..' 입력바를 통해 자신의 다양한 생각을 사진, 동영상, 링크 등을 이용해서 표현할 수 있다.
  ⑤ 실시간으로 올라오는 친구들의 생각에 댓글을 달며 자신의 의견을 표현할 수 있으며, 좋은 의견에 전구 모양의 '빛내기' 아이콘()을 클릭하여 호감을 표현하거나 '관심 글 담기' 기능을 이용해 스크랩할 수도 있다.

4) 교수·학습 자료

(1) 평가 기준

평가 범주			수행 내용	배점	평가 근거
태도	참여도	상	친구의 반응에 의견을 표시한 댓글이 10개 이상이다.	10	댓글 개수
		중	친구의 반응에 의견을 표시한 댓글이 5개 이상, 9개 이하이다.		
		하	친구의 반응에 의견을 표시한 댓글이 4개 이하다.		
	반응 태도	상	동화를 읽는 데 집중하며, 클래스팅을 통해 성실하게 반응한다.	30	관찰 체크리스트
		중	동화를 읽는 데 집중하나, 수업과 관련 없는 반응을 클래스팅에 올리거나 댓글을 단다.		
		하	동화를 읽는 데 집중하지 못하며, 수업과 관련 없는 반응을 클래스팅에 올리거나 댓글을 단다.		
학생 제출물	내용 이해	상	동화를 읽고 인물의 갈등 상황을 정확하게 찾으며, 다양한 해결 방안을 제시할 수 있다.	30	학생 제출물 (갈등 지도 그리기)
		중	동화를 읽고 인물의 갈등 상황을 대부분 찾을 수 있으며, 해결 방안을 제시할 수 있다.		
		하	동화를 읽고 인물의 갈등 상황과 해결 방안을 찾는 데 어려움이 있다.		
클래스팅	반응의 적절성	상	해당 인물의 입장에서 인물 사이의 갈등과 해결 방안을 생각하여 글을 쓰거나 동영상을 제작할 수 있다.	30	클래스팅에 업로드한 글이나 동영상
		중	해당 인물의 입장에서 반응하였으나, 인물 사이의 갈등과 해결 방안을 생각하여 글을 쓰거나 동영상을 제작하는 데 어려움이 있다.		
		하	해당 인물의 입장에서 반응하지 못하며, 인물 사이의 갈등과 해결 방안을 생각하여 글을 쓰거나 동영상을 제작하는 데 어려움이 있다.		
				100	

(2) 웹사이트 리스트

• 올리볼리 그림동화 www.ollybolly.org

각국의 다양한 동화를 접할 수 있는 웹사이트로, 심화·보충 학습을 위한 제재로 활용할 수 있다. 특히 우리나라 동화와 유사한 동화를 보여주며, 문화적 친숙성을 키워줄 수도 있다.

- 짜오 놀이몰 www.jjao.co.kr

  동남아시아를 비롯한 세계 각국의 놀이 문화와 관련된 장난감을 판매하는 곳이다. 이곳에 있는 다양한 놀이기구를 살펴보고, 한국 놀이 문화와 어떤 차이가 있는지 살펴보는 식으로 흥미 유발을 할 수도 있다.

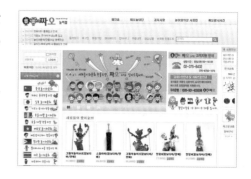

- 클래스팅 www.classting.com

  스마트 교육 시설이 구비되지 못한 환경에서는 컴퓨터를 통해 클래스팅을 활용할 수 있다. 클래스팅에 접속하면 패드를 활용한 것과 동일한 활동을 할 수 있다.

(3) 심화 및 보충 학습지

1. 문학과 삶 (교과서 21~35쪽)

1. 인물 사이의 갈등을 생각하며 동화 읽기(심화)

※ 다음 글을 읽고 갈등의 원인을 찾고 해결책을 써봅시다.

> 오늘도 민지네 아파트 반상회는 소란스럽습니다. 항상 사이좋던 이웃들이 얼굴을 붉히며 목소리를 높이게 된 것은 지난달부터입니다. 오래된 상가 건물을 헐고 멋진 상가를 새로 지으면서 그 이름을 짓는 일 때문에 문제가 시작되었습니다.
>
> "아, 낙원상가로 하자고요. 얼마나 듣기 좋고 부르기 좋아요?"
>
> 낙원떡집 아주머니는, 한 손은 허리에 짚고 다른 한 손은 삿대질을 하며 말씀하십니다.
>
> "장수상가로 하는 게 가장 좋아. 벌써 우리 동네는 그걸로 유명하잖아?"
>
> 얼마 전, 장수 노인으로 텔레비전에 나왔던 만수네 할아버지가 타이르듯 말씀하시자,
>
> "고리타분하게 그게 무슨 이름이에요. 동네 이름대로 하자니까요. 선! 부! 상! 가!"
>
> 아들이 다음 시장 선거에 출마한다는 103호 아주머니는 선부동의 이름을 따서 짓자고 손뼉으로 박자를 맞추며 외치십니다.

(1) 갈등의 원인은 무엇입니까?

(2) 갈등을 해결할 해결책을 제시해봅시다.

2. 인물 사이의 갈등을 생각하며 동화 읽기(보충)

※ 다음은 흥부전의 한 내용입니다. 인물 사이에 나타나는 갈등을 찾고 갈등이 일어난 까닭을 써봅시다.

> 흥부는 배고픔을 참지 못하고 어쩔 수 없이 형님의 집으로 발걸음을 향하였습니다.
> '보리쌀이라도 한 되 얻을 수 있다면 자식들을 먹일 수 있을 텐데.' 하는 기대를 안고 들어서는 흥부에게 놀부의 아내는 눈을 부라렸습니다.
> "형수님, 양식을 좀 꾸러 왔습니다. 아이들이 굶고 있으니 보리쌀 한 되만 나누어 주십시오."
> "뭐, 보리쌀 한 되? 네 따위 놈에게 줄 양식이 있을 성싶으냐?"
> 놀부의 아내는 들고 있던 밥주걱으로 흥부의 뺨을 쳤습니다.

(1) 다투고 있는 인물은 누구입니까?

(2) 갈등의 원인은 무엇입니까?

 인물 사이의 갈등을 생각하며 동화 읽기의 방법을 써보자.

- (   ) 사이에 어떤 일이 일어났는지 파악한다.
- 갈등을 일으키는 대상이나 사건에 대한 인물의 (   )이나 마음을 살펴본다.
- 인물 사이의 (   )을 찾아 정리해보고, 갈등이 어떻게 풀리는지 알아본다.

04 e-Book 적용 사례

1. 적용 개요

본 연구에서는 2009 개정 교육과정에 따라 초등학교 6학년 읽기 교과서 '1. 문학과 삶'의 '바다 건너 불어온 향기'라는 단원을 3RS 문학 학습 모형을 적용하여 e-Book으로 개발해보았다. e-Book 은 FDESK를 이용하여 제작하였고, 실행 파일은 일반 컴퓨터와 스마트 패드 및 스마트폰(안드로이드)으로 볼 수 있게 하였다. 개발한 e-Book의 특징을 간략하게 소개하면 다음과 같다.

첫째, 동기 유발 단계에 활용할 수 있는 동영상 자료를 첨부하였다. 일반 서책형 교과서에 삽화나 사진 등으로 구성된 읽기 전 단계를 동영상 자료로 제시하여 학습에 대한 동기와 흥미를 가질 수 있게 구성하였다. 이는 다양한 매체를 자유롭게 삽입할 수 있는 전자 교과서의 장점을 극대화한 것으로 학생들은 주제에 대해 보다 큰 흥미를 느끼고 평소에 가지고 있던 생각을 자유롭게 발언할 수 있다.

둘째, 디지털 교과서의 장점을 최대한 활용하여 읽기 활동에 활용할 수 있는 '날개 질문'을 구성하였다. 본문을 모두 읽은 뒤에 '날개 질문' 아이콘에 탭을 하면, 바로 답을 쓸 수 있는 답안 박스가 나타나도록 제시하였다. 이는 학생들의 흥미를 유발하고 해당 내용을 즉각적으로 확인할 수 있다는 점에서 유용하다.

셋째, 웹을 통한 상호작용에 원활하게 참여할 수 있도록 구성하였다. 최근 SNS의 폭발적인 발전으로 학습 과제 등을 웹상에 업로드하는 경우가 많다. 그러나 일반 서책형 교과서의 경우에는 교사가 학생들에게 웹사이트 주소를 따로 공지하고 가입을 유도해야 하는 불편이 있었다. 그러나 e-Book에는 직접 웹사이트 주소를 링크할 수 있으며, 바로 해당 사이트에 학생들이 가입할 수도 있다. 이 연구에서 제작한 e-Book에도 활용하는 웹사이트의 링크와 가입 방법 및 활용 방법을 제시하여 학생들이 보다 쉽게 웹을 통한 상호작용을 할 수 있도록 하였다.

2. 적용 방법

(1) 읽기 전: 반응 준비하기

첫 페이지에는 단원명, 학습 목표, 모형에서의 단계 및 학생들의 동기 유발을 위한 동영상을 제시하였다. [그림 8]에서 검게 제시된 부분이 동영상이 나오는 부분으로, 다문화 가정과 관련된 영상을 보여주고 있다.

e-Book을 원활히 활용하기 위해서는 화면 상단의 도구 상자 활용법을 미리 안내한다. 쪽 번호를 입력하면 원하는 쪽으로 바로 이동할 수 있고, 메모 기능을 활용하여 학습 내용을 기록할 수도 있다.

[그림 8] 반응 준비하기 학습 활동

(2) 읽기: 반응 형성하기

• 활동 1. 글 읽고 내용 파악하기

학습 목표와, 3RS 문학 학습 모형에서의 해당 단계 및 실제 읽기 본문을 제시하였다. 🆁 아이콘을 클릭하면 [그림 9]에서와 같이 날개 질문이 확대되고 푸른색으로 나타나는 빈칸에 학생들이 직접 답을 작성할 수 있다.

[그림 9] 반응 형성하기 학습 활동

• 활동 2. 인물 사이의 갈등과 해결 과정 파악하기

　3RS 문학 학습 모형에 따라 학습 활동을 구성하여, [그림 10]의 왼쪽 화면처럼 인물 사이의 갈등과 해결 과정을 파악하는 학습 활동을 제시하였다.

(3) 읽기 후: 반응 표현하기

　[그림 10]의 오른쪽 화면처럼 학생들이 장면을 선택하여 자신의 반응을 표현할 수 있도록 하였으며 🅒 아이콘을 클릭하면 바로 클래스팅에 접속할 수 있다.

[그림 10] 반응 형성하기 및 표현하기 학습 활동

참고문헌

〈단행본〉

교육과학기술부(2011). 2011 개정 초·중등학교 교육과정(교육과학기술부고시 제2011−361호), 한국교육학술정보원.

이재승(2009). 좋은 국어 수업 어떻게 할 것인가?, 교학사.

최미숙, 원진숙 외(2008). 국어 교육의 이해, 사회평론.

최숙기(2011). 중학생 읽기 발달을 위한 읽기 교육 방법론, 역락.

최지현·서혁·심영택·이도영·최미숙·김정자·김혜정(2009). 국어과 교수·학습방법, 역락.

한철우·김명순·박영민(2002). 문학 중심 독서 지도, 대한교과서주식회사.

〈논문〉

권순희(2003). 하이퍼미디어 시대의 의사소통 양상과 표현교육, 텍스트언어학, 15, pp.75−109.

김혜정, 김현철(2012). 스마트 학습 활동 개발 프레임워크와 수업 모형 개발 사례, 한국컴퓨터교육학회, 15, pp.25−40.

나일주·진성희(2008). 인쇄텍스트와 온라인텍스트에 대한 학습자들의 인식 및 태도에 관한 연구, 교육정보미디어연구, 14(2), pp.213−235.

손예희·김지연(2012). 소셜미디어의 소통 구조에 대한 국어 교육적 고찰, 국어 교육, 133, pp.207−231.

이순영(2010). 디지털 시대의 청소년 독자와 비판적 읽기, 독서연구, 24, pp.87−109.

이순영(2011). 21세기 국어과 교육과정 개정의 방향 탐색, 청람어문학회, 43, pp.7−35.

임주희, 이성은(2003). 반응중심 문학 토의 학습에서 나타난 아동의 문학능력 분석, 교육과학연구, 34, pp.199−213.

최숙기(2013). 복합 양식 텍스트에 대한 독자의 읽기 행동 분석에 기반한 디지털 시대의 읽기 교육 방안 탐색, 독서연구, 29, pp.225−264.

최숙기(2013). LESC 온라인 독해 과정 모형에 따른 청소년 독자의 읽기 특성 분석, 독서연구, 30, pp.169−224.

최숙기(2013). 스마트 교육 환경에 기반한 국어과 교수 학습의 방법적 전환, 청람어문교육, 48, pp.69−96.

한철우, 임택균(2010). 지식 기반 사회의 핵심능력과 국어 교육, 청람어문학회, 42, pp.363−395.

홍은실(2012). 한국어 교육의 스마트러닝 구현을 위한 기초 연구, 국어 교육학연구, 44, pp.585−613.

황금숙(2006). 전자책의 독서효과에 관한 실험적 연구: 종이책과의 비교를 통하여, 한국비블리아, 17(1), pp.47−62.

Leu, D. J., Reinking, D., Carter, A., Castek, J., Coiro, J., Henry, L. A., Malloy, J., Robbins, K., Rogers, A., Zawilinski, L.(April 9, 2007). Defining online reading comprehension: Using think aloud verbal protocols to refine a preliminary model of Internet reading comprehension processes. Paper presented at The American Educational Research Association. Chicago, IL Available: http://docs.google.com/Doc?id=dcbjhrtq_10djqrhz.

TelecomTV One.(2011). Digital textbooks to dominate US higher education in 5 years? Retrieved March 18, 2011, from www.telecomtv.com/comspace_newsDetail.aspx?n=47383&id=e9381817−0593−417a−8639−c4c53e2a2a10

Watters, A.(2011). 1 in 4 college textbooks will be digital by 2015. Retrieved May 20, 2011, from www.readwriteweb .com/archives/1_in_4_college_textbooks_will_be_digital_by_2015.php

Wyatt-Smith, C., & Elkins, J.(2008). Multimodal reading and comprehension in online environments. In J. Coiro, M. Knobel, C. Lankshear, & D. Leu(Eds.), *Handbook of research on new literacies* (pp. 899–940). New York: Lawrence Erlbaum.

스마트 교육을 통한 교실 혁명
초등 영어

영어 교육과 스마트 교수·학습 모형

01 영어 교육과 스마트 교수·학습 모형의 개요

1. 영어 교육과 21세기 학습자 역량

초등 영어과 스마트 교육 모형 개발을 위해 스마트 교육이 목표로 하는 21세기 핵심 역량과 스마트 교육의 구성 요소에 대하여 고찰해보았다. 또한 최신 스마트 기기의 교육적 활용 측면에서 초등 영어과에서의 스마트 교육에 대해 살펴보았다.

(1) 21세기 핵심 역량

21세기 사회는 고도화된 기술의 발달과 디지털 패러다임의 변화로 빠르고 다양하게 변화하고 있다. 오늘날, 컴퓨터의 처리 능력은 최초의 컴퓨터보다 10만 배 이상 향상되었고, 통신의 발전, 디지털 기술의 융합으로 스마트 기기들이 다양한 기능을 가지고 인간 사회에 영향을 주고 있다. 또한 인터넷도 기존의 단순한 컴퓨터 간 연결에서 웹상에서 읽고 쓰는 것이 가능해진 웹 2.0의 시대가 되어 개방·참여·공유·집단 지성이 이루어지고 있으며, 여기에 컴퓨터와 사람이 협력하는 인공지능 컴퓨팅의 단계인 웹 3.0의 시대가 오고 있다.

지금의 학생들이 살아갈 세상에서 정말로 필요한 기술과 기능은 현재 우리가 사용하고 가르치고 있는 기술 및 기능과 다를 수도 있다. 그렇기 때문에 이렇게 급변하는 21세기를 살아갈 수 있도록 한국교육학술정보원(2012)에서는 변하지 않는 지식 체계 및 가치 체계를 전달하고 응용 능력을 키워주기 위해서 학생들이 갖추어야 할 역량과 교사들이 갖추어야 할 역량들을 제시하였다.

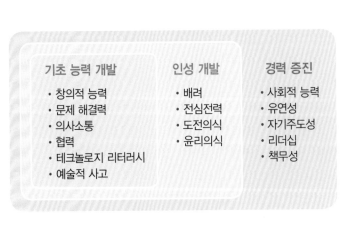

[그림 1] 21세기 학습자 역량

기본 소양

- 창의성
- 문제 해결력
- 의사소통
- 사회적 능력
- 유연성
- 테크놀로지 리터러시
- 윤리의식
- 열정

실천 역량

- 내용 전문성
- 학습자와의 관계 형성
- 수업 설계 및 개발
- 학습 환경 조성
- 평가 및 성찰
- 대외 협력관계 형성
- 업무 성과 관리

[그림 2] 21세기 교수자 역량

21세기 교육 역량 중 먼저 학습자의 역량을 살펴보면 [그림 1]과 같이 기초 능력 개발과 인성 개발, 경력 증진으로 나눌 수 있다. 21세기 학습자 역량의 첫 번째 영역인 기초 능력 개발은 창의적 능력, 문제 해결력, 의사소통, 협력, 테크놀로지 리터러시, 예술적 사고로 구성되어 있다. 두 번째 영역인 인성 개발은 배려, 전심전력, 도전의식, 윤리의식 등, 현재 학생들에게 많이 부족한 인성에 초점을 두고 있으며, 마지막으로 경력 증진 영역에는 사회적인 능력과 유연성, 자기주도성, 리더십, 책무성 등이 포함되어 있다.

한편 21세기 교수자 역량은 [그림 2]와 같이 제시하였다. 21세기 학습자를 이끌어가고 교수·학습을 담당할 교수자들에게 필요한 역량은 창의성, 문제 해결력, 의사소통, 사회적 능력, 유연성, 테크놀로지 리터러시, 윤리의식, 열정 등의 기본 소양과, 실제 교수 학습 내용에 대한 이해도와 관련된 내용 전문성, 학습자와의 관계 형성, 수업 설계 및 개발, 학습 환경 조성, 평가 및 성찰, 대외 협력관계 형성, 업무 성과 관리 등이 포함된 실천 역량이다.

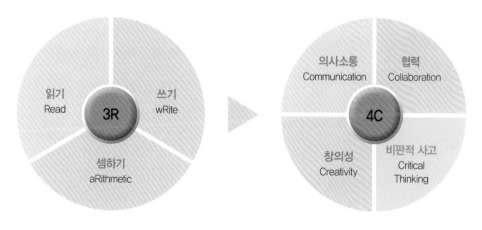

[그림 3] 21세기 핵심 역량

전통적인 학교 체제에서의 학습을 떠올려보면 교실이라는 특정한 물리적 공간에서 정해진 수업 시간에 따라 획일화된 서책형 교과서로 3R(Read, wRite, aRithmetic) 중심의 강의식 수업을 받는 모습을 떠올릴 수 있다. 이와 같이 시간, 공간, 도구, 강의 내용, 강의 방법 등에 제한이 있는 전통적인 학교 체제에서 탈피하여 새로운 교육으로 발 디딜 수 있도록 도와주는 것이 바로 스마트 교육인 것이다. 이를 위한 21세기의 핵심 역량은 [그림 3]과 같이 3R이 아닌 4C[의사소통(Communication), 협력(Collaboration), 창의성(Creativity), 비판적 사고(Critical Thinking)]로 요약할 수 있다. 알 수 없는 미래를 살아갈 우리 학생들에게 이 능력을 키워주는 것이 21세기 교육의 핵심이라고 할 수 있다.

(2) 스마트 교육의 구성 요소

초등 영어과 스마트 교육이 추구해야 할 목적이 21세기 핵심 역량인 의사소통, 협력, 창의성, 비판적 사고라면, 본 절에서는 초등 영어과 스마트 교육의 방법론적인 측면에서 스마트 교육의 구성 요소에 대해 고찰해보고자 한다.

많은 교수자와 학습자들이 스마트 교육을 스마트폰과 스마트 패드 등의 스마트 기기들을 활용하는 것으로만 생각하고 있다. 하지만 스마트 교육에서 말하는 스마트란, 일반적으로 이야기하는 스마트 기기에서의 스마트와 의미가 다르다. 스마트 교육에 대한 이해를 돕기 위해 교육과학기술부(2011)에서는 스마트 교육의 구성 요소를 [그림 4]와 같이 제시하고 있다.

[그림 4] 스마트 교육의 구성 요소

먼저, 스마트(SMART) 교육의 S(Self-directed)는 학생 스스로 학습을 계획하고 수행하는 자기주도적 학습을 의미한다. M(Motivated)은 다양한 학습 활동 및 학습 내용들을 활용하여 학습자들의 흥미를 유발하는 학습을 말한다. A(Adaptive)는 과거의 전통적인 획일적 수업에서 벗어나 학생 개별의 수준과 적성을 고려한 수업을, R(Resource Enriched)은 디지털 콘텐츠 및 온라인 학습 과정을 활용하여 학습자들에게 풍부한 교육 콘텐츠를 제공하는 수업을 의미한다. 마지막으로 T(Technology Embedded)는 교실 공간에서 벗어나 언제 어디서나 학습을 지원하는 기술 기반의 학습을 뜻한다.

(3) 스마트 교육과 영어 교육

영어 교육에서의 스마트 교육 사례를 살펴보기 위해 영어과 스마트 교육 선행 연구들을 살펴보았지만, 아직까지는 그 사례가 많지 않았다. 하지만 스마트 교육과 연관이 깊은 온라인 수업 및 스마트 기기 활용 수업 등을 통해 스마트 교육의 활용성을 살펴볼 수 있었다. 먼저 온라인 수업의 경우, 교육과학기술부에서는 영어 교육을 강화하기 위한 사업의 하나로 원어민을 채용하는 대신, 원격지에 있는 원어민과의 화상 수업을 통해 영어 수업을 진행하기도 하였다(한국교육학술정보원, 2011). 또한 광주광역시 교육정보원(2011)에서는 학생들의 영어 의사소통을 향상시키기 위해 원어민 화상 콜센터를 운영하여 온라인 수업을 실시하였다. 이러한 원어민을 활용한 온라인 수업 외에도 한국교육학술정보원(2011)에서는 정규 교사가 참여하여 학생들이 학습을 지속할 수 있도록 지도하고 독려하며 평가할 수 있는 스마트 교육 체제 구현을 위한 온라인 수업 활성화 방안을 제시하였다. 이와 같이 스마트 교육에서의 온라인 수업은 기존의 이러닝(e-Learning)이나 유러닝(u-Learning)과 같이 학습자 혼자서 학습하는 것이 아니라 교사의 지도하에 이루어지는 정규 수업으로서, 스마트 영어 교육의 중요한 학습 유형이라고 할 수 있다.

이와 같은 온라인 수업과 더불어 스마트 기기를 영어 교육활동에 적용한 사례 및 연구 또한 찾아볼 수 있었다. 경기도의 한 초등학교에 도입된 로봇은 원어민 교사가 없는 지역을 중심으로 상대적으로 교육적 혜택을 덜 받는 학생들의 영어 능력 향상을 위해 제공되었는데, 이것은 첨단 스마트 기기 기술이 영어 교육활동에 도입되고 있음을 의미한다. 또한 스마트 기기의 교육적 활용으로 인해 학습자들의 상호작용이 활발하게 유도되고, 영어 능력이 향상되는 것을 보여준 연구들도 있었다. 스마트 교육이 전통적인 수업 방식에 비해 활발한 상호작용을 유도할 수 있다는 장점이 있다는 것을 고려해서, Moore와 Kearsley(1996)가 이야기한 학습자-내용, 학습자-교수자, 학습자-학습자 간의 상호작용별로 선행 연구들을 고찰해보았다.

먼저 스마트 기기를 활용하여 학습자와 내용의 상호작용을 보여준 연구들을 살펴보면, 다양한 스마트 기기 중 스마트폰이 가장 많이 사용되었는데, 대부분 단어 학습 활동 내용을 바탕으로 프로그램을 만들어 스마트폰을 통해 학습 내용을 전달하는 연구다(최은주 & 김지영, 2006; Basoglu & Akdemir, 2010; Cavus & Ibrahim, 2007; Lu, 2008; Salameh, 2010; Stockwell, 2010; Thornton & Houser, 2005). 이는 대부분의 학생이 스마트폰을 가지고 있고 또한 인터넷, 음악, 영상 등 다양한 기능을 단어 학습에 이용할 수 있기 때문이기도 하지만, 긴 텍스트의 경우 스마트폰의 작은 화면으로는 학습에 한계가 있는 까닭에 비교적 짧은 텍스트로 이루어진 단어 학습에 스마트폰이 많이 사용되는 것이다. 이뿐만 아니라 PDA도 모바일 외국어 학습에 많이 이용되었는데, Chen과 Hsu(2008)는 영어 읽기 및 단어 학습을 위해 학생들에게 개별화된 학습 프로그램을 만들어 PDA를 통해 내용을 전달하였다. 그들은 PDA를 이용한 학습은 영어 뉴스를 읽고 모르는 단어를 학습하는 데 효과적이라고 주장하였다. 이 외에도 많은 학자들이 PDA를 통해 다양한 학습 내용을 전달하여 그에 대한 학습 효과를 주장하였다(강남희 & 김지영, 2007; 하정숙, 2006; Chen & Chung, 2007; Kondo, Ishikawa, Smith, Sakamoto, Shimomura & Wada, 2012). 또한 Meurant(2011)은 태블릿 PC를 통해 동사 형태에 관한 애플리케이션(이하 '앱')을 만들어 학생들의 문법 능력에 미치는 영향을 연구하였다.

이와 같은 스마트 기술을 통한 학습 내용의 전달과 관련된 연구에서는 대부분 텍스트를 매개로 학습자에게 학습 내용이 전달되었으나, 학습자와 교수자의 상호작용과 관련된 연구에서는 텍스트뿐만 아니라 영상, 오디오, 그림 등 다양한 멀티미디어적인 요소들이 매개가 되어 학습이 이루어졌다. 학습자에게 스마트 기기를 통해 학습 내용을 전달하는 연구들과 마찬가지로, 학습자와 교수자의 상호작용이 일어난 연구들 또한 스마트폰을 이용한 연구들이 많았다. 이들 연구들은 학습자와 교수자 간의 상호작용을 위해 블로그(문은주 & 김재경, 2011), 웹사이트(Nah, White, & Sussex, 2008), 학습 관리시스템(최은주 & 정동빈, 2010), 짧은 메시지 서비스 등을 이용하여 스마트 환경에서의 여러 가지 영어 학습 효과를 살펴보았다. Abdous, Camarena와 Facer(2009)는 외국어 학습에서 mp3 플레이어를 통해 팟캐스트를 듣는 것이 외국어 학습에 효과적이라고 주장하였다.

학습자와 학습자 간의 상호작용 또한 학습자와 교수자 간의 상호작용이 나타난 연구들에서 많이 나타났는데, 학습자와 교수자 간의 상호작용과 관련된 연구들과 마찬가지로 비정규 학습 내용이 많았고, 다양한 멀티미디어를 매개로 하여 학습이 이루어졌다. 특히 웹 기술의 발전이 학습자와 학습자 간에 상호작용이 가능하게 하면서 점차 모바일 웹을 통한 연구들이 늘어나게 되었다. 문은주와 김재경(2011)은 웹 기반 및 모바일 블로깅(Blogging)을 활용한 웹 환경에서의 쓰기 효과 연구에서 모바일 블로깅을 통한 쓰기 및 동료 피드백이 쓰기 능력에 효과적이라고 주장하였다. Comas-Quinn, Mardomingo와 Valentine(2009) 또한 모바일 블로그를 통한 학습자 간의 정보 공유가 학습에 긍정적인 영향을 주었음을 주장하였다. 이 밖에도 Nah, White와 Sussex(2008)는 인터넷 접근을 위한 스마트폰의 활용 연구에서 웹으로 제공되는 토론 창에서의 학습자 간 토론 활동이 영어 학습에 긍정적인 영향을 주었다고 말하였다.

스마트 학습은 학습자가 엄격히 정해진 물리적 장소에 들어가지 않고도 학습 활동에 자유로이 참여할 수 있지만, 교실 밖의 여러 장소에서 학습을 하기 위해서는 학습의 기회가 어디에서 부여되든 간에 참여하겠다는 동기가 필요하다(Kukulsak-Hulme & Traxler, 2005). 스마트 환경은 다양한 학습

자원과 시공간적인 독립성을 제공하여 학습에 융통성을 부여해주지만, 또한 학습자의 능동적인 참여 없이는 효과적인 학습이 이루어질 수 없다. 그러므로 교사의 끊임없는 동기 유발이 필요하다. 그리고 몇몇 연구자와 영어 교사들이 정보통신 기술과 이를 기반으로 하는 네트워크 자원을 영어 교육에 효과적으로 활용하고자 노력하고 있다. 하지만 부족한 스마트 환경 지원 및 초등 영어과 스마트 교육을 위한 모형·콘텐츠 등의 부재로 많은 초등 영어 교사들이 기존의 일반적인 모형을 그대로 활용하면서 테크놀로지 기술을 간헐적으로 사용해보는 데 그치고 있는 실정이다. 그러므로 시공간의 제약을 벗어나, 21세기 핵심 역량을 증진시키는 데 적합한 초등 영어과 스마트 교육 모형이 빨리 개발되어야 할 것이다.

2. 영어 교육에서의 교수·학습 모형

21세기 핵심 역량의 배양을 목적으로 스마트 교육 구성 요소를 반영한 초등 영어과 스마트 수업 모형을 개발하기 위해, 우선 초등 영어과의 기본적인 교수·학습 모형 중에서 스마트 교육의 의도와 목적에 부합하는 수업 모형인 의사소통 중심 수업 모형과 과제 중심 수업 모형, 영어과 ICT 활용 수업 모형에 대해 고찰해보았다.

(1) 의사소통 중심 수업 모형

의사소통 중심 수업 모형은 의사소통 중심 교수법에 이론적 기반을 둔다. 이 교수법은 언어를 의미 전달의 수단이라고 보는 관점에서 출발한다. 언어의 단순한 문법 구조의 통달보다는 의사소통을 중요하게 여기는 본 교수법의 특징은 교수법의 목표를 의사소통의 모든 요인에 두며, 정확성보다는 유창성에 중점을 두는 것이다. 또한 언어의 네 기능을 통합 과정으로 설정하는 특징이 있다(김정렬·한희정·홍순조·전병삼·박정화·권영선·조영민·이현안·이제영·강정진·황경호·박정희·강광호, 2002). 이러한 의사소통 중심 교수법의 일반적인 수업 모형은 [표 1]과 같다(김정렬 외, 2002, p.24).

의사소통 중심 교수법은 교사가 학생들의 수준을 고려하여 의사소통 이전 활동과 본 활동으로 구분하여 적용할 수 있다. 의사소통 이전 활동에서는 의미를 전달하는 데 사용할 수 있는 구문과 어휘를 이해하도록 하고, 유사한 상황의 설정을 통해 이를 충분히 연습하도록 한다. 의사소통 본 활동은 기능적 의사소통 활동과 상호작용 활동으로 세분할 수 있는데, 전자에서는 그림에서 빠진 부분을 찾아내고 단서를 통해 문제를 해결하는 것과 같은 과업 중심의 수업 진행이, 그리고 후자에서는 대화와 토론 활동, 역할극, 모의상황, 즉흥극 등의 수업 진행이 주로 이루어진다(Littlewood, 1981).

학습자의 의사소통 향상을 위해서는 학습자들이 다양한 활동에 참여하도록 의사소통 과정을 촉진하고 학습자에게 교실활동과 절차를 효과적으로 안내하는 교사의 역할이 매우 중요하다(Breen & Candlin, 1980). 이를 위해 교사는 학생들에게 활동에 참여할 수 있는 기회를 많이 제공하고, 상호의

[표 1] 의사소통 중심 수업 모형

단계	학습 과정	학습 활동	
도입	학습 동기 유발 Motivation	인사 동영상과 실물 제시	전시 학습 상기 학습 활동 및 목표 확인
전개	상황 제시 및 의사소통 표현 이해 Presentation	시각자료를 통한 의사소통 상황 이해 언어 표현과 상황의 개략적 이해	
	의사소통 전 활동 Pre-communicative Activities	어휘, 주요 구문 연습(Exercise) 의사소통 기능 이해 및 표현(게임 준비물 점검)	
	의사소통 활동 Communicative Activities	게임을 통한 의사소통 활동 역할극을 통한 의사소통 활동	활동을 통한 의사소통 활동
정리	평가 및 확인 Confirmation	의사소통 기능 숙지	

존적으로 학습하도록 유도하며, 학생과 학생 간의 활동, 과제 간의 의사소통 과정이 원활하게 진행되도록 편의를 제공해주어야 한다. 따라서 교사는 학습자의 요구 분석가이면서, 학습 활동을 확인하고 피드백해주는 상담자, 교사 중심이 아닌 학습자 중심의 학습 과정을 조직하는 관리자로서 역할할 수 있어야 한다.

(2) 과제 중심 수업 모형

과제 중심 수업 모형은 학습자 중심 방법에 이론적 근거를 두고 있으며, 과제 중심 교수법에서 학습자는 자신의 인지 과정에 따르는 자연스러운 과정(natural process)에 의해 언어를 배우며, 목표 언어의 체계에 근거한 실제적이고 사실적인 언어 입력을 통해서 상호작용을 해야 한다(Skehan, 1996). 또한 과제 중심 교수법은 목표 언어의 언어 요소를 중심으로 수업을 조직하는 것이 아니라 목표 언어를 사용해서 해결해야 하는 과제를 학생들에게 부여하여 그 문제를 해결하는 과정을 통해 간접적으로 목표 언어를 배우도록 의도한다(김진철·고경석·박약우·이재희·김혜련, 1998). 따라서 과제 중심 교수법은 목표 언어를 사용하도록 하는 과제를 제시하는 것이 중요하다. 가령 정보 차(information gap)를 이용한 과제 제시의 경우, 두 사람 간의 정보에 공백을 만들어주면 정보의 공백을 메우기 위해서 스스로 생각도 많이 해야 하고 상대방이 가진 정보도 이용해야 하므로 진정한 의사소통에 매우 근접하게 접근할 수 있다.

언어의 실제 사용 측면과 더불어 과제 중심 교수법에서 중요한 것은, 학생들이 스스로 생각을 하면서 다른 학생과 상호작용하고 학습의 과정에 직접 참여하며 경험을 축적해나간다는 것이다. 이를 위해서 한 학급의 전체 학생을 여러 개의 조나 소집단으로 나누어 그룹별로 활동시켜야 한다. 그룹별로 활동하면 진정한 의미의 언어 사용, 즉 의사소통을 할 수 있는 근거를 제공해줄 수 있을 뿐만 아니라 언어 연습의 경우에도 학생들이 같은 형태의 질문이나 대답을 반복하는 데에 이유를

[표 2] 과제 중심 수업 모형

단계	교사 활동	학생 활동
과제 전 pre-task	학생에게 과제의 주제와 목표 제시하기 유용한 단어나 구 제시하기	주제와 관련된 과제 제시하기 과제 수행 방법 생각하기 유사한 과제에 대하여 듣기
과제 task	모니터 역할하기 소집단별 안내하기 학습자의 동기 촉진하기	짝이나 소집단별 과제 수행하기 소집단별 과제 수행 발표하기 과제 수행하기
과제 후 post-task	많이 쓰인 단어나 구 정리하기 과제 수행에 사용한 표현 정리하기 결과 확인 및 평가하기	과제 수행에 대한 느낌 이야기하기 과제 수행 중에 사용한 표현 익히기 자기 평가 및 조별 평가하기

맥락화하여 제공해줄 수 있다(김정렬 외, 2002). 과제 중심 교수법의 일반적인 수업 모형은 [표 2]와 같다(김정렬 외, 2002, p.28).

과제 전 단계에서는 브레인스토밍 등의 방법을 이용하여 창의적인 생각이나 주제와 관련된 개인의 경험 말하기, 주제 또는 화제와 관련된 단어 말하기, 과제 수행 방법 생각하기, 유사한 과제에 관하여 듣기 등의 활동들을 통해 과제 수행을 준비한다. 과제 단계에서는 학생들이 짝이나 소집단으로 과제를 수행하고, 소집단별로 자신들이 수행한 과제의 결과나 과정에 대하여 동료들 앞에서 발표한다. 이때 교사는 학생들의 동기를 촉진하고 소집단별로 모니터링을 해주며, 어려움을 갖고 있는 소집단의 경우 보다 적극적으로 개입하여 문제의 해결에 도움을 준다. 과제 후 단계에서는 과제나 과제 수행에 대한 전반적인 느낌을 이야기하고, 자기 평가 및 조별 평가를 실시한다. 이때 교사는 많이 쓰인 단어나 구를 정리해주며, 이후의 과제 활동을 위하여 과제 수행에 필요한 핵심적인 표현과 결과를 확인한다.

(3) 영어과 ICT 활용 수업 모형

ICT 활용 수업 모형은 과제 중심 교수법과 의사소통 중심 교수법, 언어 요소 제시를 위한 일반 모형 등의 이론적 바탕을 기저로 하여, 영어과 수업에서 적용할 만한 교수·학습 과정과 ICT 활용 전략 및 도구를 함께 제시한 수업 모형이다. 김정렬(2008)은 이해 기능과 표현 기능 중심 수업에서 적용할 만한 기본형 모형 각 1종씩과 수준별 수업 적용을 위한 보충형과 심화형 모형 각 1종씩으로, 총 4종의 영어과 ICT 활용 교수·학습 모형을 제시하였다. 총 4종의 영어과 ICT 활용 교수·학습 모형은 김정렬과 한희정(2003)의 ICT 활용 상호작용 과제 기반 영어 의사소통 함양 모형인 [그림 5]를 기반으로 구성한 것으로, 본 연구에서 개발한 스마트 교수·학습 모형에도 기본 토대를 제공해주었다.

과제 수행 전 단계에서는 과제에 맥락적인 언어적 문제 상황을 학습자의 흥미를 유발할 만한 실생활 소재를 활용하여 제시하고, 이때 ICT 도구는 PPT나 CD-ROM, 웹 등을 활용하며 과제 제시 및 과제 수행 방법 안내를 한다.

　과제 수행 단계에서는 유도적 활동, 수행 전략 실행, 통합적 상호작용, 과제 해결 활동을 거친다. 유도적 활동 단계에서는 과제 수행을 위한 교사 주도의 언어 4기능의 통합적 사용에 대한 예시적 활동을 실시한다. 이때 CD-ROM이나 멀티미디어 교육 자료의 모듈 프로그램 등을 활용하여 언어 4기능의 응용 및 심화 형태를 확인하고 연습할 수 있다. 또한 수준별 과제 활동에 대한 시뮬레이션 자료를 투입하여 활동할 수 있다. 유도적 활동을 한 후에는 수행 전략 실행 단계를 거치는데, 정보 수집, 탐색 등의 활동을 통해 수행 계획을 체계적으로 실행하는 단계다. 이때 CD-ROM이나 멀티미디어 교육 자료를 활용하여 기능의 심화 및 연습이 가능하며, 인터넷을 통해 자료를 검색할 수 있다. 수행 전략 실행 단계를 거치면 수행 결과를 발표하고 공유하는 통합적 상호작용 활동을 한다. 언어 4기능의 통합적 사용에 기반하는 다양한 상호작용 활동을 통해 과제를 해결하며, 수행 결과

단계	상황 소개	과제 제시	수행 안내	과제 수행 ① 유도적 활동 ② 수행 전략 실행 ③ 통합적 상호작용 ④ 과제 해결	결과 발표 및 정리	정착 및 적용
교수·학습 활동 안내	과제에 맥락적인 언어적 문제 상황 제시(학습자의 발달 단계에 비춰 흥미를 끌 만한 실생활 소재 활용)	ICT의 활용이 효과적인 듣기 또는 읽기 기반의 이해활동 과제 제시	과제 수행 준비도 확인(선습 단어, 구, 표현 및 ICT 소양 수준 확인) 수행 방법 안내	① 유도적 활동 과제 수행을 위한 예시적 활동 안내의 교사 주도 활동 ② 수행 전략 실행 정보 수집, 탐색 등의 활동을 통해 수행 계획의 체계적 실행 ③ 통합적 상호작용 언어 4기능의 통합적 사용을 통한 다양한 상호작용 ④ 과제 해결 과제 수행이 완료되고 최종 산출물 도출	수행 결과 발표 수행 결과물 포트폴리오화	새로운 학습 내용을 정확성 위주로 정리, 심화 적용 파지 및 전이를 위한 기습 내용과의 연결 → 실생활에 적용
ICT 활용	PPT나 CD-ROM, 웹 등을 이용하여 실제 혹은 가공 자료로 제시	주로 PPT 이용	ICT 준비도 확인	CD-ROM, 전자우편, 온라인 대화, 웹, 멀티자료, 응용 프로그램, 기타 텍스트 자료 등을 정보식별/이해/탐색·분석/음성 및 문자 의사소통/정련 및 가공 활동 등으로 다양하게 활용	응용 소프트웨어나 PPT를 활용하여 온·오프라인으로 적용 가능	주로 CD-ROM이나 멀티미디어 자료 활용

[그림 5] ICT 활용 상호작용 과제 기반 영어 의사소통 함양 모형

물은 포트폴리오화할 수 있다. 이 단계에서는 기본 학습의 핵심적 콘텐츠를 담고 있는 CD-ROM 과 멀티미디어 교육 자료와 같은 영어과 ICT 내용 도구를 중심으로, 의도하는 언어 기능에 따라 전자우편, 온라인 대화, 웹, 응용프로그램 등을 부수적으로 활용하여 정보식별/이해/탐색·분석/음성 및 문자 의사소통/정련 및 가공 등의 다양한 ICT 활동으로 적용한다. 텍스트 자료 기반의 오프라인 활동과 연계하여 실시할 수 있다.

과제 수행 후 결과 발표 및 정리 단계에서는 응용 소프트웨어나 PPT 등의 ICT 도구를 활용하여 수행 결과를 발표하고, 수행 결과물을 포트폴리오화할 수 있다. 이후 정착 및 적용 단계에서는 새로운 학습 내용을 정확성 위주로 정리하고, 효율적인 파지 및 전이를 위해 실생활에 배운 내용을 적용할 수 있도록 한다. 이때 주로 CD-ROM이나 멀티미디어 자료를 활용한다.

3. 영어 교육에서의 스마트 교수·학습 모형 개발

본 연구에서는 자기주도적, 학습 흥미, 수준과 적성, 풍부한 자료, 정보 기술 활용이라는 다섯 가지 구성 요소를 반영한 초등 영어과 스마트 수업 모형을 개발하고자 한다. 앞서 소개한 초등 영어과의 기본적인 교수·학습 모형은 현장에서 많이 활용하는 수업 모형들이다. 이를 근간으로 스마트 교육에 적합하도록 수정하여 스마트 기본 모형, 스마트 과제 중심 모형, 스마트 역할놀이 모형, 스마트 스토리텔링 모형과 관련된 교수·학습 모형을 구안하였다.

(1) 스마트 교수·학습 모형 개발의 기본 전제

영어과 스마트 교육의 목표인 21세기 핵심 역량(의사소통, 협력, 창의성, 비판적 사고)과 스마트 교육의 방법인 SMART 구성 요소(자기주도적, 학습 흥미, 수준과 적성, 풍부한 자료, 정보 기술 활용), 스마트 기기를 활용한 영어 교육 선행 연구, 영어과의 일반적인 교수·학습 모형을 분석한 결과를 바탕으로 스마트 교수·학습 모형 개발의 기본 전제를 추출하였다. 영어과 스마트 교수·학습 모형 개발의 기본 전제는 [그림 6]과 같다.

초등 영어과 스마트 교수·학습 모형은 영어과의 의사소통 중심 모형과 과제 중심 모형을 기본 토대로 설계하였다. 의사소통 중심 교수법은 교사가 학생들의 수준을 고려하여 의사소통 이전 활동과 의사소통 본 활동으로 구분하여 적용할 수 있다. 의사소통 이전 활동에서는 의미를 전달하는 데 사용할 수 있는 구문과 어휘를 이해하도록 하고, 유사한 상황의 설정을 통해 충분히 연습하도록 한다. 의사소통 본 활동은 기능적 의사소통 활동과 상호작용 활동으로 세분할 수 있는데, 전자에서는 그림에서 빠진 부분을 찾아내고 단서를 통해 문제를 해결하는 것과 같은 과업 중심의 수업 진행이, 후자에서는 주로 대화와 토론 활동, 역할극, 모의상황, 즉흥극 등의 수업 진행이 이루어진다. 이와 같이 의사소통 중심 교수법은 주요 활동에 따라 교재 내용이 달라지므로, 수업절차도 달라진다. 이에 따라 일반적인 의사소통 중심 모형을 토대로 스마트 기본 모형을 설계하고, 수업절차

모형의 기본 토대
의사소통 중심 모형
기본 모형
역할놀이 모형
스토리텔링 모형
과제 중심 모형

모형 원리 적용
영어과 ICT 활용 교수·학습
모형의 상호작용 과제 기반
의사소통 함양 원리 적용

스마트 기기·기술 활용
스마트 기기(스마트폰, 패드,
로봇 등) 및 기술(웹 2.0, SNS,
클라우드 등) 활용 선행 연구

모형의 목적적 측면
21세기 핵심 역량 배양
의사소통
협력
창의성
비판적 사고력

모형의 방법적 측면
스마트 구성 요소 고려
자기주도적
학습 흥미
수준과 적성
풍부한 자료
정보 기술 활용

[그림 6] 초등 영어과 스마트 교수·학습 모형 개발의 기본 전제

가 일반적인 수업 모형과 다른 역할극 및 스토리텔링을 주요 활동으로 하는 의사소통 중심 모형을 토대로 스마트 역할놀이 모형 및 스마트 스토리텔링 모형을 설계하였다. 또한 목표 언어를 사용해서 해결해야 하는 과제를 부여하여 목표 언어를 가르치는 과제 중심 모형을 토대로 스마트 과제 중심 모형을 설계하였다.

초등 영어과 스마트 교수·학습 모형은 ICT 활용 상호작용 과제 기반 영어 의사소통 함양 모형에서 도입한 원리를 적용하여, 초등 영어 교육의 목표인 의사소통 함양을 기본으로 통합적 상호작용 과제를 수행하는 각 교수·학습 단계에 필요한 스마트 요소를 제시하였다. ICT 활용 모형이 각 교수·학습 단계에 필요한 ICT 도구만을 제시한 것에 비해, 스마트 교수·학습 모형은 기존의 ICT 도구뿐 아니라 기존의 비 ICT 도구, 스마트 기기 및 기술을 같이 제시하였다. 이러한 스마트 기기들은 기존의 수업에서 불가능하거나 축소되어 수행되어온 상호작용 효과를 증대시켜 초등 영어 교육의 목표인 의사소통의 함양에 큰 도움이 된다.

초등 영어과 스마트 교수·학습 모형은 스마트 교육이 추구하는 21세기 핵심 역량인 의사소통, 협력, 창의력, 비판적 사고력과 스마트 교육의 구성 요소인 자기주도 학습, 학습 동기 유발, 학습자의 특성 고려, 풍부한 학습자원 제공, 최신 정보통신 기술 활용을 고려하여 설계하였다. 스마트 교육의 목적적 측면에서는 본래 영어 교과 목표와 더불어 21세기 핵심 역량을 배양할 수 있도록 하였으며, 방법적 측면에서는 다섯 가지의 스마트 구성 요소를 모두 고려할 수 있도록 설계하였다.

(2) 스마트 교수·학습 모형과 적용 설계

의사소통 중심 모형과 과제 중심 모형을 토대로 ICT 활용 모형의 원리를 적용하고, 스마트 교육의 목적적 측면과 방법적 측면을 고려하여 구안된 스마트 교수·학습 모형의 개략적인 내용은 [표 3]과 같다.

초등 영어과 스마트 기본 모형은 도입 및 동기 유발, 학습 활동, 학습 결과 생산 및 결과 공유, 학습 활동 점검 및 정리 단계로 구성되어 있다. 의사소통 중심 모형과 마찬가지로 초등 영어과의 기본 목표인 의사소통을 함양시키기 위해 최신 정보통신 기술과 스마트 기기 등을 활용하여 학습자

[표 3] 스마트 교수·학습 모형의 개략

교수·학습 모형	수업 단계	주요 교수·학습 내용	활용 도구	핵심 학습자 역량
스마트 기본 모형	도입	동기 유발 및 소개	유튜브, PPT	의사소통, 협력, 창의성, 비판적 사고
	학습 활동	주요 표현 익히기 정보 검색 및 조사 온·오프 라인 연계활동	PPT(전자칠판) Web 2.0 구글 드라이브	
	학습 결과 생산	정보 시각화 활동 학습 결과물 공유	구글 드라이브 SNS, 클라우드	
	점검 및 정리	학습 점검 및 정리	블로그	
스마트 과제 중심 모형	과제 전 활동	과제 주제 제시	유튜브, PPT	의사소통, 협력, 비판적 사고
	과제 중 활동	과제 수행하기	Web 2.0	
	과제 후 활동	과제 분석 및 연습	전자칠판, SNS	
	점검 및 정리	학습 점검 및 정리	블로그	
스마트 역할놀이 모형	학습 과정 안내	역할놀이 내용 분석	전자칠판	의사소통, 협력, 창의성
	역할놀이 준비	상황 설정 및 대본 작성 역할 분담 및 자료 준비 역할놀이 연습	PPT, 프레지 멀티미디어 스마트 기기	
	역할놀이 실행	역할놀이 관찰 역할놀이 시연	구글 드라이브 전자칠판	
	평가 및 정리	역할놀이 검토 및 정리	SNS, 클라우드	
스마트 스토리텔링 모형	읽기 전 활동	주요 표현 제시	PPT, 전자칠판	의사소통, 창의성, 비판적 사고
	읽기 활동	유도적 읽기 혼자 읽기	전자칠판 스마트 기기	
	읽기 후 활동	읽기 후 과제 활동 과제 결과물의 공유	구글 드라이브 SNS, 클라우드	
	점검 및 정리	학습 점검 및 정리	블로그	

와 학습 내용, 학습자와 학습자, 학습자와 교수자의 상호작용을 증대시킬 수 있도록 하였다. 초등 영어과 스마트 역할놀이 및 스토리텔링 모형도 의사소통 중심 모형을 토대로 개발하였으나, 역할놀이와 스토리텔링이 가지고 있는 수업 절차가 성격상 일반적인 모형과 달라 스마트 역할놀이와 스토리텔링 모형을 따로 개발하였다. 스마트 역할놀이 모형은 스마트 기기 중 전자칠판을 사용하여 역할놀이의 효과를 증대시키는 특징이 있다. 역할놀이를 준비하면서 다양한 멀티미디어 자료를 활용하여 전자칠판으로 구현함으로써 기존의 역할놀이 수업보다 더욱 실제적이고 효과적인 수업이 가능해졌다. 스마트 스토리텔링 모형 또한 기존의 스토리텔링 모형에 비해 스마트 기기 및 최신 정보통신 기술을 활용하여, 자신의 목소리를 녹음하여 발음을 확인하는 등의 활동을 할 수 있게 되었다. 초등 영어과 과제 중심 모형 또한 과제를 수행하고 결과를 생산하는 데 스마트 기기 및 최신 정보통신 기술을 활용하여 네트워크를 통한 협력이 가능하게 되었고, 이를 통한 상호작용 효과의 증대는 학습자의 학습 효과에 긍정적인 영향을 준다.

본 연구에서 개발한 스마트 기본 모형, 스마트 역할놀이 모형, 스마트 과제 중심 모형, 스마트 스토리텔링 모형을 적용하기 위한 설계는 [그림 7]과 같다.

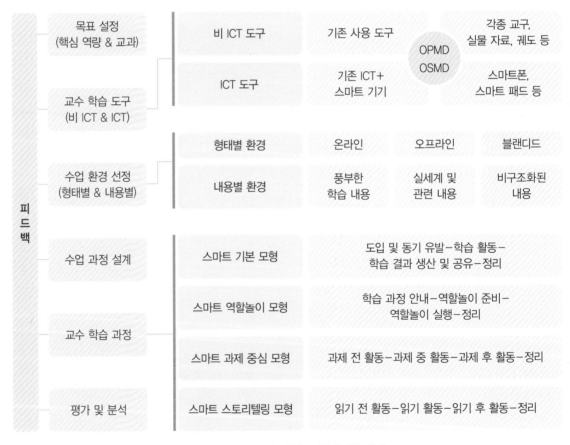

[그림 7] 스마트 교수·학습 모형의 적용 설계

02 스마트 모델 1: 스마트 기본 모형

1. 교수·학습 모형 설명

초등 영어과에서 많이 활용되고 있는 의사소통 중심 모형, 과제 중심 모형, ICT 활용 교수·학습 모형에 스마트 교육의 목적(21세기 핵심 역량 및 교과 목표) 및 방법(SMART) 등 모형 개발의 기본 전제를 고려하여 초등 영어과 스마트 기본 모형을 [표 4]와 같이 구안하였다.

본 초등 영어과 스마트 기본 모형은 의사소통 중심 모형과 과제 중심 모형을 토대로, ICT 활용 상호작용 과제 기반 영어 의사소통 함양 모형의 원리를 반영하여 설계하였다. 또한 스마트 교육의 목적인 21세기 핵심 역량과 스마트 교육의 다섯 가지 구성 요소를 같이 반영할 수 있도록 하였다.

학습 계획 단계에서 교사는 스마트 교육에 필요한 스마트 기기 및 스마트 환경을 점검하고, 학습 목표 및 학습 단계를 확인하며, 학습에 필요한 자료를 탐색 및 점검한다. 일반적인 수업에 비해 스마트 교육 수업은 스마트 기기 및 최신 정보 기술을 활용하기 때문에 수업을 진행할 때 최신 기기의 오작동이나 최신 기술의 운용 미숙으로 수업에 방해가 되지 않도록 주의를 기울여야 한다. 그러므로 교사는 스마트 교육을 하기 전, 학습 계획 단계에서 학습 준비를 충분히 해야 할 것이다.

학습 단계는 크게 도입 및 동기 유발, 학습 활동, 학습 결과 생산 및 정보 교환 단계로 나눌 수 있다. 먼저 도입 및 동기 유발 단계는 주요 의사소통 기능 구문을 실제적으로 소개하고, 관련 동영상 및 각종 동기 유발 자료를 통해 학습 목표를 제시하는 단계다. 이 단계에서는 유튜브, PPT, 프레지 등 다양한 멀티미디어 자료와 스마트 기기의 결합으로 학생들의 흥미를 고취시키는 것이 중요하다.

학습 활동 단계는 주요 어휘 및 표현을 연습해보는 학습 단계와 정보 검색 및 조사 활동, 온·오프 라인 연계 활동 등 다양한 활동을 하는 활동 단계로 나누어진다. 이 단계에서는 ICT 활용 상호작용 과제 기반 모형의 원리를 적용하여 스마트 기기 및 기술을 활용해 학생들의 상호작용을 증진시킬 수 있는 과제 및 활동을 부여한다. 스마트 기기 및 기술의 도움으로 학습자와 학습 내용, 학습자와 학습자, 학습자와 교수자의 상호작용을 활성화함으로써 초등 영어 교육의 목적인 의사소통을 함양시키고, 더 나아가 21세기 핵심 역량인 협력, 창의성, 비판적 사고력도 함양시킨다.

학습 단계의 마지막인 학습 결과 생산 및 정보 교환 단계에서는 학습 활동을 통해 산출된 학습 결과물의 시각화 활동을 통해 다른 학습자들과 학습 결과물을 공유하고 상호 보완한다. 개별 활동 및 모둠 활동을 통해 산출된 결과물을 SNS 및 무선 네트워크, 클라우드 등의 스마트 기술을 활용

[표 4] 초등 영어과 스마트 기본 모형

단계	과정			스마트 교육 수업 내용	스마트 기기 활용 관련 주요 활동
학습 계획 단계	차시별 학습 계획하기			학습 목표 및 학습 단계 확인 학습에 필요한 환경 점검 학습에 필요한 자료 탐색 및 점검	스마트 교육에 필요한 스마트 기기 및 스마트 환경 점검
학습 단계	도입 및 동기 유발			주요 의사소통 기능의 실제적 소개 관련 동영상 시청 후 학습 주제 확인 학습 목표 유추 및 학습 단계 안내	관련 의사소통 기능 문장 탐색 유튜브, PPT, 프레지 등 활용
	학습 활동	학습		주요 어휘 및 표현 익히기 •제시된 주요 의사소통 기능 학습	학습 활동 •관련 동영상 자료 탐색 •관련 시각 자료 탐색 •학습 결과물 생산을 위한 텍스트 자료 탐색
		활동		정보 검색 및 조사 활동 •학습 주제와 관련된 정보 검색 활동 1(개인별) •학습 주제와 관련된 정보 검색 활동 2(모둠별) 온·오프 라인 연계 활동 •검색 및 활용한 자료에 대한 정보 교환 활동 •탐색한 자료를 활용한 개별 활동	온·오프 라인 연계 활동 •SNS 활용 정보 교환 •제시된 과제 해결을 위한 자료 탐색
	학습 결과 생산 및 정보 교환			정보 시각화 활동 •학습한 활동에 대한 학습 결과물 산출 •각종 도표, 그래프, 시각 자료 제작 학습 결과물 공유 •학습 결과물 공유 및 상호 보완	개별 활동 결과물 산출 SNS 및 무선 네트워크 활용 결과물 공유 활동
학습 점검 단계	학습 활동 점검			새롭게 배운 내용 확인 알고 있던 것과 새롭게 알게 된 내용 정리 학습 내용과 방법에 대한 Q&A	탑재된 학습 결과물에 대한 상호 평 가 활동
학습 정리 단계	학습 정리			학습 내용과 과정 정리 학습 내용에 대한 과제 활동 차시 안내 과제 제시	이메일, 블로그, 클래스팅 등을 활 용한 자료 탑재

하여 서로 공유한다. 이와 같이 스마트 기기와 기술은 학습자들에게 학습 결과물에 대한 피드백을 바로 공유할 수 있도록 함으로써 학습 결과물 발표에 적극적으로 참여할 수 있도록 유도할 뿐만 아니라, 다른 학습자들의 즉각적인 피드백을 통해 학습 내용을 정리하고 확장하는 데 도움을 준다.

학습 활동 점검 및 정리 단계에서는 새롭게 배운 내용을 확인하고, 동료 평가 및 자기 평가 활동을 하고, 상호 평가 활동을 통해 학습 내용과 과정을 정리한다. 학습을 정리할 때는 이메일, 블로그, 클래스팅 등의 스마트 기술을 활용하여 자료를 웹에 탑재한다. 다음 수업에 대한 차시 안내 및 과제를 제시할 때도 웹을 활용하여 학습자들이 언제 어디서나 확인할 수 있도록 지원하고, 다음 수업에 임하기 전에 예습을 할 수 있도록 안내한다.

2. 사용되는 스마트 기술

도구명		도구 설명	활용 설명	이미지
스마트기기	스마트 패드	학습자가 자료를 직접 찾아볼 수 있고, 각종 앱을 구동할 수 있게 해주는 기본 스마트 도구다.	검색 및 조사 활동 온·오프 연계 활동	
	스마트폰	이동성이 높아 언제 어디서나 교사의 공지 및 과제를 확인할 수 있으며, 상호작용이 가능하다.	실제적 상황 제시	
	전자칠판	칠판 기능 및 컴퓨터 기능을 포함하고 있어 다양한 입력 강화 활동 등을 수행할 수 있다.	학습 목표 제시 학습 결과 공유	
발표	파워포인트 (PPT)	교사의 사전 준비로 학생들에게 필요한 자료를 제공할 수 있고, 수업을 진행할 수 있다.	주요 표현 제시 학습 결과 발표	
	프레지	PPT에 비해 역동적이며 전체와 부분을 살펴볼 수 있어, 학습자들의 집중을 유도할 수 있다.	주요 표현 제시 학습 결과 발표	
앱	QR코드	특정 정보를 담고 있는 2차원 코드로서, 스마트폰으로 QR코드를 스캔하면 특정 정보를 확인할 수 있다.	미사용	
	기타 교육용 앱	수많은 교육용 앱이 나와 있으며, 각 수업 주제 및 활동에 맞는 앱을 수업에 활용할 수 있다.	기타 앱 미사용	
인터넷	위키백과	모두가 함께 만들어가며 누구나 자유롭게 사용할 수 있는 다언어판 인터넷 백과사전이다.	검색 및 조사 활동	
	검색 엔진	네이버, 다음, 구글 등 종류가 다양하며, 필요한 정보를 검색하는 데 널리 사용되고 있다.	검색 및 조사 활동	
멀티미디어	유튜브	동영상 전용 사이트로, 많은 교육용 동영상이 탑재되어 있어 수업 동기 유발 자료로서 활용할 수 있다.	동기 유발 주제 관련 동영상	
	동영상	각종 동영상 자료를 통해 수업에 역동성을 부여할 수 있다.	주제 관련 동영상	
	사진	각종 그림이나 사진 자료를 통해 학습의 이해를 도울 수 있다.	주요 표현 세시	
클라우드	구글 드라이브	구글에서 제공하는 클라우드 서비스로, 다양한 콘텐츠를 서버에 저장해 두고 언제나 활용이 가능하다.	학습 과제 수행 학습 결과 생산	
	다음 클라우드	다음에서 제공하는 클라우드 서비스로, 다양한 콘텐츠를 서버에 저장해 두고 언제나 활용이 가능하다.	미사용	
	네이버 N드라이브	네이버에서 제공하는 클라우드 서비스로, 다양한 콘텐츠를 서버에 저장해 두고 언제나 활용이 가능하다.	미사용	

S N S	구글 플러스	구글의 커뮤니티 기능으로, 학급의 구성원들이 정보를 공유하고 과제를 수행할 수 있다.	미사용	g+
	트위터	블로그의 인터페이스와 미니홈페이지의 친구 맺기 기능, 메신저 기능 등을 한데 모아놓은 SNS다.	미사용	y
	페이스북	글로벌 소셜네트워킹 서비스로, 개인 프로필, 친구 찾기, 메신저, 카메라 기능 등을 제공한다.	미사용	f
	클래스팅	교육용에 적합하게 만들어진 폐쇄형 SNS로, 교수자가 알림을 공지하는 등 여러 가지 용도로 사용할 수 있다.	다음 차시 안내 과제 안내 및 공지	C

3. 교수·학습 과정안

초등 영어과에서 많이 활용되고 있는 교수·학습 모형에 스마트 교육의 목적(21세기 핵심 역량 및 교과 목표) 및 방법(SMART) 등 모형 개발의 기본 전제를 고려하여 수정된 초등 영어과 스마트 기본 모형에 따른 교수·학습 과정안을 다음과 같이 구안하였다.

1) 교수·학습 과정안 요약

학교급	초등학교	학년	5학년	차시	3/6차시
교과	영어	대단원	12. What do you want to do?	주제	Asking and answering want & weather
학습 목표	Ask and answer the question "What do you want to do?" Ask and answer the question "How's the weather?"				
의사소통 기능	What do you want to do? / I want to play badminton. How's the weather? / It's sunny.				
스마트 활동	⑤ 스스로 자료를 찾고 정리하기 Ⓜ 관련 동영상을 보고 주제 추측하기 Ⓐ 자기 수준에 맞는 주요 표현을 사용하여 정보 수집하기 Ⓡ 인터넷을 활용하여 다양한 정보 검색하기 Ⓣ 스마트 패드를 이용하여 학습 활동하기				
학습자 역량	날씨와 하고 싶은 일을 묻고 답하면서 의사소통을 배양한다.				
수업 진행	1단계 학습 계획하기 → 2단계 학습하기 → 3단계 학습 점검하기 → 4단계 학습 정리하기				
준비물	교사	전자칠판, 스마트 패드, 웹 2.0 도구			
	학생	스마트 패드 또는 컴퓨터, 클래스팅			

스마트 도구	스마트 패드	도입 및 각 활동에서 동영상 시청, 활동 자료 검색 및 생산에 활용
	전자칠판	도입 및 생산된 정보 공유 시 전체 활동에 활용
	구글	자료를 생산하고 공유할 때 구글 드라이브의 구글 닥스 활용
	클래스팅	수업 안내 및 과제 제시에 활용

2) 교수·학습 과정안

Subject	English	Date	2013. 1. 1. (월), 2교시	grade	5학년	teacher	홍길동
Unit	12. What do you want to do?			place	영어전용실	period	3/6
Main Topic	Asking want, asking weather.			model	스마트 기본 모형		
Objectives	21세기 핵심 역량	날씨와 하고 싶은 일을 묻고 답하면서 의사소통을 배양한다.					
	교과 학습 목표	Ask the question "What do you want to do?" and respond. Ask and answer the question "How's the weather?" and respond.					
Strategy	스마트 학습 활동	S 스스로 자료를 찾고 정리하기 M 관련 동영상을 보고 주제 추측하기 A 자기 수준에 맞는 주요 표현을 사용하여 정보 수집하기 R 인터넷을 활용하여 다양한 정보 검색하기 T 스마트 패드를 이용하여 학습 활동 하기					
	교수·학습 자료	교사	전자칠판, 스마트 패드, 웹 2.0 도구				
		학생	스마트 패드, 기타				

● 학습 계획하기

Procedures	Teaching-Learning Activities	Time (minute)	Comments	Materials
학습 계획	Check objectives & steps Check today's objective and learning steps. Setting learning environment & teaching materials Check smart learning environment & materials. – Check smart devices and materials for the lesson. – Arrange team members and set environment.	사전	교사는 사전에 스마트 교육을 위해 스마트 기기 및 환경을 점검한다.	

● 학습하기

Procedures	Teaching-Learning Activities	Time (minute)	Comments	Materials
도입 및 동기 유발	**Greetings** Exchange greetings with students. Singing a song and chant. **Showing demonstration** Showing examples for motivation – 선생님이 호주로 돌아간 원어민 선생님과 스마트폰으로 날씨와 하고 싶은 일을 묻고 답하는 실제적 활동을 보여준다. 학생들도 원어민 선생님을 친근하게 잘 알고 있다. • What am I doing now? • What did I ask to my friend on the phone? **Showing video clip** Watching 2 video clips about today class situations using tablet PC individually. • What words did you hear in this situation? • What expressions did you hear in this situation? • Let's guess situation about this video clip. **Deduce lesson objective & guide steps** Guess lesson objective. • Guess lesson objective with previous demonstration and video clips. Guide learning steps for today's lesson.	7	교사는 사전에 학습 내용과 관련된 전화 내용을 정선하여 보여준다. 교사는 시연 및 동영상을 통해 학습자들이 학습 목표를 유추할 수 있도록 유도한다.	
학습 활동	**Learning key words & expressions** Input strengthening activities on related contents by using electronic board. Practice the key words & expressions with pictures. **Information searching(Individual activity)** • Now, let's play the information searching activity related to today's objective. I will explain how to do this activity. ※ Activity: **Investigate the weather and activities** 1. Students choose the best city where they want to live around the world. 2. Find information on the weather of the city. 3. Find & choose typical activity that I want to do there. **On-Off line blended activity(Group activity)** • Let's compare the information you found with other friends. ※ Activity: **Making a guidepost** 1. Distribute the chart consisting of four rows(Name, City, Weather, Activity) and columns as much as number of students of a group.	22	구글 닥스 등 관련 프로그램을 본 차시 수업 전에 소개하고, 사전에 활용 방법을 개별적으로 익히도록 지도한다. 조별 활동은 본 차시와 관련된 영어 표현을 활용할 수 있도록 지도한다.	

	2. Fill in the chart from the first column to the end with information of group members by asking and answering my information and other's. 3. Fill in the five blank columns with Name, City, Weather, Activity Information of other group members by asking and answering related information with completed chart.			
학습 결과 생산 및 정보 교환	Information visualization activity(Whole activity) Students transfer the information to the teacher by using Internet. The teacher shows students the bar graph presenting the information. • What can you find from the bar graph? • Let's talk to what you found from the bar graph in English. Students organize the information and make a document. • Let's make an introductory material associated with the weathering many parts of the world with tablet PC. Students transfer the introductory material on weather to the teacher.	7	학습 결과를 모든 학습자가 공유하고 확인할 수 있도록 한다.	

활용 도구 스마트 패드 📱 스마트폰 📊 전자칠판

활용 앱 🎥 동영상 📷 사진 ▶ 유튜브 8⁺ 구글 닥스

● 학습 점검 및 정리

Procedures	Teaching-Learning Activities	Time (minute)	Comments	Materials
학습 활동 점검	Checking learning point • What did you learn in this lesson? • What expressions do you learn first through this class? Checking learning steps • What are impressive learning steps in this lesson? • What materials are helpful for your lesson today?	3	학습 점검 및 평가 시 스마트 패드를 활용한다.	
학습 정리	Wrap up – An advance notice for next class. • It's time to say good-bye. See you next time. • Watch the CD-ROM at home and review what we learned today.	1		

활용 도구 📝 스마트 패드 📱 스마트폰

활용 앱 Ⓒ 클래스팅

3) 교수·학습의 고려사항 및 유의점

스마트 교육 수업 시 유의할 점을 학습 단계별로 정리하면 다음과 같다.

먼저 수업 시작 이전에 수업 과정에서 활용할 스마트 기기의 이상이나 오작동 여부를 확인하고, 운용 기술의 미숙으로 수업 진행에 차질이 생기지 않도록 스마트 기기 활용 기술을 습득할 필요가 있다.

학습 계획 단계에서는 기본적으로 학습 목표 및 학습 단계를 확인하고 학습에 필요한 자료를 탐색·점검하는 것은 물론, 수업 시 필요한 스마트 기기 및 스마트 환경을 확인해야 한다.

학습 단계에서는 우선 학습 주제와 직접적으로 관련된 자료를 선정하여 동기를 유발하되, 자료의 성격에 맞는 스마트 기기를 선택하여 제시하도록 한다. 학습 활동 단계에서는 학생들의 상호작용을 촉진하는 용도로 스마트 기기 및 기술을 활용하도록 유도하며, 학습 결과 생산 및 정보 교환 단계에서는 학습 활동 이후 산출된 결과물을 자유롭게 공유하고 상호 보완하는 데 스마트 기기를 활용하도록 장려할 필요가 있다.

학습 점검 및 정리 단계에서는 학습 내용과 과정을 효율적으로 할 수 있도록 상호 평가 활동을 웹상에서 수행하도록 하고, 최종 결과물은 이메일이나 블로그, 클래스팅 등의 다양한 루트를 활용하여 웹에 탑재하도록 격려하고, 다음 수업 안내 및 과제 또한 웹상에 제시하여 학습자들이 언제 어디서나 확인할 수 있도록 지원하도록 해야 한다.

4) 교수·학습 자료

(1) 평가 기준

평가 범주			수행 내용	배점	평가 근거
정의적	태도	상	짝 또는 모둠 활동 및 과제를 수행할 때, 흥미를 가지고 적극적으로 참여하는 횟수가 10회 이상이다.	20	관찰 체크리스트
		중	짝 또는 모둠 활동 및 과제를 수행할 때, 흥미를 가지고 적극적으로 참여하는 횟수가 5회 이상, 9회 이하이다.		
		하	짝 또는 모둠 활동 및 과제를 수행할 때, 흥미를 가지고 적극적으로 참여하는 횟수가 4회 이하다.		
인지적	듣기	상	On-Off 활동에서, 친구들과 날씨를 묻고 답하는 대화와 하고 싶은 일을 묻고 답하는 대화를 듣고 정확하게 이해한다.	20	관찰 체크리스트 (On-Off)
		중	On-Off 활동에서, 친구들과 날씨를 묻고 답하는 대화와 하고 싶은 일을 묻고 답하는 대화를 듣고 이해를 할 수 있으나 가끔 다시 질문을 한다.		
		하	On-Off 활동에서, 친구들과 날씨를 묻고 답하는 대화와 하고 싶은 일을 묻고 답하는 대화를 듣고 이해하는 데 어려움이 있다.		
	말하기	상	On-Off 활동에서, 친구들과 날씨를 묻고 답하는 대화와 하고 싶은 일을 묻고 답하는 대화를 유창하고 정확하게 구사한다.	20	관찰 체크리스트 (On-Off)
		중	On-Off 활동에서, 친구들과 날씨를 묻고 답하는 대화와 하고 싶은 일을 묻고 답하는 대화가 일부 틀리거나 다시 고쳐서 말하지만, 말하는 뜻을 이해할 수 있다.		
		하	On-Off 활동에서, 친구들과 날씨를 묻고 답하는 대화와 하고 싶은 일을 묻고 답하는 대화의 표현이 많이 틀려서 무슨 말인지 알아듣기가 힘들다.		
	읽기	상	정보 찾기 활동에서, 자신이 살고 싶은 도시의 날씨와 사람들이 즐겨하는 활동을 찾아 관련 문장을 읽을 수 있다.	20	관찰 체크리스트 (정보 찾기)
		중	정보 찾기 활동에서, 자신이 살고 싶은 도시의 날씨와 사람들이 즐겨하는 활동을 찾아 관련 단어를 읽을 수 있다.		
		하	정보 찾기 활동에서, 자신이 살고 싶은 도시의 날씨와 사람들이 즐겨하는 활동을 찾아 읽는 데 어려움이 있다.		
	쓰기	상	소개 자료 만들기 활동에서, 날씨와 활동과 관련된 문장과 단어를 사용하여 자료를 만들 수 있다.	20	결과물 (소개 자료 만들기)
		중	소개 자료 만들기 활동에서, 날씨와 활동과 관련된 단어를 사용하여 자료를 만들 수 있다.		
		하	소개 자료 만들기 활동에서, 날씨와 활동과 관련된 문장과 단어를 사용하는 데 어려움이 있다.		
				100	

(2) 웹사이트 리스트

• How's The Weather?

www.youtube.com/watch?feature=player_detailpage&v=b18TDfk5Ppw

날씨에 관한 표현을 익힐 수 있는 유튜브상의 동영 상 자료다.

• What do you want to do?

www.youtube.com/watch?feature=player_detailpage&v=GSph7bc8k-4

유튜브상에 있는 동영상 자료로, 하고 싶은 일을 묻 고 답하는 표현을 익힐 수 있다.

(3) 학습지

| Lesson 11. What do you want to do? | 학년 반 번 |
| | 이름: |

1. Search Information

   Name:

   City:

   Weather:

   Activity:

2. On-Off line Blended Learning

   (Q1) What is your city?

   (Q2) How's the weather in the city?

   (Q3) What do you want to do there?

3. Making a Guidepost

Name	City	Weather	Activity

(4) 교수·학습 시나리오

Subject	English	Date	2013. 1. 1. (월), 2교시	grade	5학년	teacher	홍길동
Unit	12. What do you want to do?			place	영어전용실	period	3/6
Main Topic	Asking want, asking weather.			model	스마트 기본 모형		

Objectives	21세기 핵심 역량	날씨와 하고 싶은 일을 묻고 답하면서 의사소통을 배양한다.
	교과 학습 목표	Ask the question "What do you want to do?" and respond. Ask and answer the question "How's the weather?" and respond.

Strategy	스마트 학습 활동	S 스스로 자료를 찾고 정리하기 M 관련 동영상을 보고 주제 추측하기 A 자기 수준에 맞는 주요 표현을 사용하여 정보 수집하기 R 인터넷을 활용하여 다양한 정보 검색하기 T 스마트 패드를 이용하여 학습 활동하기
	교수·학습 자료	교사	전자칠판, 스마트 패드, 웹 2.0 도구
		학생	스마트 패드, 기타

Procedures	Teaching–Learning Scenario	Time (minute)	Comments	Materials
도입 및 동기 유발	**Greetings** T How is everyone today? S I'm fine. / Pretty good. T Let's sing a song. OK. Now, let's start our lesson. **Showing demonstration** T I will show you an example. Look at me carefully. – 선생님이 호주로 돌아간 원어민 선생님과 스마트폰으로 날씨와 하고 싶은 일을 묻고 답하는 실제적 활동을 보여준다. 학생들도 원어민 선생님을 친근하게 잘 알고 있다. T What am I doing now? S You are asking the weather and the activity he wants. T What did I ask to my friend on the phone? S Weather and activity he wants. **Showing video clip** T Watch 2 video clips about today class situations using tablet PC individually. T What words did you hear in this situation? S Weather, want, warm, etc. T What expressions did you hear in this situation? S What do you want to do? T Let's guess situation about this video clip.	7	교사는 사전에 학습 내용과 관련된 전화 내용을 정선하여 보여 준다. 교사는 시연 및 동영상을 통해 학습자들이 학습 목표를 유추할 수 있도록 유도한다.	

	Deduce lesson objective & guide steps Ⓣ Let's check today's objectives. Ⓣ What are objectives for today? Ⓢ Asking activity and weather. Ⓣ Find and decide your today objectives by yourself.			
학습 활동	Learning key words & expressions Ⓣ This time, look at the smart board and check key words & expressions. Ⓣ Now, let's practice the key words & expressions with these pictures. Ⓣ Let's look at the screen and check today's words & expressions. Information searching(Individual activity) Ⓣ Now, let's play the information searching activity related to today's objective. I will explain how to do this activity. Listen carefully. ※ Activity: **Investigate the weather and activity** Ⓣ First, you have to choose the best city where you want to live around the world. Ⓣ Second, you are going to find information on the weather of the city. Ⓣ Third, you are also going to find an activity you want to do there. On-Off line blended activity(Group activity) Ⓣ Let's compare the information you found with other friends. I will explain how to compare the information with peers. ※ Activity: **Making a guidepost** Ⓣ I will distribute the chart consisting of four rows (Name, City, Weather, Activity) and columns as much as number of students of a group. Ⓣ Then, you have to fill in the chart from the first column to the end with information of group members by asking and answering your information and other's information. Ⓣ Lastly, you are going to fill in the five blank columns with Name, City, Weather, Activity Information of other group members by asking and answering related information with the chart that you have completed.	22	구글 닥스 등 관련 프로그램을 본 차시 수업 전에 소개하고, 사전에 활용 방법을 개별적으로 익히도록 지도한다. 조별 활동은 본 차시와 관련된 영어 표현을 활용할 수 있도록 지도한다.	
학습 결과 생산 및 정보 교환	Information visualization activity(Whole activity) Ⓣ Please transfer the chart that you filled to my computer by using Internet. Ⓣ I will show you a bar graph presenting the information that you found. Ⓣ What can you find from the bar graph? Ⓢ City, Weather, Activities······.	7	학습 결과를 모든 학습자가 공유하고 확인할 수 있도록 한다.	

	⊤ Let's talk to what you found from the bar graph in English. Ⓢ Seoul's weather is ……. / I want to play badminton in Seoul. ⊤ Now, let's make an introductory material associated with the weather and activity in many parts of the world with tablet PC. ⊤ If it is finished, please transfer the introductory material to my computer.			
학습 활동 점검	Checking learning point ⊤ What did you learn in this lesson? Ⓢ I learned weather expressions. ⊤ What expressions do you learn first through this class? Checking learning steps ⊤ What are impressive learning steps in this lesson? Ⓢ On-Off line blended activity. ⊤ What materials are helpful for your lesson today? Ⓢ Tablet PC.	3	학습 점검 및 평가 시 스마트 패드를 활용한다.	✎
학습 정리	Wrap up ⊤ I will give an advance notice for next class. ⊤ It's time to say good-bye. See you next time. ⊤ Watch the CD-ROM at home and review what we learned today.	1		📱 ⓒ

활용 도구 ✎ 스마트 패드 📱 스마트폰 〰 전자칠판

활용 앱 🎥 동영상 📷 사진 ▶ 유튜브 8+ 구글 닥스 ⓒ 클래스팅

03 스마트 모델 2: 스마트 과제 중심 모형

1. 교수·학습 모형 설명

초등 영어과 스마트 과제 중심 모형 역시 의사소통 중심 모형과 과제 중심 모형을 토대로, ICT 활용 상호작용 과제 기반 영어 의사소통 함양 모형의 원리를 반영하여 설계하였으며, 스마트 교육의 목적인 21세기 핵심 역량과 스마트 교육의 다섯 가지 구성 요소를 같이 반영하고 있다.

학습 계획 단계에서 교사는 스마트 교육에 필요한 스마트 기기 및 스마트 환경을 점검하고, 학습 목표 및 학습 단계를 확인하며, 학습에 필요한 자료를 탐색 및 점검한다. 일반적인 수업에 비해 스마트 교육 수업은 스마트 기기 및 최신 정보 기술을 활용하기 때문에 수업을 진행할 때 최신 기기의 오작동이나 최신 기술의 운용 미숙으로 수업에 방해가 되지 않도록 주의를 기울여야 한다. 그러므로 교사는 스마트 교육을 하기 전, 학습 계획 단계에서 학습 준비를 충분히 해야 할 것이다.

과제 전 활동 단계에서는 학생들이 브레인스토밍 등으로 창의적인 생각이나 주제와 관련된 개인의 경험 말하기, 주제 또는 화제와 관련한 단어 말하기, 과제 수행 방법 생각하기, 유사한 과제에 관하여 듣기 등의 활동들을 통해 과제 수행을 준비한다. 이때 학생들은 마인드맵 앱 등을 활용하여 브레인스토밍 활동을 할 수 있다. 또한 교사는 학생에게 과제의 주제와 목표를 개인의 경험과 관련짓거나 마임 또는 브레인스토밍을 통하여 제시한다. 또한 유용한 단어나 문장을 명시적으로 가르치지는 않지만, 과제 수행에 필수적인 단어나 문장은 전자칠판이나 프레지, PPT 등을 활용하여 미리 안내한다.

과제 중 활동 단계에서는 학생들이 짝이나 소집단으로 과제를 수행하고, 소집단별로 자신들이 수행한 과제의 결과나 과정에 대하여 동료들 앞에서 발표한다. 이때 교사는 학생들의 동기를 촉진시키고 소집단별로 모니터링해주며, 어려움을 갖고 있는 소집단의 경우 보다 적극적으로 개입하여 문제 해결에 도움을 준다. 이때 과제에 필요한 교육용 앱이나 학습지를 사전에 스마트 패드 등의 스마트 기기에 준비하여 과제 수행을 원활하게 할 수 있도록 한다. 과제 중 활동 단계에서 가장 중요한 것은 목표 언어를 사용해서 달성해야 할 과제를 학습 주제에 맞게 제시하는 것이다.

과제 후 활동 단계에서는 과제나 과제 수행에 대한 전반적인 느낌을 이야기하고, 자기 평가 및 조별 평가를 실시한다. 이때 교사는 많이 쓰인 단어나 문장을 정리해주며, 이후의 과제 활동을 위하여 과제 수행에 필요한 핵심적인 표현과 결과를 확인한다. 과제 수행 후 산출된 결과물을 공유할

[표 5] 초등 영어과 스마트 과제 중심 모형

단계	과정	스마트 교육 수업 내용	스마트 기기 활용 관련 주요 활동
학습 계획 단계	학습 계획	학습 목표 및 학습 단계 확인 학습에 필요한 환경 점검 학습에 필요한 자료 탐색 및 점검	스마트 교육에 필요한 스마트 기기 및 스마트 환경 점검
학습 단계	과제 전 활동	브레인스토밍 또는 마임 등으로 과제 주제 제시 유사한 과제에 관하여 듣기 과제 수행에 필수적인 단어나 문장 안내	PPT, 마인드맵 앱 등 활용 유사 과제를 안내하여 실제 과제 활동 효과 증대 유도
	과제 중 활동	과제1 예시: Information gap • 정보 차 활동, 정보 검색 활동 등 과제2 예시: Guessing game • 추측하기 활동, 정보 채워 넣기 등 과제3 예시: Survey • 조사하기 활동, 발표자료 만들기 등 ※ 목표 언어를 사용해서 달성해야 할 과제를 학습 주제에 맞게 제시	과제에 필요한 교육용 앱이나 학습지를 사전에 스마트 패드에 준비하여 과제 수행
	과제 후 활동	과제 분석하기 • 많이 쓰인 단어나 표현 정리 • 과제 수행에 대한 느낌 발표 • 과제 수행에 사용한 표현 정리 표현 연습하기 • 과제 수행에 사용된 표현 연습	개별 분석 결과물 산출 SNS 및 무선 네트워크 활용 결과물 공유 활동
학습 점검 단계	학습 활동 점검	새롭게 배운 내용 확인하기 알고 있던 것과 새롭게 알게 된 것 정리하기 학습 내용과 방법에 대한 Q&A	탑재된 학습 결과물에 대한 상호 평가 활동
학습 정리 단계	학습 정리	학습 내용과 과정 정리 학습 내용에 대한 과제 활동 차시 안내 과제 제시	이메일, 블로그, 클래스팅 등에 활용한 자료 탑재

때 SNS나 무선 네트워크를 활용할 수 있다.

학습 활동 점검 및 정리 단계에서는 새롭게 배운 내용을 확인하고, 동료 평가 및 자기 평가 활동을 한다. 상호 평가 활동을 통해 학습 내용과 과정을 정리한다. 학습을 정리할 때는 이메일, 블로그, 클래스팅 등의 스마트 기술을 활용하여 자료를 웹에 탑재한다. 다음 수업에 대한 차시 안내 및 과제를 제시할 때도 웹을 활용하여 학습자들이 언제 어디서나 확인할 수 있도록 지원하고, 다음 수업에 임하기 전에 예습을 할 수 있도록 안내한다.

2. 사용되는 스마트 기술

도구명		도구 설명	활용 설명	이미지
스마트 기기	스마트 패드	학습자가 자료를 직접 찾아볼 수 있고, 각종 앱을 구동할 수 있게 해주는 기본 스마트 도구다.	과제 중 활동 과제 후 활동	
	스마트폰	이동성이 높아 언제 어디서나 교사의 공지 및 과제를 확인할 수 있으며, 상호작용이 가능하다.	과제 주제 제시	
	전자칠판	칠판 기능 및 컴퓨터 기능을 포함하고 있어 다양한 입력 강화 활동 등을 수행할 수 있다.	학습 목표 제시 주요 표현 안내	
발표	PPT	교사의 사전 준비로 학생들에게 필요한 자료를 제공할 수 있고, 수업을 진행할 수 있다.	주요 표현 제시 학습 결과 발표	
	프레지	PPT에 비해 역동적이며 전체와 부분을 살펴볼 수 있어, 학습자들의 집중을 유도할 수 있다.	주요 표현 제시 학습 결과 발표	
앱	QR코드	특정 정보를 담고 있는 2차원 코드로서, 스마트폰으로 QR코드를 스캔하면 특정 정보를 확인할 수 있다.	미사용	
	기타 교육용 앱	수많은 교육용 앱이 나와 있으며, 각 수업 주제 및 활동에 맞는 앱을 수업에 활용할 수 있다.	마인드맵 앱 사용	
인터넷	위키백과	모두가 함께 만들어가며 누구나 자유롭게 사용할 수 있는 다언어판 인터넷 백과사전이다.	검색 활동	
	검색 엔진	네이버, 다음, 구글 등 종류가 다양하며, 필요한 정보를 검색하는 데 널리 사용되고 있다.	검색 활동	
멀티미디어	유튜브	동영상 전용 사이트로, 많은 교육용 동영상이 탑재되어 있어 수업 동기 유발 자료로서 활용할 수 있다.	동기 유발 주제 관련 동영상	
	동영상	각종 동영상 자료를 통해 수업에 역동성을 부여할 수 있다.	주제 관련 동영상	
	사진	각종 그림이나 사진 자료를 통해 학습의 이해를 도울 수 있다.	주요 표현 제시	
클라우드	구글 드라이브	구글에서 제공하는 클라우드 서비스로, 다양한 콘텐츠를 서버에 저장해 두고 언제나 활용이 가능하다.	과제 수행 과제 결과 생산	
	다음 클라우드	다음에서 제공하는 클라우드 서비스로, 다양한 콘텐츠를 서버에 저장해 두고 언제나 활용이 가능하다.	미사용	
	네이버 드라이브	네이버에서 제공하는 클라우드 서비스로, 다양한 콘텐츠를 서버에 저장해 두고 언제나 활용이 가능하다.	미사용	
SNS	구글 플러스	구글의 커뮤니티 기능으로, 학급의 구성원들이 정보를 공유하고 과제를 수행할 수 있다.	미사용	
	트위터	블로그의 인터페이스와 미니홈페이지의 친구 맺기 기능, 메신저 기능 등을 한데 모아놓은 SNS다.	미사용	
	페이스북	글로벌 소셜네트워킹 서비스로, 개인 프로필, 친구 찾기, 메신저, 카메라 기능 등을 제공한다.	미사용	
	클래스팅	교육용에 적합하게 만들어진 폐쇄형 SNS로, 선생님이 알림을 공지하는 등 여러 가지 용도로 사용할 수 있다.	다음 차시 안내 과제 안내 및 공지	

3. 교수·학습 과정안

초등 영어과에서 많이 활용되고 있는 교수·학습 모형에 스마트 교육의 목적(21세기 핵심 역량 및 교과 목표) 및 방법(SMART) 등 모형 개발의 기본 전제를 고려하여 수정된 초등 영어과 스마트 과제 중심 모형에 따른 교수·학습 과정안을 구안하였다.

1) 교수·학습 과정안 요약

학교급	초등학교	학년	5학년	차시	4/6차시
교과	영어	대단원	7. What time do you get up?	주제	Asking and answering daily routine
학습 목표	Ask and answer the question "What time do you get up?" Perform tasks about a star's daily routine with key expressions.				
의사소통 기능	What time do you get up? / I get up at six. What do you do on weekends? / I go to an art class on Saturdays.				
스마트 활동	Ⓢ 스스로 인터넷을 활용하여 자료를 찾고 정리하기 Ⓜ 자신이 좋아하는 스타(연예인)의 일상을 알아봄으로써 흥미 유도 Ⓐ 기본 문장에서 심화 문장까지 자신의 수준에 맞게 과업 수행하기 Ⓡ 인터넷을 활용하여 자신이 알고 싶은 스타의 다양한 정보 검색하기 Ⓣ 로봇, 스마트 패드 등을 이용하여 과업 수행하기				
학습자 역량	스타의 일상에 대해 모둠별로 협력하여 조사하면서 협력을 배양한다.				
수업 진행	**학습 계획 단계** 학습 목표 확인 학습 환경 점검 자료 탐색 및 점검 → **학습 단계** 과제 전 활동 과제 중 활동 과제 후 활동 → **학습 점검 단계** 배운 내용 확인 질문 및 답변 배운 내용 정리 → **학습 정리 단계** 학습 내용에 대한 과제 활동 차시 안내 과제 제시				
준비물	교사	전자칠판, 로봇, 스마트 패드, 웹 2.0 도구			
	학생	스마트 패드 또는 컴퓨터, 클래스팅			
스마트 도구	스마트 패드	도입 및 각 활동에서 동영상 시청, 활동 자료 검색 및 생산에 활용			
	전자칠판	과제 제시 및 생산된 정보 공유 시 전체 활동에 활용			
	구글	자료를 생산하고 공유할 때 구글 드라이브의 구글 닥스 활용			
	클래스팅	수업 안내 및 과제 제시에 활용			

2) 교수·학습 과정안

Subject	English		Date	2013. 1. 1. (월), 2교시	grade	5학년	teacher	홍길동
Unit	7. What time do you get up?				place	영어전용실	period	4/6
Main Topic	Asking and answering daily routine				model	스마트 과제 중심 모형		
Objectives	21세기 핵심 역량		스타의 일상에 대해 모둠별로 협력하여 조사하면서 협력을 배양한다.					
	교과 학습 목표		Ask and answer the question "What time do you get up?" Perform tasks about a star's daily routine with key expressions.					
Strategy	스마트 학습 활동		S 스스로 인터넷을 활용하여 자료를 찾고 정리하기 M 자신이 좋아하는 스타(연예인)의 일상을 알아봄으로써 흥미 유도 A 기본 문장에서 심화 문장까지 자신의 수준에 맞게 과업 수행하기 R 인터넷을 활용하여 자신이 알고 싶은 스타의 다양한 정보 검색하기 T 로봇, 스마트 패드 등을 이용하여 과업 수행하기					
	교수·학습 자료	교사	로봇, 전자칠판, 스마트 패드, 웹 2.0 도구					
		학생	스마트 패드, 웹 2.0 도구					

● 학습 계획하기

Procedures	Teaching-Learning Activities	Time (minute)	Comments	Materials
학습 계획	Check objectives & steps Check today's objective and learning steps. Setting learning environment & teaching materials Check smart learning environment & materials. – Check smart devices and materials for the lesson. – Arrange team members and set environment.	사전	교사는 사전에 스마트 교육을 위해 스마트 기기 및 환경을 점검한다.	

● 학습하기

Procedures	Teaching-Learning Activities	Time (minute)	Comments	Materials
과제 전 활동	Greetings Exchange greetings with students. Singing a song and chant. Showing demonstration Showing examples for motivation. – 교사의 일과를 듣고 몇 시에 무슨 일을 하는지 질문을 통해 학습자들이 확인할 수 있도록 한다. • I get up at six thirty everyday. I have breakfast at seven. • Now, I'll ask you some questions. What time do I get up?	7	교사는 사전에 학습 내용과 관련된 일과 내용을 정선하여 들려준다. (마임 활용)	또는

	Deduce lesson objective & guide steps Guess lesson objective based on the demonstration. Guide learning steps for today's lesson. Present tasks for today's lesson Provide today's task ("A star's daily routine") to students. Listen to the story of a star through robot or computer. • Let's listen to the story.　• What is he doing in his room? • What time does he get up? Explain today's task. • You're going to search your favorite star and set his or her schedule.		교사는 시연 및 동영상을 통해 학습자들이 학습 목표를 유추할 수 있도록 유도한다.	
과제 중 활동	Task 1(Search information) Choose a favorite star whom team members want to know. Search his or her daily routine and what he or she does during the week. • Let's use the key expressions (get up, have breakfast, etc), when you make a daily routine. Task 2(Manager activity) Team members set his or her schedule as a manager. Make a schedule about his or her daily routine and what he or she does during the week. • He gets up at 6 o'clock. / He has breakfast at 7:30. • She plays a drama on Monday. / She watches a movie on Friday. Task 3(Presentation) Share the schedule table (or PPT, Prezi, etc) that each team made. Present the schedule with electronic board. While a team presents the schedule, others fill in the blanks by using smart pad. • Let's fill in the blanks with your smart pad, while you listen to other team's presentation about a star's schedule. • He gets up at (7) o'clock. / He has breakfast at (8:30). • He (plays badminton) on Monday. / He (watches a movie) on Friday.	22	팀별로 협력하여 스타의 일정을 만들도록 유도하고 일상을 작성할 때는 배운 주요 표현을 활용한다 (get up). 조별 활동은 본 차시와 관련된 영어 표현을 활용할 수 있도록 지도한다. 다른 모둠에서 발표 시, 빈칸 채우기 과제를 부여하여 수업에 집중하도록 유도한다.	📝 📈 g+
과제 후 활동	Analysis of tasks Summary key words and expressions used in the lesson. Write these expressions on students' smart pad. Share these expressions with other students. ※ Teacher shows the expressions that students share with electronic board. Practice key expressions(Review) Practice key expressions shared by all team members.	7	과제 분석 결과를 모든 학습자가 공유하고 확인할 수 있도록 한다.	📝 📈

활용 도구 📝 스마트 패드　📈 전자칠판(🤖 로봇)　　**활용 앱** 🎬 동영상　g+ 구글 닥스

88　스마트 교육으로 미래 교육을 연다 초등 교육

● 학습 점검 및 정리

Procedures	Teaching–Learning Activities	Time (minute)	Comments	Materials
학습 활동 점검	Checking learning point • What did you learn in this lesson? • What expressions do you learn first through this class? Checking learning steps • What are impressive learning steps in this lesson? • What materials are helpful for your lesson today?	3	학습 활동 점검 및 평가 시 스마트 패드를 활용한다.	✏️
학습 정리	Wrap up – An advance notice for next class. • It's time to say good-bye. See you next time. • Watch the CD-ROM at home and review what we learned today.	1		🇨 📱

활용 도구 ✏️ 스마트 패드 📱 스마트폰

활용 앱 🇨 클래스팅

3) 교수·학습의 고려사항 및 유의점

스마트 기본 모형과 마찬가지로 스마트 과제 중심 모형에 따른 스마트 교육 수업 또한 일반적인 수업에 비해 스마트 기기 및 최신 정보기술을 많이 활용하기 때문에 수업을 진행할 때 최신 기기의 오작동이나 최신 기술 운용의 미숙으로 수업에 방해가 되지 않도록 주의를 기울여야 한다.

과제 전 활동 단계에서는 학생들이 마인드맵 앱 등을 활용하여 브레인스토밍 활동을 하면서 본 차시에서 수행해야 할 과제에 대해 생각해볼 수 있는 시간을 부여해야 한다. 또한 교사는 학생에게 개인의 경험과 관련짓거나 마임 또는 브레인스토밍을 통하여 과제의 주제와 목표를 제시하고, 과제 수행에 필수적인 단어나 문장을 안내한다. 과제 중 활동 단계에서는 학생들이 짝이나 소집단으로 과제를 효율적으로 수행할 수 있도록 사전에 과제에 필요한 교육용 앱이나 학습지를 스마트 패드 등의 스마트 기기에 준비한다. 과제 중 활동 단계에서 가장 중요한 것은 목표 언어를 사용해서 달성해야 할 과제를 학습 주제에 맞게 제시하는 것이므로, 과제 선정과 과제를 수행할 때 사용해야 할 스마트 기기 및 기술을 점검한다.

학습 활동 점검 및 정리 단계에서는 상호 평가 활동을 웹상에서 수행하면서 학습 내용과 과정을 정리하도록 유도한다. 학습 결과물들은 이메일, 블로그, 클래스팅 등의 스마트 기술을 활용하여 웹에 탑재하고, 다음 수업에 대한 차시 안내 및 과제를 제시할 때도 웹에 탑재하여 학습자들이 언제 어디서나 확인할 수 있도록 지원한다.

4) 교수·학습 자료

(1) 평가 기준

평가 범주			수행 내용	배점	평가 근거
정의적	태도	상	짝 또는 모둠 활동 및 과제를 수행할 때, 흥미를 가지고 적극적으로 참여하는 횟수가 10회 이상이다.	20	관찰 체크리스트
		중	짝 또는 모둠 활동 및 과제를 수행할 때, 흥미를 가지고 적극적으로 참여하는 횟수가 5회 이상, 9회 이하다.		
		하	짝 또는 모둠 활동 및 과제를 수행할 때, 흥미를 가지고 적극적으로 참여하는 횟수가 4회 이하다.		
인지적	듣기	상	발표 과제에서, 다른 팀의 일과를 나타내는 대화를 듣고 정확하게 이해하여 학습지 과제를 수행한다.	20	관찰 체크리스트 (발표)
		중	발표 과제에서, 다른 팀의 일과를 나타내는 대화를 듣고 이해를 할 수 있으나 가끔 친구나 교사에게 질문을 하며 학습지 과제를 수행한다.		
		하	발표 과제에서, 다른 팀의 일과를 나타내는 대화를 듣고 이해하는 데 어려움이 있어 학습지 과제 수행이 느리다.		
	말하기	상	발표 과제에서, 일과를 나타내는 대화를 유창하고 정확하게 구사한다.	20	수행 평가 (발표)
		중	발표 과제에서, 일과를 나타내는 대화가 일부 틀리거나 다시 고쳐서 말하지만, 말하는 뜻을 이해할 수 있다.		
		하	발표 과제에서, 일과를 나타내는 대화의 표현이 많이 틀려서 무슨 말인지 알아듣기가 힘들다.		
	읽기	상	정보 찾기 활동에서, 스타의 일상과 주말에 하는 일을 찾아 관련 문장을 읽을 수 있다.	20	관찰 체크리스트 (정보 찾기)
		중	정보 찾기 활동에서, 스타의 일상과 주말에 하는 일을 찾아 관련 단어를 읽을 수 있다.		
		하	정보 찾기 활동에서, 스타의 일상과 주말에 하는 일을 찾아 읽는 데 어려움이 있다.		
	쓰기	상	매니저 활동에서, 스타의 일상과 주말에 하는 일과 관련된 문장과 단어를 사용하여 스케줄을 만들 수 있다.	20	결과물 (스케줄 작성하기)
		중	매니저 활동에서, 스타의 일상과 주말에 하는 일과 관련된 단어를 사용하여 스케줄을 만들 수 있다.		
		하	매니저 활동에서, 스타의 일상과 주말에 하는 일과 관련된 문장과 단어를 사용하는 데 어려움이 있다.		
				100	

(2) 웹사이트 리스트

- 리틀 브리지 www.littlebridge.com/become-a-star-user/?token=a66d647de073a7885c7698df18b
  55a1d01b333488453260cf30779246c74d426&type=s

  가상공간에서의 체험을 통해 영어를 익힐 수 있도록 한 영어 학습 사이트로, 유용한 학습 자료들을 갖추고 있다.

- e-learning for kids www.e-learningforkids.org/courses_grade.html#grade_2

  5~12세 사이의 아이들을 대상으로 영어뿐만 아니라 수학·과학 등을 온라인상으로 학습할 수 있도록 한 사이트로, 영어 학습 자료의 경우 단계별로 학습할 수 있도록 되어 있다.

(3) 학습지

<table>
<tr>
<td rowspan="2">Lesson 7. What time do you get up?</td>
<td>학년　반　번</td>
</tr>
<tr>
<td>이름:</td>
</tr>
</table>

※ Make a schedule about your star's daily routine.

1.

2.

3.

4.

5.

6.

(4) 교수·학습 시나리오

Subject	English	Date	2013. 1. 1. (월), 2교시	grade	5학년	teacher	홍길동
Unit	7. What time do you get up?			place	영어전용실	period	4/6
Main Topic	Asking and answering daily routine			model	스마트 과제 중심 모형		

Objectives	21세기 핵심 역량	스타의 일상에 대해 모둠별로 협력하여 조사하면서 협력을 배양한다.
	교과 학습 목표	Ask and answer the question "What time do you get up?" Perform tasks about a star's daily routine with key expressions.
Strategy	스마트 학습 활동	S 스스로 인터넷을 활용하여 자료를 찾고 정리하기 M 자신이 좋아하는 스타(연예인)의 일상을 알아봄으로써 흥미 유도 A 기본 문장에서 심화 문장까지 자신의 수준에 맞게 과업 수행하기 R 인터넷을 활용하여 자신이 알고 싶은 스타의 다양한 정보 검색하기 T 로봇, 스마트 패드 등을 이용하여 과업 수행하기
	교수·학습 자료	교사	로봇, 전자칠판, 스마트 패드, 웹 2.0 도구
		학생	스마트 패드, 웹 2.0 도구

Procedures	Teaching-Learning Scenario	Time (minute)	Comments	Materials
과제 전 활동	**Greetings** T Good morning, everyone. S Good morning, Ms. / Mr. T What's the weather like? S It's sunny. T Let's sing a song and a chant. S (Sing a song and a chant.) **Showing demonstration** T I will show you an example. Look at me carefully. – 교사의 일과를 듣고 몇 시에 무슨 일을 하는지 질문을 통해 학습자들이 확인할 수 있도록 한다. T Now, I'll ask you some questions. T What time do I get up? S I get up at six thirty everyday. T What time do I have breakfast? S I have breakfast at seven. **Deduce lesson objective & guide steps** T Let's guess today's objective. S Daily routine. T I will tell you lesson steps for today. **Present tasks for today's lesson** T Today, we are going to do some tasks about a star's daily routine. T Let's listen to the story of a star from this robot. T What does he do in his room? S He reads a book. T What time does he get up? S He gets up at 6 o'clock. T I will explain today's task. T You're going to search your favorite star and set his or her schedule.	7	교사는 사전에 학습 내용과 관련된 일과 내용을 정선하여 들려준다. 교사는 시연 및 동영상을 통해 학습자들이 학습 목표를 유추할 수 있도록 유도한다.	또는

과제 중 활동	**Task 1(Search information)** ⓣ Let's choose a favorite star whom team members want to know. ⓢ (Discuss with team members and choose a star.) ⓣ Then, search his or her daily routine and what he or she does during the week. ⓢ (Each member searches the star's daily routine and what he or she does.) ⓣ After team members search a star's daily routine, you are going to share and discuss the star's daily routine and what he or she does during a week. ⓣ When you make a schedule about his or her daily routine, you are going to use key expressions, such as 'get up', 'have breakfast'. etc. **Task 2(Manager activity)** ⓣ Now, you are going to be a manager for the star. ⓣ Team members should make a star's schedule about his or her daily routine and what he or she does during a week. ⓢ He gets up at 6 o'clock. / He has breakfast at 7:30. ⓢ She plays a drama on Monday. / She watches a movie on Friday. **Task 3(Presentation)** ⓣ Let's share the schedule table (or PPT, Prezi, etc) that each team made. ⓣ Present the schedule with electronic board. ⓣ Let's fill in the blanks with your smart pad, while you listen to other team's presentation about a star's schedule. ⓢ He gets up at (7) o'clock. / He has breakfast at (8:30). ⓢ He (plays badminton) on Monday. / He (watches a movie) on Friday.	22	팀별로 협력하여 스타의 일정을 만들도록 유도하고, 일상을 작성할 때는 배운 주요 표현을 활용한다(get up). 조별 활동은 본 차시와 관련된 영어 표현을 활용할 수 있도록 지도한다. 다른 모둠에서 발표 시, 빈칸 채우기 과제를 부여하여 수업에 집중하도록 유도한다.
과제 후 활동	**Analysis of tasks** ⓣ Let's summary key words and expressions used in the lesson. ⓣ Let's write these expressions on your smart pad. ⓣ Then, please share these expressions with other students. ⓣ I will show the expressions that you shared with electronic board. **Practice key expressions(Review)** ⓣ Let's practice again key expressions shared by all team members. ⓣ She gets up at 6:00 o'clock. ⓢ She gets up at 6:00 o'clock. ⓣ She has breakfast at 7:00 o'clock. ⓢ She has breakfast at 7:00 o'clock.	7	과제 분석 결과를 모든 학습자가 공유하고 확인할 수 있도록 한다.

학습 활동 점검	Checking learning point Ⓣ What did you learn in this lesson? Ⓢ Daily routine expressions. Ⓣ What expressions do you learn through this class? Ⓢ What does he do? Checking learning steps Ⓣ What are impressive learning steps in this lesson? Ⓣ What materials are helpful for your lesson today?	3	학습 활동 점검 및 평가 시 스마트 패드를 활용한다.	📝
학습 정리	Wrap up Ⓣ I will give an advance notice for next class. Ⓣ It's time to say good-bye. See you next time. Ⓣ Watch the CD-ROM at home and review what we learned today.	1		Ⓒ 📱

활용 도구　📝 스마트 패드　📱 스마트폰　🖥 전자칠판(🤖 로봇)

활용 앱　📷 동영상　8⁺ 구글 닥스　Ⓒ 클래스팅

04 스마트 모델 3: 스마트 역할놀이 모형

1. 교수·학습 모형 설명

초등 영어과 스마트 역할놀이 모형은 의사소통 중심 모형의 역할놀이 활동 모형을 토대로 ICT 활용 상호작용 과제 기반 영어 의사소통 함양 모형의 원리를 반영하여 설계하였다. 이 모형은 역할놀이를 활용하여 수업을 진행하되 전자칠판 등 스마트 기기 및 기술을 통해서 무대 배경, 사운드와 같은 상황 정보를 풍부하게 제공함으로써 역할놀이의 효과를 극대화할 수 있는 교수·학습 모형이다. 학생들로 하여금 문제 상황을 탐색하고 실연하게 한 다음, 역할에 대하여 토론하게 함으로써 상대방의 민감한 가치나 정서에 대한 이해, 문제 해결력, 의사소통 등을 길러주는 학습 모형이라고 볼 수 있다.

수업 준비 단계에서 교사는 역할놀이에 필요한 스마트 기기 및 스마트 환경을 점검하고, 학습 목표 및 학습 단계를 확인하며, 학습에 필요한 자료를 탐색 및 점검한다. 특히 스마트 기기를 이용하여 역할놀이를 수행하기 때문에 사전에 준비하고 미리 해보는 것이 중요하다. 일반적인 수업에 비해 스마트 역할놀이 수업은 스마트 기기 및 최신 정보기술을 활용하기 때문에 수업을 진행할 때 최신 기기의 오작동이나 최신 기술의 운용 미숙으로 수업에 방해가 되지 않도록 주의를 기울여야 한다. 그러므로 교사는 스마트 역할놀이 수업을 하기 전, 학습 계획 단계에서 학습 준비를 충분히 해야 할 것이다.

학습 과정 안내 단계에서는 역할놀이를 통해 달성해야 할 학습 목표를 제시하고 역할놀이 학습 과정을 안내한다. 특히 팀별로 수행해야 할 역할놀이의 내용을 확인하고 분석하는 단계로, 역할놀이를 본격적으로 준비하기 전 단계라고 할 수 있다. 이 단계에서는 전자칠판을 활용하여 역할놀이의 학습 과정을 안내하거나 동영상 등을 활용하여 내용을 제시할 수도 있다. 이 모형은 기존의 역할놀이 교수·학습 모형과 비교해보았을 때, 역할놀이 준비 단계에서 역할놀이 실행 시 전자칠판을 통해 제시할 무대 이미지, 사운드, 동영상 등의 자료를 탐색하고 제작하는 활동이 이루어지고 시나리오를 연습하면서 역할에 따른 핵심 대사를 녹음하는 것이 특징이라고 볼 수 있다. 기존의 실물 자료(손가락 인형, 탈, 모자 등)와 더불어 전자칠판에서 구현되는 멀티미디어적인 자료들은 역할놀이에 참여하고자 하는 동기를 유발하고, 이에 따라 학습 효과를 증대시킬 것이다. 역할놀이 실행 단계에서는 다른 모둠에서 발표하는 역할놀이를 참관하는 방법 등의 주의사항을 안내하고, 학습자

[표 6] 초등 영어과 스마트 역할놀이 모형

단계	과정	스마트 교육 수업 내용	스마트 기기 활용 관련 주요 활동
학습 계획 단계	수업 준비	역할놀이에 적합한 학습 과제 및 내용 선정 스마트 기기를 활용한 역할놀이 사전 학습 역할놀이 활동이 가능한 환경 구성	스마트 교육에 필요한 스마트 기기 및 스마트 환경 점검
학습 단계	학습 과정 안내	학습 목표 확인 역할놀이 학습 과정 안내 학습 내용 확인 • 팀별 수행해야 할 역할놀이 내용 분석 • 역할놀이 내용 확인	전자칠판을 활용한 역할놀이 학습 과정 안내 동영상 등을 활용한 역할놀이 내용 확인
	역할놀이 준비	상황 설정 및 대본 작성 • 문제 제시, 역할 분석, 행동 분석 등 상황 설정 • 새로운 상황에 맞는 시나리오 작성 역할 분담 및 자료 준비 • 역할 분담 • 전자칠판에 제시할 자료 및 소도구 준비 역할놀이 연습 • 연습 계획 세우기 • 작성된 시나리오에 따라 연습	상황 설정 및 대본 작성 • 프레지 등을 활용하여 예시안 제시 역할 분담 및 자료 준비 • 전자칠판에 제시할 자료(무대 이미지, 사운드, 아이콘, 동영상 등) 준비 역할놀이 연습 • 필요 시 기기에 녹음
	역할놀이 실행	역할놀이 관찰 • 역할놀이 참관 방법 및 주의사항 안내 • 역할놀이 참관 시 수행 과제 제시 역할놀이 시연 및 관람 • 역할놀이 관람 시 과제 수행	역할놀이 참관 시 스마트 패드를 활용한 과제 제시 및 수행
학습 점검 단계	역할놀이 평가	역할놀이 활동 검토 알고 있던 것과 새롭게 알게 된 것 정리하기 팀 및 동료에 대한 평가	팀별 피드백 자료 공유
학습 정리 단계	학습 정리	학습 내용과 과정의 정리 학습 내용에 대한 과제 활동 차시 안내 및 과제 안내	이메일, 블로그, 클래스팅 등을 활용한 정리 및 안내

들의 집중을 유도하기 위해 참관 시 수행해야 할 과제를 제시하는 것도 좋다. 이때 수행할 과제(학습지 등)는 사전에 스마트 패드를 통해 제공하고, 수행한 과제는 스마트 패드에서 바로 블로그 등에 올릴 수 있도록 한다.

역할놀이 평가 및 정리 단계에서는 역할놀이 활동을 점검하고, 동료 평가 및 자기 평가 활동 등의 상호 평가 활동을 통해 학습 내용과 과정을 정리한다. 학습을 정리할 때는 이메일, 블로그, 클래스팅 등의 스마트 기술을 활용하여 자료를 웹에 탑재한다. 다음 수업에 대한 차시 안내 및 과제를 제시할 때도 웹을 활용하여 학습자들이 언제 어디서나 확인할 수 있도록 지원하고, 다음 수업에 임하기 전에 예습을 할 수 있도록 안내한다.

2. 사용되는 스마트 기술

도구명		도구 설명	활용 설명	이미지
스마트기기	스마트 패드	학습자가 자료를 직접 찾아볼 수 있고, 각종 앱을 구동할 수 있게 해주는 기본 스마트 도구다.	역할놀이 참관 역할놀이 평가	
	스마트폰	이동성이 높아 언제 어디서나 교사의 공지 및 과제를 확인할 수 있으며, 상호작용이 가능하다.	역할놀이 연습	
	전자칠판	칠판 기능 및 컴퓨터 기능을 포함하고 있어 다양한 입력 강화 활동 등을 수행할 수 있다.	역할놀이 과정 안내 역할놀이 실행	
발표	PPT	교사의 사전 준비로 학생들에게 필요한 자료를 제공할 수 있고, 수업을 진행할 수 있다.	역할놀이 내용 확인	
	프레지	PPT에 비해 역동적이며 전체와 부분을 살펴볼 수 있어, 학습자들의 집중을 유도할 수 있다.	역할놀이 내용 확인	
앱	QR코드	특정 정보를 담고 있는 2차원 코드로서, 스마트폰으로 QR코드를 스캔하면 특정 정보를 확인할 수 있다.	미사용	
	기타 교육용 앱	수많은 교육용 앱이 나와 있으며, 각 수업 주제 및 활동에 맞는 앱을 수업에 활용할 수 있다.	미사용	
인터넷	위키백과	모두가 함께 만들어가며 누구나 자유롭게 사용할 수 있는 다언어판 인터넷 백과사전이다.	미사용	
	검색 엔진	네이버, 다음, 구글 등 종류가 다양하며, 필요한 정보를 검색하는 데 널리 사용되고 있다.	역할놀이 자료 준비	
멀티미디어	유튜브	동영상 전용 사이트로, 많은 교육용 동영상이 탑재되어 있어 수업 동기 유발 자료로서 활용할 수 있다.	동기 유발 역할놀이 주제 소개	
	동영상	각종 동영상 자료를 통해 수업에 역동성을 부여할 수 있다.	역할놀이 주제 소개	
	사진	각종 그림이나 사진 자료를 통해 학습의 이해를 도울 수 있다.	역할놀이 자료 준비	
클라우드	구글 드라이브	구글에서 제공하는 클라우드 서비스로, 다양한 콘텐츠를 서버에 저장해 두고 언제나 활용이 가능하다.	역할놀이 평가	
	다음 클라우드	다음에서 제공하는 클라우드 서비스로, 다양한 콘텐츠를 서버에 저장해 두고 언제나 활용이 가능하다.	미사용	
	네이버 N드라이브	네이버에서 제공하는 클라우드 서비스로, 다양한 콘텐츠를 서버에 저장해 두고 언제나 활용이 가능하다.	미사용	

S N S	구글 플러스	구글의 커뮤니티 기능으로, 학급의 구성원들이 정보를 공유하고 과제를 수행할 수 있다.	미사용	g+
	트위터	블로그의 인터페이스와 미니홈페이지의 친구 맺기 기능, 메신저 기능 등을 한데 모아놓은 SNS다.	미사용	
	페이스북	글로벌 소셜네트워킹 서비스로, 개인 프로필, 친구 찾기, 메신저, 카메라 기능 등을 제공한다.	미사용	f
	클래스팅	교육용에 적합하게 만들어진 폐쇄형 SNS로, 선생님이 알림을 공지하는 등 여러 가지 용도로 사용할 수 있다.	다음 차시 안내 과제 안내 및 공지	C

3. 교수·학습 과정안

초등 영어과에서 많이 활용되고 있는 교수·학습 모형에 스마트 교육의 목적(21세기 핵심 역량 및 교과 목표) 및 방법(SMART) 등 모형 개발의 기본 전제를 고려하여 수정된 초등 영어과 스마트 역할놀이 모형에 따른 교수·학습 과정안을 구안하였다.

1) 교수·학습 과정안 요약

학교급	초등학교	학년	5학년	차시	5/6차시
교과	영어	대단원	13. King Sejong Invented Hangeul	주제	Asking what he did Participating role-play
학습 목표	Listen to the story about Sherlock Holmes and understand the content. Participate the role-play based on the story about Sherlock Holmes.				
의사소통 기능	What did he do? / He invented Hangeul. Who made Geobukseon? / Yi Sunsin made it.				
스마트 활동	S 스스로 역할극에 필요한 자료 및 도구 찾아보기 M 흥미로운 영상을 통해 역할극 상황 살펴보기 A 모둠원 모두가 역할을 가질 수 있도록 대본의 수준 조정 R 인터넷을 활용하여 다양한 정보 검색하기 T 전자칠판을 활용하여 역할극 무대 꾸미기				
학습자 역량	탐정인 셜록 홈스의 역할놀이 대본을 만들어보면서 창의성을 배양한다.				
수업 진행	**학습 계획 단계** 학습 과제 선정 사전 학습 환경 구성	**학습 단계** 학습 과정 안내 역할놀이 준비 역할놀이 실행	**학습 점검 단계** 활동 내용 검토 배운 내용 정리 팀 및 동료 평가	**학습 정리 단계** 학습 내용 정리 차시 안내 과제 제시	
준비물	교사	전자칠판, 스마트 패드, 웹 2.0 도구			
	학생	스마트 패드, 멀티미디어(동영상, 그림, 사운드 등), 웹 2.0 도구			
스마트 도구	스마트 패드	역할극 준비 및 실행 과정에서 자료 검색 및 지원도구로 활용			
	전자칠판	생동감 있는 역할극을 위한 역할극 배경 및 지원도구로 활용			
	구글 드라이브	역할극 대본을 생산하고 공유할 때 구글 드라이브의 구글 닥스 활용			
	클래스팅	수업 안내 및 과제 제시에 활용			

2) 교수·학습 과정안

Subject	English	Date	2013. 1. 1. (월), 2교시	grade	5학년	teacher	홍길동
Unit	13. King Sejong Invented Hanguel			place	영어전용실	period	5/6
Main Topic	Asking what (s)he did & participating role-play			model	스마트 역할놀이 모형		

<table>
<tr><td rowspan="2">Objectives</td><td>21세기 핵심 역량</td><td colspan="2">탐정인 셜록 홈스의 역할놀이 대본을 만들어보면서 창의성을 배양한다.</td></tr>
<tr><td>교과 학습 목표</td><td colspan="2">Listen to the story about Sherlock Holmes and understand the content.
Participate the role-play based on the story about Sherlock Holmes.</td></tr>
<tr><td rowspan="3">Strategy</td><td>스마트 학습 활동</td><td colspan="2">Ⓢ 스스로 역할극에 필요한 자료 및 도구 찾아보기
Ⓜ 흥미로운 영상을 통해 역할극 상황 살펴보기
Ⓐ 모둠원 모두가 역할을 가질 수 있도록 대본의 수준 조정
Ⓡ 인터넷을 활용하여 다양한 정보 검색하기
Ⓣ 전자칠판을 활용하여 역할극 무대 꾸미기</td></tr>
<tr><td rowspan="2">교수·학습 자료</td><td>교사</td><td>전자칠판, 스마트 패드, 웹 2.0 도구</td></tr>
<tr><td>학생</td><td>스마트 패드, 멀티미디어(동영상, 그림, 사운드 등), 웹 2.0 도구</td></tr>
</table>

● 학습 계획하기

Procedures	Teaching-Learning Activities	Time (minute)	Comments	Materials
수업 준비	Check learning task for role-play Check today's objective and learning task for role-play. Setting learning environment & teaching materials Check smart learning environment & materials. – Check smart devices and materials for the lesson. – Arrange team members and set environment.	사전	교사는 사전에 스마트 교육을 위해 스마트 기기 및 환경을 점검한다.	

● 학습하기

Procedures	Teaching-Learning Activities	Time (minute)	Comments	Materials
학습 과정 안내	Greetings & review Exchange greetings with students. Review what students have learned last time. Deduce lesson objective & guide steps Guess lesson objective. – Guess lesson objective with teacher's demonstration and pictures. Guide learning steps for today's role-play.	5	역할놀이를 준비하기 전, 주요 의사소통 기능을 충분히 복습한다.	

	Understand the content of role-play Analysis on the content of role-play. – Let's look and guess with pictures about the story. – Let's watch and listen to the story to understand it. – Let's check whether students understand the story or not. Let's get into the story. • You should find what they said and write the numbers in the pictures.		교사는 역할극 동영상을 통해 학습자들이 학습 내용을 충분히 이해하도록 안내한다.	

역할
놀이
준비
	Set up the new situation & make your own script
	• Let's change the lines and practice the key sentences with your partners.
	• Let's make your own script in the new situation.
	Who stole the jewel? → Who broke the window? (Example)
	What did you do in the house?
	What did you do in the afternoon?
	
	Prepare materials for role-play
	• Let's prepare the materials for your group's role-play.
	– Prepare background, sound, icon, movie clip, etc for role-play.
	※ Activity: **Search multimedia materials with your smart pad.**
	  1. Students choose the background for their role-play.
	  2. Students choose the sound (or others) for their role-play.
	  3. Sharing these materials with a teacher. (The teacher set the materials.)
	
	Practice role-play
	Let's practice the role-play.
	• Now, it's time to practice. If you need any help, ask me.
		22	역할극의 예시 대본을 보여주면서, 이야기의 흐름은 그대로 두고, 상황과 등장인물을 바꾸어 창의적으로 대본을 만들어본다.
			
			교사는 학생들이 선택한 멀티미디어 자료들을 전자칠판에 세팅하여 역할극 준비를 도와준다.	

역할 놀이 실행	Observe role-play Inform how to observe other team's role-play and notices. Task while observing the role-play • What is the detective doing? • What happened in the afternoon? • Who stole the jewel? / Who broke the window? Present role-play Let's role-play. • Who wants to show the role-play to the class? • Great job! I really enjoyed it. Let's give them a big hand.	10	다른 모둠에서 역할놀이를 할 때 주의집중을 위해 적당한 과제를 부여하고, 패드를 활용해 과제를 수행하도록 한다.	

활용 도구 스마트 패드 스마트폰 전자칠판

활용 앱 동영상 사진 PPT 프레지

● 학습 점검 및 정리

Procedures	Teaching-Learning Activities	Time (minute)	Comments	Materials
역할 놀이 평가	Check & summary • What expressions did you use in this role-play? • Do you think your role-play is creative? Evaluate role-play • What is impressive group in this role-play? • What materials are helpful for your role-play today?	2	역할놀이 점검 및 평가 시 스마트 패드를 활용한다.	📝
학습 정리	Wrap up – An advance notice for next class • It's time to say good-bye. See you next time. • Watch the CD-ROM at home and review what we learned today.	1		ⒸⒸ 📱

활용 도구 📝 스마트 패드 📱 스마트폰

활용 앱 Ⓒ 클래스팅

3) 교수·학습의 고려사항 및 유의점

스마트 역할놀이 모형은 전자칠판 등 스마트 기기 및 기술을 통해서 무대 배경, 사운드와 같은 상황 정보를 풍부하게 제공함으로써 역할놀이의 효과를 극대화시킬 수 있는 교수·학습 모형이다. 그러므로 교사는 역할놀이 수업을 진행할 때 전자칠판의 오작동이나 최신 기술 운용의 미숙으로 역할놀이 시연에 방해가 되지 않도록 주의를 기울여야 한다. 그러므로 교사는 스마트 역할놀이 수업을 하기 전, 수업 준비 단계에서 스마트 역할놀이 수업에 필요한 스마트 기기 및 스마트 환경을 점검하고, 학습 목표 및 학습 단계를 확인하며, 학습에 필요한 자료를 탐색 및 점검해야 할 것이다.

스마트 역할놀이 모형은 기존의 역할놀이 교수·학습 모형과 비교해보았을 때, 역할놀이 준비 단계에서 역할놀이 실행 시, 전자칠판을 통해 제시할 무대 이미지, 사운드, 동영상 등의 자료를 탐색하고 제작하는 활동이 이루어지고, 시나리오를 연습하면서 역할에 따른 핵심 대사를 녹음하는 것이 특징이라고 볼 수 있다. 이때 수업시간 내에 역할놀이 자료를 준비하는 것이 현실적으로 어려울 수도 있으므로 미리 과제를 부여하여 역할놀이에 필요한 자료를 어느 정도 제작해 오도록 하는 것도 좋다. 이러한 멀티미디어 자료들이 전자칠판에 구현될 때 기존의 실물 자료(손가락 인형, 탈, 모자 등)와 더불어 학습자들로 하여금 역할놀이에 참여하고자 하는 동기를 유발하고 이에 따라 학습 효과를 증대시킬 수 있을 것이다.

4) 교수·학습 자료

(1) 평가 기준

평가 범주			수행 내용	배점	평가 근거
정의적	태도	상	짝 또는 모둠 활동 및 과제를 수행할 때, 흥미를 가지고 적극적으로 참여하는 횟수가 10회 이상이다.	20	관찰 체크리스트
		중	짝 또는 모둠 활동 및 과제를 수행할 때, 흥미를 가지고 적극적으로 참여하는 횟수가 5회 이상, 9회 이하다.		
		하	짝 또는 모둠 활동 및 과제를 수행할 때, 흥미를 가지고 적극적으로 참여하는 횟수가 4회 이하다.		
인지적	듣기	상	역할놀이 관람에서, 과거에 한 일을 묻고 답하는 대화를 듣고 정확하게 이해하여 학습지 과제를 수행한다.	20	관찰 체크리스트 (관람)
		중	역할놀이 관람에서, 과거에 한 일을 묻고 답하는 대화를 듣고 이해를 할 수 있으나, 가끔 친구나 교사에게 질문을 하며 학습지 과제를 수행한다.		
		하	역할놀이 관람에서, 과거에 한 일을 묻고 답하는 대화를 듣고 이해하는 데 어려움이 있어 학습지 과제 수행이 느리다.		
	말하기	상	역할놀이 실행에서, 과거에 한 일을 묻고 답하는 대화를 유창하고 정확하게 구사한다.	20	수행 평가 (역할놀이)
		중	역할놀이 실행에서, 과거에 한 일을 묻고 답하는 대화가 일부 틀리거나 다시 고쳐서 말하지만, 말하는 뜻을 이해할 수 있다.		
		하	역할놀이 실행에서, 과거에 한 일을 묻고 답하는 대화의 표현이 많이 틀려서 무슨 말인지 알아듣기가 힘들다.		
	읽기	상	역할놀이 연습에서, 과거에 한 일을 나타내는 문장으로 이루어진 대본을 정확하게 읽을 수 있다.	20	관찰 체크리스트 (대본 읽기)
		중	역할놀이 연습에서, 과거에 한 일을 나타내는 문장으로 이루어진 대본을 읽을 수 있다.		
		하	역할놀이 연습에서, 과거에 한 일을 나타내는 문장으로 이루어진 대본을 읽는 데 어려움이 있다.		
	쓰기	상	대본 만들기에서, 과거에 한 일을 나타내는 문장을 사용하여 대본을 만들 수 있다.	20	결과물 (대본 만들기)
		중	대본 만들기에서, 과거에 한 일을 나타내는 짧은 문장을 사용하여 대본을 만들 수 있다.		
		하	대본 만들기에서, 과거에 한 일을 나타내는 문장을 사용하여 대본을 만드는 데 어려움이 있다.		
				100	

(2) 웹사이트 리스트

• (YBM) Grade 6. Lesson 13. "King Sejong Invented Hangeul"

www.waygook.org/index.php?topic=40625.0

13단원 "King Sejong Invented Hangeul"에 대한 자료를 얻을 수 있다.

Lesson 13. King Sejong Invented Hanguel

학년	반	번
이름:		

※ Role-play script (예시 대본)

상황: 천둥이 울고 번개가 치며 비가 오던 날 밤에 집은 갑자기 정전이 되고, 그사이 누군가 부인의 보석을 훔쳐 갔다. 부인은 급히 탐정 셜록 홈스에게 도움을 요청한다.

홈스: I'm Sherlock Holmes.

부인: Help me, please. Someone took my jewel.

(탐정 홈스는 어제 집에 함께 있던 손님 세 명에게 무엇을 했는지 묻는다.)

홈스: Who took the jewel? What did you do yesterday?

손님 1: I saw a movie in the bedroom.

홈스: What did you do yesterday?

손님 2: I played a board game in the living room.

홈스: What did you do yesterday?

손님 3: I ate a cake in the kitchen.

(탐정 홈스는 잠시 생각하다가 범인이 누구인지 알아낸다.)

홈스: It's you! (정전 중에는 영화를 볼 수 없으니 손님 1이 범인)

---

1. 모둠별로 새로운 상황을 설정해보세요.

2. 설정한 상황에 맞는 역할놀이 대본을 만들어보세요.

(4) 교수·학습 시나리오

Subject	English		Date	2013. 1. 1. (월), 2교시	grade	5학년	teacher	홍길동
Unit	13. King Sejong Invented Hanguel				place	영어전용실	period	5/6
Main Topic	Asking what (s)he did & participating role-play				model	스마트 역할놀이 모형		
Objectives	21세기 핵심 역량	탐정인 셜록 홈스의 역할놀이 대본을 만들어보면서 창의성을 배양한다.						
	교과 학습 목표	Listen to the story about Sherlock Holmes and understand the content. Participate the role-play based on the story about Sherlock Holmes.						
Strategy	스마트 학습 활동	S 스스로 역할극에 필요한 자료 및 도구 찾아보기 M 흥미로운 영상을 통해 역할극 상황 살펴보기 A 모둠원 모두가 역할을 가질 수 있도록 대본의 수준 조정 R 인터넷을 활용하여 다양한 정보 검색하기 T 전자칠판을 활용하여 역할극 무대 꾸미기						
	교수·학습 자료	교사	전자칠판, 스마트 패드, 웹 2.0 도구					
		학생	스마트 패드, 멀티미디어(동영상, 그림, 사운드 등), 웹 2.0 도구					

Procedures	Teaching-Learning Scenario	Time (minute)	Comments	Materials
학습 과정 안내	**Greetings & review** T How is everyone today? S I'm fine. / Pretty good. T Let's write some missing words to make full sentences. S He (invented) Hangeul. T Okay, Share your homework from the last class with your partner. **Deduce lesson objective & guide steps** T Try to guess who this is. This person ……. S He is 탐정. T Right. We call that person a detective. S I know Holmes. T Yes, he is from a today's story. And look at these pictures. Can you guess what we're going to do today? S 셜록 홈스 이야기로 역할놀이를 할 것 같아요. T Yes, we are going to do a role-play with his story. **Understand the content of role-play** T Take a look at these pictures. T Who are in the picture? What animals do you see? S A chicken, a monkey, a cat, a pig and a dog. T What's happening? S 도둑을 찾는 것 같아요. T Can you guess what the story is about? S He is looking for a thief. T Let's watch the video clip. S (watch video clip about the story) T What happened to the cake? S Someone took it.	5	역할놀이를 준비하기 전, 주요 의사소통 기능을 충분히 복습한다. 교사는 역할극 동영상을 통해 학습자들이 학습 내용을 충분히 이해하도록 안내한다.	🖼️ ⊙ 📹 📷

	ⓣ What did the chicken (monkey, pig, cat) do? ⓢ He (cooked, slept, ……) in his room. ⓣ Let's get into the story. You should find what they said and write the numbers in the pictures. ⓢ (Number or match according to what they said.)		
역할 놀이 준비	**Set up the new situation & make your own script** ⓣ Let's change the lines and practice the key sentences with your partners. ⓣ What is the question? ⓢ What did you do in the house? ⓣ Okay, answer the question with different examples. ⓢ I played the piano. / I read a book in my room. ⓣ Now, let's make your own script in the new situation. "Who broke the window?" ⓢ (Make students' own script in the new situation, "Who broke the window?") ⓣ Let's take a role for your role-play with your team members. **Prepare materials for role-play** ⓣ Let's prepare the materials for your group's role-play. ⓣ You should prepare background, sound, icon, movie clip, etc for role-play. ※ Activity: **Search multimedia materials with your smart pad.** ⓣ You should choose the background and others for their role-play. ⓢ (Discuss and search multimedia materials for their role-play.) ⓣ Share the materials that you found with me by using your smart pad. I'm going to set them for your role-play in electronic board. **Practice role-play** ⓣ Now, it's time to practice. If you need any help, ask me. ⓣ Are you done practicing? Now, show us your play.	22	역할극의 예시 대본을 보여주면서, 이야기의 흐름은 그대로 두고, 상황과 등장인물을 바꾸어 창의적으로 대본을 만들어본다. 교사는 학생들이 선택한 멀티미디어 자료들을 전자칠판에 세팅하여 역할극 준비를 도와준다.
역할 놀이 실행	**Observe role-play** ⓣ I'm going to inform how to observe other team's role-play. ⓣ You should do these tasks while you observe the other team's role-play. ⓢ (While observing other team's role-play, students do given tasks with smart pad.) **Present role-play** ⓣ Who wants to show the role-play to the class? Which group will go first? ⓣ Group 1, come up to the front. Everyone, shout "Ready, go!" ⓢ Ready, go! ⓣ Great job! I really enjoyed it. Let's give them a big hand.	10	다른 모둠에서 역할놀이를 할 때 주의집중을 위해 적당한 과제를 부여하고, 패드를 활용해 과제를 수행하도록 한다.

역할 놀이 평가	Check & summary 🅣 Let's check and summary today's lesson. 🅣 What expressions did you use in this role-play? 🅢 What did you do? / I played the piano. / I read a book in my room. 🅣 Do you think your role-play is creative? Evaluate role-play 🅣 What is impressive group in this role-play? 🅣 What materials are helpful for your role-play today?	2	역할놀이 점검 및 평가 시 스마트 패드를 활용한다.	📝
학습 정리	Wrap up 🅣 I am going to give advance notice for next class. 🅣 It's time to say good-bye. See you next time. 🅣 Watch the CD-ROM at home and review what we learned today.	1		🅒 📱

활용 도구 📝 스마트 패드 📱 스마트폰 〰 전자칠판

활용 앱 📹 동영상 📷 사진 📊 PPT ◎ 프레지 🅒 클래스팅

05 스마트 모델 4: 스마트 스토리텔링 모형

1. 교수·학습 모형 설명

초등 영어과 스마트 스토리텔링 모형은 의사소통 중심 모형의 스토리텔링 활동 모형을 토대로, ICT 활용 상호작용 과제 기반 영어 의사소통 함양 모형의 원리를 반영하여 설계하였다. 이 모형은 다른 스마트 모형들과 마찬가지로 다양한 스마트 기기와 기술을 활용하기 때문에 학습 계획 단계에서 교사의 철저한 사전 준비와 점검이 필요하다. 또한 스토리텔링의 특성을 살려 학습 단계를 읽기 전 활동, 읽기 활동, 읽기 후 활동으로 나누었으며 마지막으로 학습 활동을 점검하고 정리하는 단계를 거친다.

읽기 전 활동 단계는 학생들의 모둠 구성 및 출발점 행동 진단을 위한 활동으로, 교사는 학생들의 수준을 지정하여 모둠 구성을 제안하거나 학생 스스로 수준을 정하도록 유도한다. 읽어주기 단계는 교사 주도로 이루어지는데, 학생들에게 배우게 될 이야기를 큰 소리로 읽어줌으로써 학생들이 먼저 직접 읽어야 하는 부담을 덜어준다. 이때 로봇 등의 스마트 기기를 활용하면 교사가 직접 읽어주지 않아도 되기 때문에 학생들을 수월하게 모니터할 수 있으며, 보다 정확한 발음을 들려줄 수 있다.

읽기 활동 단계에서의 함께 읽기 단계는 교사와 학생이 함께 이야기를 읽는 과정인데, 교사는 이야기 내용을 스마트 기기나 PPT 등을 활용해 제시함으로써 학생들로 하여금 따라 읽을 수 있도록 한다. 새로운 어휘가 나오면 문맥상 어떤 의미를 가지는지 학생들로 하여금 유추해보도록 하며, 교사의 모델링을 통해 어휘를 발음하는 연습을 한다. 유도적 읽기 단계는 과제식 학습을 기본으로 하며, 학급을 네 개의 이질 집단으로 나눈 후 교사는 정거장의 역할을, 학생은 그 정거장을 지나가는 기차의 역할을 한다. 한 모둠은 교사와 함께 소그룹 읽기 활동을 하고 나머지 세 모둠은 각각의 주어진 과제를 협력하여 해결하며, 일정 시간이 지나면 순환(Rotation)하는 방식을 따른다. 소그룹 읽기 활동을 할 때 교사는 필요시 시범적으로 한 번 더 읽어주기를 시행할 수도 있으며, 잘하는 학생에게는 개별적인 읽기의 기회를, 도움이 필요한 학생에게는 함께 읽는 과정 속에서 읽기 기술과 전략을 익힐 수 있는 기회를 제공한다. 이때 나머지 세 모둠은 이야기 속에 나오는 어휘를 복습하고(Word Recognition), 이야기의 전체적인 의미를 파악하며(Comprehension), 이야기를 읽고 난 소감을 간단히 쓰거나, 이것이 어렵게 느껴지는 학생들은 이야기를 따라 써보는 활동(Writing)을 한다.

[표 7] 초등 영어과 스마트 스토리텔링 모형

과정	단계	스마트 교육 수업 내용	스마트 기기 활용 관련 주요 활동
학습 계획 단계	학습 계획	학습 목표 및 학습 단계 확인 학습에 필요한 환경 점검 학습 수준 진단 및 모둠 구성	스마트 교육에 필요한 스마트 기기 및 스마트 환경 점검
학습 단계	읽기 전 활동	그림이나 동영상 등을 통한 동기 유발 등장인물 및 줄거리 소개 스마트 기기를 활용한 이야기 듣기	전자칠판, PPT, 프레지 등을 활용하여 이야기 소개 로봇 등을 통해 이야기 듣기
	읽기 활동	함께 읽기 • 새로운 어휘 및 표현 학습 • 함께 읽기 연습 유도적 읽기 • 모둠별 협력 과제 활동(어휘 복습, 의미 파악 등) • 모둠별 읽기 연습(교사의 도움) 혼자 읽기 • 혼자 읽기 연습 • 스마트 기기로 녹음하고 발음 확인	함께 읽기 • 스마트 패드 및 전자칠판을 통한 주요 어휘 및 표현 학습 유도적 읽기 • 스마트 패드 및 네트워킹 시스템을 활용한 협력 과제 수행 혼자 읽기 • 스마트 패드를 통해 혼자 읽으면서 단어 및 발음 확인
	읽기 후 활동	모둠별 협력 과제 • 모둠별 협력 과제 수합 및 제작 • 모둠별 협력 과제 활동 발표 과제 결과물 공유 • 과제 결과물 공유 및 상호 보완	모둠별 활동 결과물 산출 SNS 및 무선 네트워크를 통한 결과물 공유 활동
학습 점검 단계	학습 활동 점검	새롭게 배운 내용 확인하기 알고 있던 것과 새롭게 알게 된 것 정리 학습 내용과 방법에 대한 Q&A	탑재된 학습 결과물에 대한 상호 평가 활동
학습 정리 단계	학습 정리	학습 내용과 과정 정리 학습 내용에 대한 과제 활동 차시 안내 과제 제시	이메일, 블로그, 클래스팅 등을 활용한 차시 및 과제 안내

읽기 후 활동 단계에서는 먼저 각 정거장별로 활동 결과물의 발표 방법을 안내한다. 제시된 결과물을 공유하며 내용을 살펴보고, 활동하며 알게 된 점이나 느꼈던 점을 자유롭게 이야기할 수 있는 기회를 제공하여 자연스럽게 읽기 후 활동이 일어날 수 있도록 한다. 활동 결과물의 발표를 통해 다른 학습자들과 학습 결과물을 공유하고 상호 보완한다. 모둠 활동을 통해 산출된 결과물을 SNS 및 무선 네트워크, 클라우드 등의 스마트 기술을 활용하여 서로 공유한다.

학습 활동 점검 및 정리 단계에서는 새롭게 배운 내용을 확인하고, 웹상에 탑재된 활동 결과물을 상호 평가하는 과정을 통해 학습 내용과 과정을 정리하도록 한다. 이때 다양한 웹상의 경로(이메일, 블로그, 클래스팅 등)를 통해 자신의 학습 과정 및 결과를 스스로 점검하는 것은 물론, 스마트 기기 및 기술을 활용한 학습자와 학습자 또는 학습자와 교사 간의 활발한 의견 공유를 통해 실시간으로 다양한 피드백을 제공받을 수 있다. 이와 같이 스마트 기기와 기술은 학습자들에게 학습 결과물에 대한 피드백을 바로 공유할 수 있도록 함으로써 학습 결과물 발표에 적극적으로 참여할 수 있도록 유도할 뿐만 아니라, 다른 학습자들의 즉각적인 피드백을 통해 학습 내용을 정리하고 확장하는 데 도움을 준다.

2. 사용되는 스마트 기술

도구명		도구 설명	활용 설명	이미지
스마트 기기	스마트 패드	학습자가 자료를 직접 찾아볼 수 있고, 각종 앱을 구동할 수 있게 해주는 기본 스마트 도구다.	읽기 활동 상호 평가 활동	
	스마트폰	이동성이 높아 언제 어디서나 교사의 공지 및 과제를 확인할 수 있으며, 상호작용이 가능하다.	발음 녹음 및 확인	
	전자칠판	칠판 기능 및 컴퓨터 기능을 포함하고 있어 다양한 입력 강화 활동 등을 수행할 수 있다.	학습 목표 제시 줄거리 등 소개	
발표	PPT	교사의 사전 준비로 학생들에게 필요한 자료를 제공할 수 있고 수업을 진행할 수 있다.	주요 표현 제시 학습 결과 발표	
	프레지	PPT에 비해 역동적이며 전체와 부분을 살펴볼 수 있어, 학습자들의 집중을 유도할 수 있다.	주요 표현 제시 학습 결과 발표	
앱	QR코드	특정 정보를 담고 있는 2차원 코드로서, 스마트폰으로 QR코드를 스캔하면 특정 정보를 확인할 수 있다.	미사용	
	기타 교육용 앱	수많은 교육용 앱이 나와 있으며, 각 수업 주제 및 활동에 맞는 앱을 수업에 활용할 수 있다.	이야기 앱 또는 로봇 활용 듣기 활동	
인터넷	위키백과	모두가 함께 만들어가며 누구나 자유롭게 사용할 수 있는 다언어판 인터넷 백과사전이다.	미사용	
	검색 엔진	네이버, 다음, 구글 등 종류가 다양하며, 필요한 정보를 검색하는 데 널리 사용되고 있다.	미사용	
멀티미디어	유튜브	동영상 전용 사이트로, 많은 교육용 동영상이 탑재되어 있어 수업 동기 유발 자료로서 활용할 수 있다.	동기 유발 주제 관련 동영상	
	동영상	각종 동영상 자료를 통해 수업에 역동성을 부여할 수 있다.	주제 관련 동영상	
	사진	각종 그림이나 사진 자료를 통해 학습의 이해를 도울 수 있다.	주요 표현 제시	
클라우드	구글 드라이브	구글에서 제공하는 클라우드 서비스로, 다양한 콘텐츠를 서버에 저장해 두고 언제나 활용이 가능하다.	유도적 읽기 활동 과제 결과물 공유	
	다음 클라우드	다음에서 제공하는 클라우드 서비스로, 다양한 콘텐츠를 서버에 저장해 두고 언제나 활용이 가능하다.	미사용	

	네이버 N드라이브	네이버에서 제공하는 클라우드 서비스로, 다양한 콘텐츠를 서버에 저장해 두고 언제나 활용이 가능하다.	미사용	N
S N S	구글 플러스	구글의 커뮤니티 기능으로, 학급의 구성원들이 정보를 공유하고 과제를 수행할 수 있다.	미사용	g+
	트위터	블로그의 인터페이스와 미니홈페이지의 친구 맺기 기능, 메신저 기능 등을 한데 모아놓은 SNS다.	미사용	
	페이스북	글로벌 소셜네트워킹 서비스로, 개인 프로필, 친구 찾기, 메신저, 카메라 기능 등을 제공한다.	미사용	f
	클래스팅	교육용에 적합하게 만들어진 폐쇄형 SNS로, 선생님이 알림을 공지하는 등 여러 가지 용도로 사용할 수 있다.	다음 차시 안내 과제 안내 및 공지	C

3. 교수·학습 과정안

　초등 영어과에서 많이 활용되고 있는 교수·학습 모형에 스마트 교육의 목적(21세기 핵심 역량 및 교과 목표) 및 방법(SMART) 등 모형 개발의 기본 전제를 고려하여 수정된 초등 영어과 스마트 스토리텔링 모형에 따른 교수·학습 과정안을 구안하였다.

1) 교수·학습 과정안 요약

학교급	초등학교	학년	6학년	차시	5/6
교과	영어	대단원	5. For Here or To Go?	주제	Asking and answering food order
학습 목표	Listen to the story, 'Fox and Crane' and understand the content. After reading the story, perform various after-reading tasks.				
의사소통 기능	May I take your order? / I'd like _____ . For here or to go? / To go, please.				
스마트 활동	Ⓢ 스스로 단어 및 발음을 확인하면서 이야기 읽기 Ⓜ 로봇이나 동영상을 통해 생동감 있는 이야기 듣기 Ⓐ 유도적 읽기에서 혼자 읽기로 수업 전개 Ⓡ 인터넷을 활용하여 필요한 정보 검색하기 Ⓣ 스마트 기기를 이용하여 이야기 듣고, 녹음해보기				
학습자 역량	날씨와 지난 주말에 한 일을 묻고 답하면서 의사소통을 배양한다.				
수업 진행	**학습 계획 단계** 학습 목표 확인 학습 환경 점검 학습 수준 진단 → **학습 단계** 읽기 전 활동 읽기 활동 읽기 후 활동 → **학습 점검 단계** 배운 내용 확인 질문 및 답변 배운 내용 정리 → **학습 정리 단계** 학습 내용 정리 차시 안내 과제 제시				
준비물	교사	로봇, 전자칠판, 스마트 패드, 웹 2.0 도구			
	학생	스마트 패드, 웹 2.0 도구			
스마트 도구	스마트 패드	도입 및 각 활동에서 이야기 듣기 및 녹음, 단어 찾기 등에 활용			
	전자칠판	주요 어휘 및 표현 제시와 연습 등 전체 활동에 활용			
	구글 드라이브	자료를 생산하고 공유할 때 구글 드라이브의 구글 닥스 활용			
	클래스팅	수업 안내 및 과제 제시에 활용			

2) 교수·학습 과정안

Subject	English	Date	2013. 1. 1. (월), 2교시	grade	6학년	teacher	홍길동
Unit	5. For Here or To Go?			place	영어전용실	period	5/6
Main Topic	Asking and answering food order			model	스마트 스토리텔링 모형		

Objectives	21세기 핵심 역량	이야기 끝 장면을 바꾸어보면서 창의성을 배양한다.
	교과 학습 목표	Listen to the story, 'Fox and Crane' and understand the content. After reading the story, perform various after-reading tasks.
Strategy	스마트 학습 활동	S 스스로 단어 및 발음을 확인하면서 이야기 읽기 M 로봇이나 동영상을 통해 생동감 있는 이야기 듣기 A 유도적 읽기에서 혼자 읽기로 수업 전개 R 인터넷을 활용하여 필요한 정보 검색하기 T 스마트 기기를 이용하여 이야기를 듣고, 녹음해보기
	교수·학습 자료 교사	로봇, 전자칠판, 스마트 패드, 웹 2.0 도구
	교수·학습 자료 학생	스마트 패드, 웹 2.0 도구

● 학습 계획하기

Procedures	Teaching-Learning Activities	Time (minute)	Comments	Materials
학습 계획	Check objectives & steps Check today's objective and learning steps. Setting learning environment & teaching materials Check smart learning environment & materials. - Check smart devices and materials for the lesson. - Arrange team members and set environment.	사전	교사는 사전에 스마트 교육을 위해 스마트 기기 및 환경을 점검한다.	

● 학습하기

Procedures	Teaching-Learning Activities	Time (minute)	Comments	Materials
읽기 전 활동	Greetings Exchange greetings with students. Singing a song and chant. Introduce characters & plot Introduce characters and plot of today's story, 'Fox and Crane'. - 여우가 두루미를 초대해 평평한 접시에 수프를 담아 대접했는데, 두루미는 그릇 모양 때문에 음식을 제대로 먹지 못하였다. 이후 여우는 두루미의 집에 초대되어 호리병에 담긴 생선을 대접받았는데, 이번에는 자신이 먹는 데 곤혹을 치르면서 잘못을 깨닫게 된다는 이야기.	7	교사는 사전에 학습 내용과 관련된 이야기를 선정하고 소개해 준다.	

	Deduce lesson objective & guide steps Guess lesson objective. Guide learning steps for today's lesson. Listen to the story Listen to the story with smart device. • Let's start today's lesson by listening to this story. • Look at this book cover. What animals do you see? • Robot will tell you a story about a fox and a crane.		스마트 기기를 활용하여 이야기를 들려준다.	
읽기 활동	Reading together Practice key words and expressions. ※ key words: order, onion, or, delicious, fish, smell ※ key expressions: May I take your order? / For here or to go? Read together with teacher. Guided reading & tasks Story comprehension (Story sequence). • Match the pictures according to the story sequence. Review key words & expressions. – key words: order, onion, or, delicious, fish, smell – key expressions: May I take your order? / For here or to go? Creative writing (Making a new ending). • Make a new ending story with your team members. Guided reading. – Guided reading with teacher. Reading alone • Practice reading alone. • Record your voice and check your pronunciation.	22	학생들이 잘 따라 읽을 수 있도록 이야기 내용을 제시한다. 모둠별로 유도적 읽기 활동 시, 한 모둠은 교사와 활동하고 다른 모둠은 과제를 수행한다.	
읽기 후 활동	Presentation Students organize the results of tasks and make a presentation. Present the new ending story & story sequence that each team made. • Let's present your task results for classmates. Sharing Students transfer the result to the teacher by using internet. • I would like you to send your team's task result to me. The teacher shows students the results for sharing. • Let's check how these pictures are sequenced. • What's the new ending story of team A?	7	학습 결과를 모든 학습자가 공유하고 확인할 수 있도록 한다.	

활용 도구 　✎ 스마트 패드　🗍 스마트폰　〰 전자칠판　👤 로봇

활용 앱 　📷 동영상　📊 PPT　◎ 프레지　8 구글 드라이브

● 학습 점검 및 정리

Procedures	Teaching−Learning Activities	Time (minute)	Comments	Materials
학습 활동 점검	Checking learning point • What did you learn in this lesson? • What expressions do you learn first through this class? Checking learning steps • What are impressive learning steps in this lesson? • What materials are helpful for your lesson today?	3	학습 활동 점검 및 평가 시 스마트 패드를 활용한다.	📝
학습 정리	Wrap up − An advance notice for next class. • It's time to say good−bye. See you next time. • Watch the CD−ROM at home and review what we learned today.	1		ⓒ 📱

활용 도구 📝 스마트 패드 📱 스마트폰 　**활용 앱** ⓒ 클래스팅

3) 교수·학습의 고려사항 및 유의점

읽기 전 활동 단계에서 교사는 학생들의 수준을 지정하여 모둠 구성을 제안하거나 학생 스스로 수준을 정하도록 유도한다. 읽기 전 활동 중 읽어주기 활동은 교사 주도로 이루어지는데, 이번 시간에 배우게 될 이야기를 소개하고 읽어줌으로써 학생들이 먼저 직접 읽어야 하는 부담을 덜어줄 수 있다. 로봇 등의 스마트 기기를 활용하여 이야기를 들려줄 때는 교사가 학생들이 이야기를 잘 듣고 있는지 모니터하며 수업을 진행할 수 있다.

읽기 활동 단계는 함께 읽기, 유도적 읽기, 혼자 읽기 순으로 진행하여 학생들의 부담을 최소화시켜준다. 먼저 함께 읽기 활동은 교사와 학생이 함께 이야기를 읽는데, 교사는 이야기 내용을 스마트 기기나 PPT 등을 활용해 제시함으로써 학생들로 하여금 따라 읽을 수 있도록 한다. 유도적 읽기 단계는 모둠별 읽기 활동을 하는데, 한 모둠은 교사와 함께 소그룹 읽기 활동을 하고 나머지 세 모둠은 각각의 주어진 과제를 협력하여 해결하며, 일정 시간이 지나면 순환하는 방식을 따른다. 소그룹 읽기 활동을 할 때 교사는 필요시 시범적으로 한 번 더 읽어주기를 시행할 수도 있으며, 잘하는 학생에게는 개별적인 읽기의 기회를, 도움이 필요한 학생에게는 함께 읽는 과정 속에서 읽기 기술과 전략을 익힐 수 있는 기회를 제공한다.

읽기 후 활동 단계에서는 먼저, 각 정거장별로 활동 결과물의 발표 방법을 안내한다. 제시된 결과물을 공유하며 내용을 살펴보고, 활동하며 알게 된 점이나 느꼈던 점을 자유롭게 이야기할 수 있는 기회를 제공하여 자연스럽게 읽기 후 활동이 일어날 수 있도록 한다. 또한 활동 결과물의 발표를 통해 다른 학습자들과 학습 결과물을 공유하고 상호 보완하도록 한다.

4) 교수·학습 자료

(1) 평가 기준

평가 범주			수행 내용	배점	평가 근거
정의적	태도	상	짝 또는 모둠 활동 및 과제를 수행할 때, 흥미를 가지고 적극적으로 참여하는 횟수가 10회 이상이다.	20	관찰 체크리스트
		중	짝 또는 모둠 활동 및 과제를 수행할 때, 흥미를 가지고 적극적으로 참여하는 횟수가 5회 이상, 9회 이하이다.		
		하	짝 또는 모둠 활동 및 과제를 수행할 때, 흥미를 가지고 적극적으로 참여하는 횟수가 4회 이하다.		
인지적	듣기	상	읽기 전 활동 이야기 듣기에서, 음식을 주문하고 답하는 대화를 듣고 정확하게 이해할 수 있다.	20	관찰 체크리스트 (이야기 듣기)
		중	읽기 전 활동 이야기 듣기에서, 음식을 주문하고 답하는 대화를 듣고 이해할 수 있으나, 모르는 부분이 있다.		
		하	읽기 전 활동 이야기 듣기에서, 음식을 주문하고 답하는 대화를 듣고 이해하는 데 어려움이 있다.		
	말하기	상	읽기 후 활동 발표에서, 음식을 주문하고 답하는 대화를 유창하고 정확하게 구사한다.	20	수행 평가 (발표)
		중	읽기 후 활동 발표에서, 음식을 주문하고 답하는 대화가 일부 틀리거나 다시 고쳐서 말하지만, 말하는 뜻을 이해할 수 있다.		
		하	읽기 후 활동 발표에서, 음식을 주문하고 답하는 대화의 표현이 많이 틀려서 무슨 말인지 알아듣기가 힘들다.		
	읽기	상	읽기 활동에서, 음식을 주문하고 답하는 문장을 정확하게 읽을 수 있다.	20	관찰 체크리스트 (읽기 활동)
		중	읽기 활동에서, 음식을 주문하고 답하는 문장을 어느 정도 읽을 수 있다.		
		하	읽기 활동에서, 음식을 주문하고 답하는 문장을 읽는 데 어려움이 있다.		
	쓰기	상	새로운 결말 쓰기 활동에서, 음식을 주문하고 답하는 문장을 정확하게 쓸 수 있다.	20	결과물 (새로운 결말 쓰기)
		중	새로운 결말 쓰기 활동에서, 음식을 주문하고 답하는 짧은 문장을 쓸 수 있다.		
		하	새로운 결말 쓰기 활동에서, 음식을 주문하고 답하는 문장을 쓰는 데 어려움이 있다.		
				100	

(2) 학습지

Lesson 5. For Here or To Go?

학년   반   번

이름:

등장인물: Fox, Crane, Pig(Clerk)

Scene 1

Pig(Clerk): Good afternoon. May I take your order?

Fox: Yes. I'd like an onion soup.

Pig(Clerk): For here or to go?

Fox: To go, please.

Scene 2

(집에 도착한 여우는 넓적하고 평평한 접시에
수프를 담아서 가지고 나온다.)

Fox: Help yourself.

Crane: (당황해하며) Oh, thank you.

Fox: Umm. It's delicious.

Scene 3

(두루미는 다음 날 여우를 집으로 초대할 계획을 세운 후,
음식을 사러 간다.)

Pig(Clerk): Good evening. May I take your order?

Crane: Yes, I'd like some fish.

Pig(Clerk): For here or to go?

Crane: To go, please.

Scene 4

Crane: Hi. Can you come to my house for dinner?

Fox: Sure.

(여우가 두루미의 집에 도착한다.)

Fox: Wow, that smells delicious.

Crane: Do you like fish?

Fox: Yes, I love it.

(기다란 호리병에 생선 요리를 담아온다.)

Crane: Help yourself.

Fox: Thank you.

(여우는 작은 입구에 입이 끼어 고생을 한다.)

Crane: Do you want some more fish?

Fox: No, thanks.

(하나도 먹지 못한 여우는 자신의 잘못을 창피해한다.)

(3) 교수·학습 시나리오

Subject	English	Date	2013. 1. 1. (월), 2교시	grade	6학년	teacher	홍길동
Unit	5. For Here or To Go?			place	영어전용실	period	5/6
Main Topic	Asking and answering food order			model	스마트 스토리텔링 모형		
Objectives	21세기 핵심 역량	이야기 끝 장면을 바꾸어보면서 창의성을 배양한다.					
	교과 학습 목표	Listen to the story, 'Fox and Crane' and understand the content. After reading the story, perform various after-reading tasks.					
Strategy	스마트 학습 활동	S 스스로 단어 및 발음을 확인하면서 이야기 읽기 M 로봇이나 동영상을 통해 생동감 있는 이야기 듣기 A 유도적 읽기에서 혼자 읽기로 수업 전개 R 인터넷을 활용하여 필요한 정보 검색하기 T 스마트 기기를 이용하여 이야기를 듣고, 녹음해보기					
	교수·학습 자료	교사	로봇, 전자칠판, 스마트 패드, 웹 2.0 도구				
		학생	스마트 패드, 웹 2.0 도구				

Procedures	Teaching-Learning Scenario	Time (minute)	Comments	Materials
읽기 전 활동	**Greetings** 🅣 Good morning, everyone. 🆂 Good morning. 🅣 Let's sing a song and a chant. 🆂 (Sing a song and a chant) **Introduce characters & plot** 🅣 I will introduce characters and plot of today's story, 'Fox and Crane'. – 여우가 두루미를 초대해 평평한 접시에 수프를 담아 대접했는데, 두루미는 그릇 모양 때문에 음식을 제대로 먹지 못하였다. 이후 여우는 두루미의 집에 초대되어 호리병에 담긴 생선을 대접받는데, 이번에는 자신이 먹는 데 곤욕을 치르면서 잘못을 깨닫게 된다는 이야기. **Deduce lesson objective & guide steps** 🅣 Let's guess lesson objective. 🅣 I will tell you learning steps for today's lesson. **Listen to the story** 🅣 Let's start today's lesson by listening to this story. 🅣 Look at this book cover. What animals do you see? 🅣 Robot will tell you a story about a fox and a crane. 🆂 (Students listen to the story from the robot or a teacher.)	7	교사는 사전에 학습 내용과 관련된 이야기를 선정하고 소개해준다. 스마트 기기를 활용하여 이야기를 들려준다.	

	Reading together		
읽기 활동	**Reading together** 🅣 Let's practice key words and expressions. ※ key words: order, onion, or, delicious, fish, smell ※ key expressions: May I take your order? / For here or to go? 🅣 Let's read the story together. 🅣 I will show you the story on the electronic board. **Guided reading & tasks** Story comprehension(Story sequence task) 🅣 Match the pictures according to the story sequence. 🅣 Do you remember what the fox and the crane did in this story? 🅢 The fox prepared flat dishes, so the crane was embarrassed. 🅣 You are going to cut the pictures and place them on your smart pad according to the story sequence. Creative writing(Making a new ending). 🅣 Let's make a new ending story with your team members. 🅣 A fox was shamed because of recognizing his fault. 🅣 Do you think he will meet the crane again? 🅢 I think he will meet the crane. 🅣 What will happen next? 🅢 The fox will invite the crane again. 🅣 Draw a picture and write a story about it. Review key words & expressions 🅣 I will show you key words and expressions for today's story. – Key words: order, onion, or, delicious, fish, smell – key expressions: May I take your order? / For here or to go? Guided reading. 🅣 I will help you read the story. Please ask me what you do not know. **Reading alone** 🅣 Let's read the story alone with your own smart pad. 🅣 When you find some unknown words, check these words with your smart device or ask me. 🅣 Let's record your own voice and check your pronunciation.	22	학생들이 잘 따라 읽을 수 있도록 이야기 내용을 제시한다. 모둠별로 유도적 읊기 활동 시, 한 모둠은 교사와 활동하고 다른 모둠은 과제를 수행한다.
읽기 후 활동	**Presentation** 🅣 Let's present your new ending story & sequence for class-mates. 🅢 (Present future story that they made with electronic board.) **Sharing** 🅣 I would like you to send your team's task result to me. 🅣 Let's check how these pictures are sequenced. 🅣 What's the new ending story of team A?	7	학습 결과를 모든 학습자가 공유하고 확인할 수 있도록 한다.

| 학습
활동
점검 | Checking learning point
🔵 What did you learn in this lesson? 🟦 Ordering food.
🔵 What expressions do you learn through this class?
🟦 May I take your order? / For here or to go?
Checking learning steps
🔵 What are impressive learning steps in this lesson?
🔵 What materials are helpful for your lesson today? | 3 | 학습 활동 점검 및 평
가 시 스마트 패드를
활용한다. | 📝 |
| 학습
정리 | Wrap up
🔵 I will give an advance notice for next class.
🔵 It's time to say good-bye. See you next time.
🔵 Watch the CD-ROM at home and review what we learned
today. | 1 | | ⓒ
📱 |

활용 도구 📝 스마트 패드 📱 스마트폰 〰️ 전자칠판 🤖 로봇

활용 앱 🎥 동영상 📊 PPT ⭕ 프레지 8 구글 드라이브 ⓒ 클래스팅

06 e-Book 적용 사례

1. 적용 개요

영어 수업에서는 필요한 많은 자료를 PC에 창을 띄워 놓고 활용하는 경우가 일반적이다. CD-Rom, PPT, 플래시 자료, 웹사이트 등 여러 개의 자료를 실행시킨 상태에서 수업을 진행하다 보면, 적기에 자료를 제대로 열지 못해 여러 개의 창을 확인해야 하는 경우가 종종 있다. 본 연구에서 스마트 기본 모형을 적용해 개발한 e-Book은 필요한 자료를 하나의 화면에서 바로 실행시킬 수 있어 교사의 수업 진행을 수월하게 해주는 장점이 있다.

수업 상황에 e-Book을 적용하기에 앞서 교사 및 학생들의 스마트 기기 사용법 숙달이 매우 중요하다. 이에 교사나 학생들이 사용법에 미숙하여 자칫 중심 활동인 묻고 답하기를 소홀히 하고 기기 사용에 시간을 소비하지 않기 위해, 적용 전 충분히 사용 방법을 숙지할 필요가 있다. 본 e-Book을 적용하였던 초등학교 5학년 학생들은 이제 막 4학년에서 진급한 학생들이기에 지난 1년간의 태블릿 PC 활용만으로는 수업을 바로 진행하기에 부족한 점이 많았다. 따라서 이러한 점을 고려하여 e-Book의 다양한 콘텐츠 중 태블릿 PC의 활용을 최소한으로 제한하고 오프라인 수업에서의 의사소통이 강조되도록 수업을 설계하였다. 실제 수업에서는 학생들의 적용 정도를 살펴보며 차차 스마트 기기의 활용도를 높여 수업을 설계할 수 있을 것이다.

e-Book은 본 연구에서 개발한 초등 영어과 스마트 기본 모형을 적용한 것으로, 이 e-Book으로 이루어진 한 차시 수업의 중심 활동은 날씨와 하고 싶은 일을 묻고 답하는 조사 활동이었다. 조사한 내용을 그래프화할 수 있도록 날씨, 하고 싶은 일 등의 표현은 이미 학습한 표현 중에 선택하였다. 구글 닥스를 활용하여 학생들이 조사한 내용을 함께 바로 공유할 수 있다는 점은 학생들의 흥미와 참여도를 높이는 결과를 가져왔다. 하지만 학생들의 주의가 분산되지 않도록, 학생들의 태블릿 PC 활용을 한두 가지 정도로 제한할 필요가 있었다.

2. 적용 방법

본 연구에서 개발한 e-Book의 구체적인 적용 방법을 초등 영어과 스마트 기본 모형의 단계에 맞춰서, 학습 계획 단계, 동기 유발 단계, 학습 활동 단계, 학습 결과 생산 및 정보 교환 단계, 학습 활동 점검 및 정리 단계로 나누어 기술하였다. 하지만 e-Book의 적용 방법은 적용하는 학교와 교사, 학생들의 상황에 따라 달라질 수 있으므로 e-Book을 적용하기 전 실태 조사를 선행해야 할 것이다.

(1) 학습 계획 단계

일반 수업과 달리, 스마트 수업에 있어서 학습 계획 단계는 매우 중요하다. 스마트 수업에 필요한 스마트 기기 및 기술 등의 활용법을 미리 숙지하는 것이 선행되어야 할 뿐만 아니라, 교실의 스마트 환경이 잘 구축되었는지도 미리 살펴보아야 하기 때문이다. 이에 본 수업 전에도 학습 목표와 단계를 확인하고, e-Book의 다양한 콘텐츠 중 적용할 만한 콘텐츠를 선정하였다. 학습 목표 달성을 위해 필요한 스마트 기기 및 웹사이트(구글 닥스)의 활용법 등을 숙지시키는 일에 다소 어려움이 있었으나 학생들의 집중도는 높았다. 또한 스마트 기기 활용에 익숙한 학생과 영어 의사소통이 우수한 학생이 고르게 분포되도록 모둠을 구성하였다.

(2) 동기 유발 단계

일상적인 날씨와 기분, 요일 묻기 등의 인사하기 후, e-Book의 'How is the weather?' 노래를 부르며 동기 유발을 하였다. 교수·학습 과정안에서는 원어민 선생님과 스마트폰을 이용하여 통화하는 것으로 되어 있었으나, 적용 학교의 실정과 맞지 않아 e-Book의 'What do you want to do?' 노래를 들으며 공부할 문제를 확인하도록 하였다. 학생들의 주의가 분산되는 것을 막기 위해 태블릿 PC가 아닌 전자칠판을 이용하여 모든 학생이 함께 노래를 듣고, 공부할 문제를 함께 추측해보도록 하였다.

(3) 학습 활동 단계

e-Book에 플래시를 활용한 O× 퀴즈가 있었으나, 시간 관계상 생략하고 PPT로 작성된 파일을 이용하여 다음 활동에 필요한 표현을 연습하였다. 일종의 패턴드릴(Pattern drill)인 이 활동으로 학생들은 다음 단계에서 필요한 표현을 익숙하게 묻고 답할 수 있게 되었다. 간단한 게임을 삽입하여 말하기 연습의 참여도가 높아지는 효과가 있었다.

다음으로 구글 닥스를 활용한 정보 수집 활동을 하였다. 개별적으로 이루어지는 이 활동을 통해 학생들은 학습한 표현을 활용하여 자신의 이름과 살고 싶은 도시, 그곳의 날씨, 하고 싶은 일을 상상하여 기록하였다. 이후에 모둠별로 결과를 정리하고 학급 전체의 결과를 도식화하기 위해 앞에서 학습한 표현으로 답을 하도록 지도하였다. 개인별 스마트 패드를 이용하여 응답하였는데, 기존에 쓰기 수업에 흥미가 없었던 학생들도 열심히 참여하는 모습이 흥미로웠다.

이번 차시의 핵심 활동이라 할 수 있는 on-off line blended activity는 학생들이 친구들에게 정보를 묻고 답하여 학습지에 기록한 후 이것을 정리하여 구글 닥스로 전송하는 활동이다. 여기에서는 친구들과의 상호작용이 매우 중요한데 첫 번째 단계에서는 모둠 내에서 친구들끼리 서로의 정보에 대해 묻고 답한 후 기록하였다. 다음 단계에서 학생들은 모둠별로 정리한 내용을 스마트 패드를 이용해 구글 닥스에 업로드한 후, 정리한 내용을 교사에게 전송하였다.

(4) 학습 결과 생산 및 정보 교환

학습 결과 생산 및 정보 교환 단계에서는 학생들이 전송한 자료를 종합하여 막대그래프로 만든 후 전자칠판을 활용하여 학생들에게 보여주었다. 학생들이 그래프를 보고 발견한 점에 대해 자유롭게 발표하는 시간을 가졌다. 더불어 친구와 함께 그래프에 나타난 내용을 바탕으로 묻고 답하기 활동으로 확장해보았다.

(5) 학습 활동 점검 및 정리

클래스팅을 이용하여 이번 시간 학습 후 생각나는 표현을 한두 가지 외워서 적도록 하고 느낀 점을 게시판에 써보도록 하였다. 학생들이 적은 글에 대해 추후에 친구들과 교사가 함께 피드백을 해 줄 수 있었다. 또한 정리 단계에서 차시 안내와 과제 안내를 하고 이 내용을 클래스팅을 통해 다시한 번 안내하였다. 과제와 준비물을 학생들이 한 번 더 확인하여 준비할 수 있었다.

[그림 8] 스마트 패드를 활용하여 자신의 정보를 입력하는 모습

[그림 9] 모둠별로 정리된 내용을 교사에게 전송하기 위해 작성하는 모습

참고문헌

강남희, 김지영(2007). 모바일 환경에서 TV드라마를 통한 듣기 및 어휘 교수 학습 모형 연구, 영어 교육 연구, 19(1), pp.113-134.

교육과학기술부(2011). 스마트 교육 추진 전략(2011.6.29. 대통령보고), 교육과학기술부.

김정렬(2008). e-Learning과 영어 교육, 서울: 한국문화사.

김정렬, 한희정, 홍순조, 전병삼, 박정화, 권영선, 조영민, 이현안, 이제영, 강정진, 황경호, 박정희, 강광호(2002). 영어과 ICT 활용 교수-학습 모형 및 연수프로그램 개발(연구보고 KR 2002-12), 서울: 한국교육학술정보원.

김정렬, 한희정(2003). ICT 활용 영어 교육, 서울: 교문사.

김진철, 고경석, 박약우, 이재희, 김혜련(1998). 초등영어 교수법, 서울: 학문출판사.

광주광역시 교육정보원(2011). 화상영어수업을 위한 매뉴얼, 광주: 교육정보원.

문은주, 김재경(2011). 웹기반 및 모바일 블로깅을 활용한 웹 환경에서의 쓰기 효과, 멀티미디어 언어교육학회, 14(3), pp.225-243.

최은주, 김지영(2006). 모바일 학습용 콘텐츠 활용이 영어 어휘 학습에 미치는 영향, 영어 교육 61(4), pp.297-328.

최은주, 정동빈(2010). 모바일 장문메시지의 활용이 대학생의 영어어휘 학습에 미치는 영향, 멀티미디어 언어교육학회, 13(3), pp.279-302.

하정숙(2006). 영어 어휘 학습 게임을 이용한 모바일 기반 학습 환경에 관한 연구, 미출간 석사학위논문, 한국교원대학교, 충북.

한국교육학술정보원(2011). 스마트 교육 체제 구현을 위한 온라인 수업 활성화 방안(연구자료 RM 2011-27), 한국교육학술정보원.

한국교육학술정보원(2012). 스마트 교육 중앙선도교원 연수, 서울: 한국교육학술정보원.

Abdous, M., Camarena, M. M., & Facer, B. R.(2009). MALL technology: Use of academic podcasting in the foreign language classroom. *ReCALL, 21*(1), pp.76-95.

Basoglu, E. B., & Akdemir, O.(2010). A comparison of undergraduate students' English vocabulary learning: Using mobile phones and flash cards. *The Turkish Online Journal of Educational Technology, 9*(3), pp.1-23.

Breen, M., & Candlin, M. N.(1980). The essentials of a communicative curriculum in language teaching. *Applied Linguistics, 1*(2), pp.89-112.

Cavus, N., & Ibrahim, D.(2009). m-Learning: An experiment in using SMS to support learning new English language words. *British Journal of Educational Technology, 40*(1), pp.78-91.

Chen, C. M., & Hsu, S. H.(2008). Personalized intelligent mobile learning system for supporting effective English learning. *Educational Technology & Society, 11*(3), pp.153-180.

Chen, C. M., & Chung, C. J.(2007). Personalized mobile English vocabulary learning system based on item response theory and learning memory cycle. *Computer & Education, 51*, pp.624-645.

Comas-Quinn, A., Mardomingo, R., & Valentine, C.(2009). Mobile blogs in language learning: making the most of informal and situated learning opportunities. *ReCALL, 21*(1), pp.96-112.

Kondo, M., Ishikawa, Y., Smith, C., Sakamoto, K., Shimomura, H., & Wada, N.(2012). Mobile assisted language learning in university EFL courses n Japan: Developing attitudes and skills for self-regulated learning. *ReCALL, 24*(2), pp.169–187.

Kukulska-Hulme, A., & Traxler, J. (Eds.).(2005). *Mobile learning: A handbook for educators and trainers.* London: Routledge.

Littlewood, W.(1981). *Communicative language teaching.* Cambridge: Cambridge University Press.

Lu, M.(2008). Effectiveness of vocabulary learning via mobile phone. *Journal of Computer Assisted Learning, 24*, pp.515–525.

Meurant, R. C.(2011). Developing EFL/ESL cognitive structures using a mobile app to exploit a spatial morphology of verb forms in simple sentences. *International Journal of u-and e-Service, Science and Technology, 4*(4), pp.63–85.

Moore, M. G. & Kearsley, G.(1996). *Distance education.* Belmont, CA: Wadsworth.

Nah, K. C., White, P., & Sussex, R.(2008). The potential of using a mobile phone to access the Internet for learning EFL listening skills within a Korean context. *ReCALL 20*(3), pp.331–347.

Salameh, O.(2011). A multimedia offline cell phone system for English language learning. *International Arab Journal of e-Technology, 2*(1), pp.44–56.

Skehan, P.(1996). Second language acquisition research and task based instruction. In J. Wills & D. Wills (Eds.), *Challenge and Change in Language Teaching* (pp.17–30). New York: Heinemann.

Stockwell, G.(2010). Using mobile phones for vocabulary activities: Examining the effect of the platform. *Language Learning & Technology, 14*(2), pp.95–110.

Thornton, P., & Houser, C.(2005). Using mobile phones in English education in Japan. *Journal of Computer Assisted Learning, 21*(3), pp.217–228.

스마트 교육을 통한 교실 혁명

초등 수학

수학 교육과 스마트 교수·학습 모형

01 수학 교육과 스마트 교수·학습 모형의 개요

1. 수학 교육과 21세기 학습자 역량

21세기 교육에서 간과할 수 없는 것은 학습자가 미래 사회를 살아가는 데 필요한 핵심 역량을 증진하는 것이다. 허희옥 외(2011)는 21세기의 학습자에게 요구되는 역량을 크게 기초 능력 개발, 인성 개발, 경력 증진으로 분류하였다([그림 1] 참조). 이를 자세히 살펴보면, 기초 능력 개발 영역은 학습 능력과 밀접한 관련이 있는 영역으로, 창의적 능력, 문제 해결력, 의사소통, 협력, 테크놀로지 리터러시, 예술적 사고 등을 포함하고 있다. 인성 개발 영역은 배려, 전심전력, 도전의식, 윤리의식을 포함하고, 경력 증진 영역은 사회적 능력, 유연성, 자기주도성, 리더십, 책무성을 포함한다.

또한 허희옥 외(2011)는 초등·중등 학생이 함양해야 할 21세기 학습자 역량을 중요도 수준에 따라 일차 역량(Primary competency)과 이차 역량(Secondary Competency)으로 구분하고, 이를 증진하기 위한 구체적인 교수·학습 활동을 [표 1]과 같이 제시하였다. 일차 역량에는 창의적 능력, 문제 해결력, 의사소통, 협력, 배려, 전심전력, 도전의식, 윤리의식, 유연성, 자기주도성이 속하며, 이는 학교 교육에서 중점적으로 증진해야 할 필수 역량이다. 이차 역량에는 사회적 능력, 책무성, 테크놀로지 리터러시, 리더십, 예술적 사고가 속하며, 이는 학습자에게 필요한 역량이기는 하지만 학교 교육에서는 다소 부수적인 요소로 인식된다.

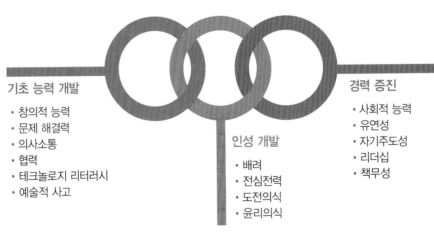

[그림 1] 21세기 학습자 역량

[표 1] 학습자 역량별 교수·학습 활동

역량		핵심 교수·학습 활동	
일차 역량	창의적 능력	브레인스토밍 다양한 방식으로 생각 및 표현	다른 방식으로 생각 및 표현 서로 다른 정보를 연결
	문제 해결력	문제(혹은 상황) 분석 및 해결 과제 수행 및 성과 산출	실험 및 실습
	의사소통	주제 토론 영화 혹은 책에서 사용된 수학적 언어 표현 분석 텍스트 자료를 표와 다이어그램과 같은 시각 자료로 표현 SNS를 이용한 토론	
	협력	동료 지도 및 검토	팀 과제 수행 및 성과 산출
	배려	역할극	모의실험
	전심전력	개별연구 수행	
	도전의식	신체활동	어려운 활동 시도
	윤리의식	사회 문제 및 사건에 대한 분석	시대 패러다임의 정의 규명
	유연성	독서	다양한 관점으로 주어진 현상 해석
	자기주도성	개별연구 수행	학습 및 활동 계획 구성
이차 역량	사회적 능력	서비스 학습	나의 선택과 공적인 이익 비교
	책무성	과제 수행 및 성과 산출 현장 견학 및 실습	활동 중심의 학습
	테크놀로지 리터러시	정보통신 기술(ICT) 활용 메시지 제작	매체 조작
	리더십	학생 클럽 조직 및 운영	특별한 요구를 가진 동료 지원
	예술적 사고	학습 과정을 동영상으로 제작 합창하기	학습 결과를 시각 자료로 제작 협력 글쓰기

일차 역량으로 구분된 것 중 창의적 능력, 문제 해결력, 의사소통은 우리나라 수학과 교육과정에서 최근 일관되게 강조해온 능력이다. 문제 해결력은 제4차 수학과 교육과정에서부터 도입되었고, 의사소통은 2007 개정 수학과 교육과정에서 부각되었으며, 창의적 능력은 2009 개정 교육과정에 의한 수학과 교육과정에서 강조되었다(교육과학기술부, 2011a). 구체적으로 가장 최근에 개정된 수학과 교육과정에서는 '수학적으로 사고하고 의사소통하는 능력'을 기르는 것과 '여러 가지 현상과 문제를 수학적으로 고찰함으로써 합리적이고 창의적으로 해결하는 능력'을 수학 과목의 목표로 기술한다(교육과학기술부, 2011a). 즉, 우리나라 수학과 교육과정에서 전통적으로 강조해온 내용 영역 이외에 수학적 문제 해결력, 수학적 추론 능력, 수학적 의사소통과 같은 과정 영역을 부각시키고 있다.

다시 말해 수학적 개념·원리·법칙 등의 지식 획득에만 치중하지 않고 그런 지식을 획득하는 과정을 강조함으로써, 학생들이 수학 교과에서 21세기 학습자 역량을 자연스럽게 학습할 수 있도록 하려는 것이다.

한편, 창의·인성을 핵심으로 한 2009 개정 교육과정에 따라 수학 교과에서도 '수학 학습자로서 바람직한 인성과 태도'를 기르는 것이 수학 과목의 목표로 부각되었고, 교수·학습 측면에서도 다른 학습자의 풀이 방법과 의견을 존중하고, 타인을 배려하는 성품을 함양하고, 자신의 수학적 아이디어에 대한 타당성을 입증하고 이에 기초하여 결론을 도출하게 함으로써 민주 시민의 소양을 함양하도록 강조하였다(교육과학기술부, 2011a). 이와 같은 측면에서 21세기 학습자 역량 중 일차 역량인 '협력'이나 '배려'도 수학 교과와 밀접한 관련을 맺고 있음을 알 수 있다.

2. 스마트 교육과 수학 교육

현대 사회는 정보화 시대의 도래와 함께 단순한 정보통신 기술의 발전을 넘어 사회 전반적으로 기존의 모습과 전혀 다른 모습으로 변화하고 있다. 이전에는 개인의 지식과 정보가 가치를 지니고 있었다면, 사이버 정보화 사회에서는 생산된 지식을 단순히 소장하고 있는 것이 아니라 공개·공유하고, 사회적 상호작용을 통해서 다시 새로운 지식을 산출하는 순환 구조가 형성된다. 이에 지식의 소비자가 동시에 생산자가 되고, 공동의 지식을 형성해나가는 과정에서 공동체 내에서의 협력을 바탕으로 한 집단지성이 부각되기도 한다(Levy, 1997).

이러한 시대적·사회적 변화에 따라 교육도 역시 변화하면서 '스마트 교육'이 새롭게 대두되고 있다. 전통적인 학교 체제에서는 특정 등하교 시간이 있고, 교실이라는 물리적 공간에서 서책형 교과서를 중심으로 주로 강의식 수업의 형태로 3R(Read, wRite, aRithmetic) 중심 교육이 이루어졌다. 이에 반해 스마트(SMART) 교육에서는 자기주도적 학습(Self-directed), 맞춤형 학습을 통한 학습자의 흥미와 동기 유발(Motivated), 맞춤형 교육 제도와 교수·학습 체제 및 시스템을 통한 수준과 적성 고려(Adaptive), 풍부한 교수·학습 자료(Resource Enriched), 정보 기술 활용(Technology Embedded)을 바탕으로 한다(교육과학기술부, 2011b). 이에 스마트 교육은 단순히 정보 기술 활용 또는 그런 활용이 권장되는 학습 환경을 의미한다기보다는 시간, 공간, 교육 내용, 교육 방법, 교육 역량의 측면에서 기존의 영역을 확장한 것으로 미래 사회에 적합한 새로운 교육 패러다임이라고 할 수 있다(교육과학기술부, 2011b). 이러한 패러다임은 교육과정과 교수·학습 방법 및 평가 등 교육 체제 전반의 변화를 전제로 하고 있다고 볼 수 있다.

이에 국내외 수학 교육에서도 이러한 시대적·사회적 변화에 부응하기 위해 지속적으로 노력해왔다. 우선 수학과 교육과정에서의 변화를 살펴보면 다음과 같다. 예를 들어, 제7차 수학과 교육과정에서 계산기와 컴퓨터 및 구체적 조작물을 학습 도구로 활용하는 수학 교육을 권장했고(교육부,

1997), 2007 개정 수학과 교육과정에서는 교수·학습의 전 과정을 통하여 적절하고 다양한 교육 기자재를 활용하여 수학 학습의 효과를 높일 것을 강조하였다(교육과학기술부, 2008). 또한 2009 개정 교육과정에 의한 수학과 교육과정에서는 수학 교수·학습 과정에서 다양하고 적절한 공학적 도구나 교구 활용뿐만 아니라, 수학 학습의 효율을 높일 수 있는 수학 교과 교실을 구축할 것을 제안하였다(교육과학기술부, 2011a).

이러한 수학과 교육과정에서의 변화는 미국에서도 찾아볼 수 있다. 미국수학교사협의회[National Council of Teachers of Mathematics(이하 NCTM), 2000]에서는 학교 수학을 위한 6대 원리 중 하나로 기술공학(Technology)의 원리를 설정했는데, 여기서 기술공학은 단순히 수학 교수·학습을 지원하는 보조적인 수단이라기보다는 필수적인 요소로, 수학을 가르치는 데 영향을 미치고 학생들의 학습을 향상시킨다는 점을 강조하였다. 또한 가장 최근의 미국의 수학 교육과정이라 할 수 있는 '수학과 공통핵심 규준[Common Core State Standards for Mathematics(이하 CCSSM)]'에서는 매 학년에서 수학 내용을 가르칠 때 공통적으로 권장되는 여덟 가지 수학적 관행 규준(Standards for Mathematical Practice)을 기술하고 있는데, 그중 하나가 적절한 도구를 전략적으로 활용하는 것이다(NGA Center and CCSSO, 2010). 구체적으로, 수학적으로 유능한 학생들은 수학 문제를 해결할 때 연필과 종이, 구체물, 자, 각도기, 계산기, 스프레드시트, 컴퓨터 대수 시스템, 통계 패키지, 역동적 기하 소프트웨어 등과 같은 다양한 도구를 고려하는데, 각 도구의 장단점을 인식하여 언제 어떤 도구를 사용할 것인지를 합리적으로 결정한다는 점을 강조한다. 그리고 이러한 학생들은 문제를 제기하거나 해결할 때 웹사이트상의 디지털 콘텐츠와 같은 수학과 관련된 외적 자원을 확인하여 사용하고, 공학 도구를 활용하여 수학 개념에 대한 자신의 이해를 탐색하고 심화한다는 점을 강조한다. 이러한 일련의 국내외 수학과 교육과정의 변화는 수학 교수·학습 과정에 기술공학을 적극적으로 활용할 기반을 마련해주고 있다.

다음으로 교수·학습 방법 및 평가 측면에서 살펴보면 다음과 같다. 우선 2000년부터 제7차 수학과 교육과정이 적용되면서 ICT 활용 교육이 더불어 강조되었기 때문에 학교 수업을 위한 컴퓨터 기반의 다양한 교수·학습 자료가 개발·공유되면서 실제 수업에서 활용되었다. 이러한 새로운 컴퓨터 기반의 환경으로 인해 학생들은 수학적 주제를 보다 적극적으로 탐구할 수 있는 학습 기회를 가지게 되었고, 의미 있는 수학 학습을 할 수 있도록 촉진하는 반영적 추상화 과정에 도움을 받을 수 있다는 측면에서 ICT 활용 교육의 장점이 강조되었다(권성룡·김남균·류성림·박성선, 2007). 칠판과 분필을 주요 도구로 삼았던 전형적인 수학 수업에서 학생들은 이제 다양한 시청각 자료를 바탕으로 추상적인 수학적 개념이나 원리를 파악할 기회를 가지게 되었다. 그러나 주의 깊지 못한 활용으로 종종 '클릭 교사'라는 폐단이 드러나기도 하였고, 학생들은 시각적으로 화려한 자료 이면에 깔려 있는 개념이나 원리를 제대로 이해하지 못하는 부작용이 드러나기도 하였다(방정숙, 2002). 또한 학습자의 적극적인 참여를 유도하기보다는 교사 중심의 동기 유발이나 보여주기식 수학 수업에 활용되어 실제 ICT 활용을 통한 수학적 사고력 신장이나 이해력 향상에 있어서는 한계점이 지적되기도 하였다(김상룡, 2006).

한편, 보다 최근에는 산발적인 교수·학습 자료를 모아서 서책형 교과서를 보완 또는 대체할 만한 디지털 교과서의 개발 및 적용 연구가 진행되어왔다. 우리나라 초등 수학 교과서는 국정 교과서이고 실제 수업 시간에 활용되는 교수·학습 자료가 주로 교과서임을 감안할 때, 스마트 교육 환경에 적합한 교과서 개발은 매우 중요하다. 사실 디지털 교과서의 개념도 초기에는 기존 서책형 교과서를 전자화하면서 몇 가지 멀티미디어 기능을 구비한 것을 의미하다가, 이제는 교과 내용 측면에서 풍부한 학습 자료(e-교과서, 참고서·문제집, 학습사전, 멀티미디어 자료, 보충·심화 자료)뿐만이 아니라 맞춤형 진단처방(평가문항 데이터베이스, 학습 진단, 학습 관리 및 처방)도 가능하며, 학습의 확장(글로벌 지식 데이터베이스 연계, 정치·경제·사회·문화 기관 데이터베이스 연계)도 가능한 교과서를 모색하고 있다(교육과학기술부, 2011b).

개발된 디지털 교과서를 초등학교 수학 수업에 활용한 연구 결과는 일관적이지 않은 측면이 있다. 예를 들어, 변호승 외(2006)나 방정숙 외(2008)의 연구에서는 디지털 교과서를 활용한 집단이 서책형 교과서를 활용한 집단에 비해 학업성취도 측면에서 또는 수학과 문제 해결력 향상 측면에서 통계적으로 유의미한 차이를 드러내지 않았다. 반면에 송해덕 외(2007)의 연구에서는 디지털 교과서를 활용한 집단이 서책형 교과서를 활용한 집단에 비해 전반적으로 높은 학업 성취 수준을 나타내었다. 이를 통해 디지털 교과서의 활용 여부보다는 활용 방법이 중요한 변수가 될 수 있다는 점을 알 수 있다. 사실 교육과학기술부(2011b)에서도 2007년부터 시범적으로 추진된 디지털 교과서 개발 사업의 추진 현황을 분석하면서, 디지털 교과서를 활용할 수 있는 교수·학습 모델이나 과정안 개발·공유 등이 미흡했다고 문제점을 지적하고 있다. 또 단말기 보급을 기반으로 한 기존의 디지털 교과서 사업의 막대한 재원 소요 문제 때문에 추후로는 다양한 스마트 기기에서 구현 가능한 디지털 교과서를 개발하도록 방향을 재정립하였고, 디지털 교과서 개발을 위한 표준을 마련하고 있으며, 2009 개정 교육과정에 따른 디지털 교과서를 2014년부터 단계적으로 개발할 계획을 가지고 있다.

한편 디지털 교과서의 활용성을 극대화할 수 있는 효율적인 스마트 학습 모델, 스마트 학습을 수업에 적용하기 위한 원리 탐색 및 교수·학습 모형 설계, 스마트 학습 활동을 개발하기 위한 틀이나 모형 개발 등의 연구가 진행되기도 하였다(예-김혜정·김현철, 2012; 임걸, 2011). 또한 현장 적합성을 제고하기 위해서 기존에 개발·보급된 디지털 교과서 콘텐츠를 우선 활용하면서, 스마트 교육을 위한 교수·학습 모델을 적용하고 교실 수업 개선 효과를 분석하는 디지털 교과서 연구학교를 운영하고 있다(교육과학기술부, 2011b). 이런 과정에서 스마트 교육을 위한 수업 시나리오 자료가 배부되기도 하고, 실제 선도적인 현장 교사들의 스마트 수업이 공유되기도 하면서, 실제 스마트 교육 활동의 효과성이나 만족도 역시 일부 분석되었다(서울이태원초등학교, 2012; 한국교육학술정보원, 2012a, 2012b).

이와 같은 연구 배경을 바탕으로 본 연구에서는 초등학교 수학과에서 활용할 수 있는 스마트 교수·학습 모형을 개발하고자 하였다. 최근 부각된 스마트 교육의 현장 적합성을 알아보는 과정에서 '스마트 러닝 협업 학습', '스마트 러닝 온라인 토의·토론 학습', '스마트 러닝 프로젝트 학습', '스마트

러닝 현장 체험 학습' 등이 구안되고 국어, 과학, 수학, 사회 과목에 적용되기도 하였다(서울이태원초등학교, 2012). 그러나 개발된 교수·학습 모형이 범교과적인 모형이다 보니, 이를 초등학교 과목에 적용하는 과정에서 교과의 특성을 충분히 살리기보다는 개발된 모형을 단순하게 적용하는 데 그치고 있는 실정이다. 이에 본 연구에서는 초등학교 수학 수업에 적합한 교수·학습 모형을 개발하는 데 역점을 두었다. 기존의 일반적인 교수·학습 모형보다는 21세기에 필요한 학습자 역량과 관련하여 수학과에서 강조되어야 할 사고 능력(예를 들어, 창의적 능력, 문제 해결력, 의사소통, 협력 등)을 증진하는 데 기여할 수 있는 교수·학습 모형을 개발하려고 노력하였다. 또한 디지털 교과서를 중심으로 스마트 기기를 수업에 도입하고 온라인 협업 기능을 활용하되, 초등학교 수학 수업의 특징 및 초등학생들의 발달적 특성을 최대한 반영하여 학교 현장에서 적용 가능한 구체적인 교수·학습 과정안을 개발하고자 노력하였다.

3. 초등 수학과 교수·학습 모형

수학과 교수·학습에 효과적으로 사용될 수 있는 수업 모형은 무엇을 기준으로 하느냐에 따라 여러 가지로 분류할 수 있으나 초등학교에서 전통적으로 사용해온 수업 모형은 수학 교수·학습의 내용의 성격에 따라 분류한 것으로, [그림 3]에 제시된 바와 같이 개념 형성 수업 모형, 원리 탐구 수업 모형, 문제 해결 수업 모형으로 분류할 수 있다(교육인적자원부, 2006).

첫째, 개념 형성 수업 모형은 새로운 수학적 개념을 형성하는 데 필요한 적절한 범례를 제시하고, 범례들을 유사한 것끼리 분류하게 하며, 그 과정에서 학습자가 비형식적으로 생각한 공통 성질을 추상화하고 형식화하여 수학적인 개념과 용어를 도입하는 흐름으로 진행된다. 학교 수학에서 개념이 차지하는 비중과, 하나의 개념에 대한 이해가 후속 관련 개념을 이해할 때 끼치는 영향을 고려해볼 때 개념 형성을 근간으로 하는 수업 모형은 그 효용성이 높다고 볼 수 있다.

둘째, 원리 탐구 수업 모형은 제시된 새로운 문제 상황에서 수학적 원리의 필요성을 인식하고, 수학적 원리가 내재된 조작 활동을 바탕으로 원리를 형식화하고 적용하는 흐름으로 진행된다. 학교 수학에서 수학적인 원리, 법칙, 성질, 공식 등에 대한 비중과 이에 대한 명확한 이해가 중요하기 때문에 원리 탐구 수업 모형도 실제 수업에서 많이 활용된다.

셋째, 문제 해결 수업 모형은 Polya(1957)의 문제 해결 4단계에 따라 문제를 이해하고, 문제 해결에 필요한 전략을 계획하고 실행한 후 반성하는 데 초점을 맞추고 있다. 과거에는 수학 교과서에서 특정 단원을 통하여 문제 해결 능력의 신장을 강조했던 반면에, 제7차 수학과 교육과정이 적용되면서부터는 모든 내용 영역에 걸쳐 문제 해결 능력의 신장을 강조하기 때문에 학교에서 문제 해결 수업 모형을 빈번히 활용한다.

보다 최근에 교육과학기술부(2009)는 개념 학습과 관련해서 개념 형성 모형과 속성 모형을 구분하

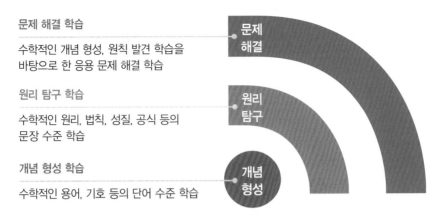

문제 해결 학습
수학적인 개념 형성, 원칙 발견 학습을
바탕으로 한 응용 문제 해결 학습

원리 탐구 학습
수학적인 원리, 법칙, 성질, 공식 등의
문장 수준 학습

개념 형성 학습
수학적인 용어, 기호 등의 단어 수준 학습

문제 해결

원리 탐구

개념 형성

[그림 2] 수학과 교수·학습 성격에 따른 모형 분류

여 제시하였다. 개념 형성 모형에서는 개념을 형성하는 과정에서 분류와 추상화를 바탕으로 개념을 정의하는 데 초점을 두는 반면에, 속성 모형에서는 개념의 정의를 먼저 하고 그 개념이 가진 속성 또는 성질을 이해하는 데 초점을 둔다. 또한 문제 해결 수업 모형 역시 기존의 교사와 학생 전체의 문제 해결에 초점을 둔 모형뿐만 아니라 소집단이나 개인별로 문제 해결이나 발표 및 정리를 아우르는 모형이 소개되기도 하였다. 그리고 2007 개정 수학과 교육과정에서 수학적 추론이 강조됨에 따라 초등 수학에 적합하다고 판단되는 귀납 추론 수업 모형이 추가되기도 하였다. 이 모형에서는 문제에 적합한 사례를 수집하고, 그 수집된 사례를 관찰 및 실험하는 것과 사례의 공통 규칙을 추측하여 검증하는 것에 초점을 둔다(교육과학기술부, 2012).

일반적으로 수업 모형은 주요 교수·학습 활동과 함께 수업의 전반적인 절차를 체계적으로 기술한 것이기 때문에 교사의 수업 계획에 많은 도움이 된다. 물론 각 수업 모형에서 제시되는 모든 단계와 교수·학습 활동을 그대로 따라 할 필요는 없지만, 전반적인 흐름을 이해함으로써 수업 목표에 부합하는 방향으로 보다 일관성 있게 수업을 계획하는 데 도움이 될 수 있다.

4. 수학 교육에서의 스마트 교수·학습 모형의 개략

(1) 스마트 교수·학습 모형 개발의 방향

본 연구에서 스마트 교수·학습 모형을 개발할 때 고려한 전체적인 방향은 다음과 같다.

첫째, 수학 교과의 특성을 반영하여 수업 단계와 주요 교수·학습 활동을 구안하려고 노력하였다. 기존의 연구에서 개발된 스마트 교수·학습 모형은 범교과적인 모형이라서 특별히 수학 교과에 적용하는 데 어려운 측면이 있었기 때문에 수학 교과의 특성을 감안하는 방향으로 개발하였다.

둘째, 스마트 기술을 최적으로 활용하기 위한 교수·학습 모형을 개발하고 이를 수학 교과에 적용하는 방향 대신, 현장 적용성을 고려하여 학교 수업에서 일반적으로 많이 사용하고 있는 수학과 교수·학습 모형을 수정·보완하는 방향으로 개발하였다.

셋째, 21세기 학습자 역량과 관련한 최근 일련의 수학과 교육과정의 변화나 수학 교과서에서의 변화를 반영하고자 하였다. 구체적으로 최근 수학 교육에서 강조되는 수학적 추론 능력, 문제 해결력, 의사소통 등을 증진하는 방향으로 교수·학습 모형을 개발하려고 노력하였다. 이를 위해 교수·학습 모형의 각 단계별로 기대되는 핵심 학습자 역량을 추가하였다. 또한 스토리텔링을 중심으로 한 수학 교과서 개정에 부응하기 위해서 스마트 수학과 스토리(STORY) 모형을 개발하였다.

넷째, 교수·학습 모형의 각 단계별 활동을 하는 데 있어서 최적의 스마트 기술을 적용하는 방향으로 개발하였다. 스마트 기술 역시 현장 적용성을 고려하여 스마트 교육 환경에서 유용하게 사용되고 있거나 사용할 수 있는 애플리케이션(이하 '앱')과 기술을 선정하였다.

마지막으로, 스마트 교육 환경을 효율적으로 활용하되, 초등학생들의 발달 특성과 초등 수학 교육의 특성을 감안하여 학생들이 경험해야 할 구체적 조작 활동이나 사고 활동 등을 대신하지 않도록 유의하면서 교수·학습 모형을 개발하였다. 즉, 필요할 때마다 학생 개인별 또는 모둠별로 구체적 조작 활동을 하고, 스마트 기술을 활용하여 이를 공유하거나 의사소통 과정을 지원함으로써 온라인 학습과 오프라인 학습의 장점을 모두 추구하였다.

(2) 스마트 교수·학습 모형 개발의 과정

본 연구에서는 첫째, 모든 수학과 내용 영역에 걸쳐 적용 가능하고, 특히 최근 수학 교육에서 강조되고 있는 수학적 추론 모형을 개발하게 되었다. 교육과학기술부(2012)의 귀납적 추론 모형을 기반으로 하여, 앞서 기술한 스마트 교수·학습 모형 개발의 방향에 따라 스마트 수학과 추론 모형을 개발하였다.

둘째, 모든 수학과 내용 영역에 걸쳐 적용 가능하면서 실제 초등학교 수학 수업에서 빈번히 활용되는 문제 해결 수업 모형을 기반으로 하여, 스마트 교수·학습 모형 개발의 방향에 따라 스마트 수학과 문제 해결 모형을 개발하였다. 학생 스스로 문제 해결 방법을 찾는 과정이 중요함에도 기존 서책형 교과서의 제한점으로 인해(예를 들어, 주요 문제 해결 방법이 교과서에 발문의 형태로 제시됨) 의미 있게 구현하기가 어려웠던 점을 감안하여 스마트 교육 환경의 장점을 활용하는 데 초점을 두었다.

마지막으로, 2013년부터 연차적으로 적용된 초등 수학 교과서가 새롭게 스토리텔링 기법을 도입함에 따라 스마트 수학과 스토리 모형을 개발하였다. 2014년 현재 초등학교 3~4학년군까지 스토리텔링형 수학 교과서가 보급된 상태다. 그러나 실제 수업 상황에서 스토리텔링을 어떻게 적용하는 것이 효과적인지에 관한 연구는 부족한 실정이다. 이러한 현장의 필요에 부합하고 특히 스마트 교육 환경 기반에서 활용할 수 있도록 스마트 수학과 스토리 모형을 개발하게 되었다.

[표 2] 각 모형의 적용 대상과 영역

모형	본 연구에서의 적용 대상	적용 영역
스마트 수학과 추론 모형	5학년	측정
스마트 수학과 문제 해결 모형	6학년	확률과 통계
스마트 수학과 스토리 모형	2학년	측정

(3) 스마트 교수·학습 모형 개발의 적용

보다 적합하게 활용할 수 있는 모형을 개발하기 위해서는 현장에 직접 적용해보고 그 결과를 분석하여 모형의 효용성을 면밀히 살펴보아야 할 것이다. 이러한 본질적인 연구의 제한점을 보완하기 위해 본 연구에서는 개발된 스마트 교수·학습 모형에 따라 이를 적용하기에 적절한 학습 주제를 선정하고 매우 구체적인 교수·학습 과정안을 개발하였다. 또한 스마트 수학과 추론 모형의 경우는 디지털 교과서를 직접 개발함으로써 모형에 대한 이해를 높이고 현장 적용성을 용이하게 하였다. 특히 본 연구에서 개발된 스마트 교수·학습 모형이 특정한 내용 영역이나 학년에 한정된 것이 아니기 때문에 [표 2]와 같이 여러 내용 영역과 학년을 고려하여 적용하였다. 다만 수학과 스토리 모형의 경우는 교과서 개발의 특성상 현재 학년과 특화 단원이 정해져 있으므로 측정 영역으로 영역이 중복되었음을 밝힌다.

(4) 세 가지 스마트 교수·학습 모형

본 연구에서 개발한 스마트 교수·학습 모형을 개관하면 [표 3]과 같다.

[표 3] 스마트 교수·학습 모형의 개략

교수·학습 모형	수업 단계	주요 교수·학습 내용	활용 도구	핵심 학습자 역량
스마트 수학과 추론 모형	도입	전시 학습 상기 디지털 스토리텔링으로 동기 유발 학습 문제 확인	e-Book	도전의식
	탐색	e-Book에서 문제와 관련된 조건을 전체 토론을 통해 파악 개별적으로 문제와 관련된 사례를 수집·관찰·실험하면서 조작적으로 다루기	e-Book	자기주도성

	추론 및 표현	협업 도구로 모둠별 사례의 공통 규칙과 성질을 발견하고 공유 추측한 공통 규칙과 성질을 수학적 식이나 용어로 표현하면서 발표 자료 제작 각 모둠에서 추측한 규칙과 성질을 학급 전체와 공유·비교·연결하기	협업 도구	문제 해결력, 협력
	형식화 및 적용	공유된 공통의 규칙을 일반화하여 전체 토론을 통해 수학적 성질이나 공식으로 형식화 SNS에서 형식화한 수학적 성질이나 공식을 적용	SNS	창의적 능력, 의사소통
	정리	e-Book에 수준별 형성 평가 학습한 내용 클라우드에 공유 차시 예고	e-Book, 클라우드	테크놀로지 리터러시
스마트 수학과 문제 해결 모형	문제 이해	e-Book에 제시된 문제 상황 이해하기 학습 문제 확인하기	e-Book	도전의식
	계획 수립	선행 지식을 바탕으로 해결에 필요한 자료 검색 엔진에서 수집하기 문제 해결 절차를 정하고 역할 분담하기	검색 엔진	자기주도성, 책무성
	계획 실행	모둠별로 수립된 해결 계획에 따른 실행 모둠별 토의 학습에서 협업 도구를 사용하여 다양한 해결 사례 발표 및 공유	협업 도구	문제 해결력, 협력
	반성	선행 지식과 관련하여 다양한 해결 방법의 장단점 비교 및 검토 학생 스스로 보다 나은 해결 방법 선택	e-Book	의사소통
	확장	유사한 문제 상황 중 하나를 개별적으로 선택하여 학습한 개념, 원리, 법칙을 활용하여 해결	e-Book, SNS	창의적 능력
스마트 수학과 스토리 모형	이야기 도입하기 Starting	스마트 패드의 그림을 살펴보고 단원에서 전개될 이야기 상상하기 전자칠판의 디지털 스토리텔링을 들으며 수학적 과제 찾기 단원에서 학습할 내용 알아보기	e-Book	창의적 능력
	이야기 탐색하기 Traveling	스마트 패드의 각 차시별 디지털 스토리텔링을 듣고, 모둠별 선정 기준에 따라 하나의 이야기 선정하기 마인드맵으로 이야기에 들어갈 선행 지식, 수학적 내용과 발표 방법 정하기	e-Book, 마인드맵	의사소통, 협력
	이야기 조직하기 Organizing	검색 엔진을 이용하여 선정한 이야기의 수학적 과제를 해결하기 위한 정보 탐색 및 수집하기 수학적 내용을 바탕으로 과제 해결하기 스마트 기기를 이용하여 이야기 보여주기, 이야기 노래하기, 이야기 쓰기 등의 이야기 만들기	검색 엔진	문제 해결력

이야기 돌아보기 Reflecting	모둠별 산출물 발표 및 SNS로 피드백 받기 모둠별 이야기 만들기 과정과 결과에 대한 평가 및 반성하기	SNS	배려, 책무성
이야기 산출하기 Yielding	학습한 내용을 바탕으로 단원 전체에 대해 이야기 재구성하기 재구성한 이야기를 디지털 스토리텔링 자료로 만들고 공유하기	무비 메이커	테크놀로지 리터러시

02 스마트 모델 1: 스마트 수학과 추론 모형

1. 교수·학습 모형 설명

스마트 수학과 추론 모형은 교육과학기술부(2012)의 귀납적 추론 모형을 기초로 한 것으로([표 4] 참조), 스마트 교육의 요소들을 기반으로 현장 교사들이 모형 적용을 통해 학생들에게 수학적으로 유의미한 수업을 용이하게 진행할 수 있도록 개발되었다. 귀납적 추론 모형은 초등학교 수학 시간에 다루는 대부분의 원리나 법칙이 귀납적 추론, 즉 여러 특수한 사실로부터 공통의 규칙과 성질을 찾아 일반화하는 추론으로 설명된다는 점을 감안할 때 유용하게 활용할 수 있는 모형이다. [표 4]에 제시된 귀납적 추론 모형은 도입, 관찰 및 실험, 추측하기, 추측의 검증, 발전, 정리 및 평가의 단계로 이루어져 있다. 다만 발전 단계에 제시된 연역적 정당화나, 새로운 추측을 만들고 검증하기 등은 초등학교 수준에서 생략 가능한 것으로 소개되어 있다.

[표 4] 수학과 교사용 지도서에 소개된 귀납적 추론 모형

단계	교수·학습 활동
도입	선수 학습 상기 및 동기 유발 학습 목표 확인
관찰 및 실험	문제의 조건 파악 문제의 조건에 맞는 사례 수집 수집된 사례를 관찰하고 실험하며 조작적으로 다루기
추측하기	사례의 공통 규칙과 성질을 발견하고 추측하기 추측한 공통 규칙과 성질을 수학적 식 또는 간결한 용어로 표현하기
추측의 검증	다른 사례로 추측을 확인하고 검증하기 검증된 추측을 일반화하여 수학적 성질이나 공식으로 형식화하기 추측의 반례를 찾았을 경우 관찰 및 실험 단계로 돌아가기
발전	형식화한 수학적 성질이나 공식을 적용하기 추측을 연역적으로 정당화하기 새로운 추측을 만들고 검증하기
정리 및 평가	학습 내용 정리 및 형성 평가 차시 예고

2009 개정 교육과정에 의한 수학과 교육과정(교육과학기술부, 2011a)에서는 수학적 추론 능력을 신장하기 위해서 교수·학습에서 '귀납·유추 등을 통해 수학적 사실을 추측하고, 이를 정당화하는 것', '수학적 사실이나 명제를 분석하고 관계를 조직·종합하며 사고 과정을 반성하는 것', '합리적 사고 능력 신장과 적절한 근거에 기초하여 자신의 의견을 정당화하는 것'을 유의하라고 기술되어 있다. NCTM(2000)에서도 수학적 추론과 증명을 10대 규준 중 하나로 강조하면서 모든 학년의 학생들이 추론과 증명을 수학의 가장 근본적인 측면으로 인식하고, 수학적 추측을 만들고 조사하며, 수학적 논쟁과 증명 능력을 개발하고 평가할 수 있고, 다양한 유형의 추론과 증명 방법을 선택하고 사용할 것을 강조한다. CCSSM에 제시된 여덟 가지 수학적 관행 중 추론과 관련된 관행은 세 가지로, '추상적·정량적으로 추론하기', '실행 가능한 주장(Viable argument)을 구성하고 다른 사람의 추론을 비판하기', '반복되는 추론에서 규칙성을 찾고 나타내기'다(NGA Center and CCSSO, 2010). 특히 실행 가능한 주장을 구성하는 과정에서 추측을 만들고 그 추측의 타당성을 탐색하는 과정이 강조되며, 초등학교 학생들의 경우는 물체, 그림, 다이어그램, 행동과 같은 구체적인 참조물을 이용해서 주장을 만들어갈 것을 권고한다. 또한 다른 사람의 주장을 듣고 그 주장이 그럴듯한지 아닌지 결정하고, 주장을 명료화하거나 향상하기 위해서 적절한 질문을 제기하는 학생들의 보다 적극적인 의사소통 과정을 강조하기도 한다.

이와 같은 국내외 수학과 교육과정에서 강조하는 수학적 추론 능력을 신장시키기 위한 교수·학습 방법을 고려하여, 스마트 수학과 추론 모형의 핵심 단계를 '탐색', '추론 및 표현', '형식화 및 적용'으로 구성하였다([표 5] 참조). 특히 개인의 사고 과정과 모둠 또는 전체 학급 내에서의 의사소통을 진작시키기 위한 방안으로 e-Book을 통해서 개별적으로 탐색하는 과정을 구안하고, 그다음 협업 도구를 활용하여 모둠별로 각자의 추론을 표현하고 논의하면서 발표 자료를 제작한 후 학급 전체와 공유하는 과정을 설정하였다.

각 단계별로 주요 교수·학습 활동을 설명하면 다음과 같다. 도입 단계에서는 공통적으로 전시 학습을 상기하고 학습 문제를 확인한다. 다만 2013년부터 단계적으로 적용되는 새 교과서에서 단원별 스토리텔링을 강조하고 있기 때문에, 본 연구에서도 흐름을 같이하여 한 단원 전체를 아우르는 스토리텔링을 감안해 동기를 유발하고자 한다. 도입 단계에서 기를 수 있는 핵심 역량은 도전의식으로, 동기 유발을 통해 제시된 학습 문제(과제)를 파악하고 이에 대해 의지를 갖고 도전하려는 성향을 기를 수 있을 것으로 기대된다. 또한 상호작용은 주로 교사와 학생 간에 이루어지고, 이 단계에서 활용할 수 있는 도구로는 동기 유발을 위해 동영상이나 플래시 자료를 제시할 수 있다.

탐색 단계에서는 e-Book을 활용하여 도입 단계에서 제시된 과제의 해결을 도울 수 있는 수학적 사례나 사실을 발견할 수 있도록 알맞은 탐구활동을 하게 된다. 이때 학생들이 수학적으로 의미 있는 탐색을 할 수 있도록 교사가 적절한 지원이나 안내를 하는 것이 중요하다. 이 단계에서는 학습 문제를 해결하기 위한 기반을 마련해야 하므로 이전의 개념·원리·법칙 등에 대한 풍부한 콘텐츠뿐만 아니라, 필요한 경우 이전에 배웠던 핵심 내용을 회상할 수 있도록 이전 교과서의 관련 차시 내용을 연결하여 학생들이 자신들의 수준에 따라 학습할 수 있게 한다. 교사의 적절한 안내와 e-Book을 활용하여 주어진 문제를 해결할 수 있도록 관련 사례를 수집·관찰·실험하면서 조작적으로 다루어보게 한다. 이 단계에서는 개별 탐색을 통해 학생이 자기주도적으로 해결할 수 있는 역량을 기를 수 있을 것으로 기대되고, 주된 상호작용은 교사와 학생 간에 이루어진다.

추론 및 표현 단계에서는 협업 도구를 이용하여 모둠 내에서 수학적 사례의 공통된 규칙과 성질을 발견하고 공유하며, 모둠별 토론을 통해 추측한 공통 규칙과 성질을 수학적 식이나 간결한 용어로 표현해보면서 발표 자료를 제작하게 된다. 그리고 각 모둠에서 추측한 공통 규칙과 성질을 학급 전체와 공유하는 과정에서 핵심적인 수학적 아이디어를 추출하고 다양한 표현 방법 간의 관계를 비교한다. 이런 단계의 특성상 모둠 학습에서 학생들 간에 자유로운 협력이 가능한 수업 분위기를 조성할 필요가 있다. 이 단계에서 증진할 수 있는 핵심 역량은 문제 해결력과 협력이다. 여기서는 학생과 학생 간의 상호작용이 주로 일어난다.

형식화 및 적용 단계에서는 공유된 공통의 규칙을 일반화하여 전체 토론을 통해 수학적 성질이나 공식으로 형식화하고, SNS를 이용하여 형식화한 수학적 성질이나 공식을 새로운 상황에 적용

[표 5] 스마트 수학과 추론 모형

단계	교수·학습 내용	상호작용	활용 도구	핵심 역량
도입	전시 학습 상기 디지털 스토리텔링으로 동기 유발 학습 문제 확인	교사-학생	e-Book	도전의식
탐색	e-Book에서 문제와 관련된 조건을 전체 토론을 통해 파악 개별적으로 문제와 관련된 사례를 수집·관찰·실험하면서 조작적으로 다루기	교사-학생	e-Book	자기주도성
추론 및 표현	협업 도구로 모둠별 사례의 공통 규칙과 성질을 발견하고 공유 추측한 공통 규칙과 성질을 수학적 식이나 용어로 표현하면서 발표 자료 제작 각 모둠에서 추측한 규칙과 성질을 학급 전체와 공유·비교·연결하기	학생-학생	협업 도구	문제 해결력, 협력
형식화 및 적용	공유된 공통의 규칙을 일반화하여 전체 토론을 통해 수학적 성질이나 공식으로 형식화 SNS에서 형식화한 수학적 성질이나 공식을 적용하기	학생-학생 교사-학생	SNS	창의적 능력, 의사소통
정리	e-Book에 수준별 형성 평가 학습한 내용을 클라우드에 공유 차시 예고	학생-학생 교사-학생	e-Book, 클라우드	테크놀로지 리터러시

해보게 한다. 이 단계에서는 공유된 공통의 규칙을 '일반화'하는 것이 중요하다. 즉, 각 모둠별로 발표한 내용 중에서 표현 양식은 다를지라도 공통적으로 나타나는 핵심적인 수학적 개념이나 성질 또는 방법을 추출하는 것이 초점이다. 이렇게 일반화·형식화하는 과정에서 창의적 능력을 신장할 수 있고, 전체 토론을 통해 형식화하는 과정에서 의사소통을 기를 수 있다. 전체 토론이 잘 이루어지는 학급 분위기가 형성되었다면 주된 상호작용이 학생과 학생 사이에서 일어나겠지만, 때에 따라 원활하면서 수학적으로 의미 있는 토론을 진행하기 위해서 교사의 적절한 중재도 필요하다고 생각되어, 교사와 학생 사이의 상호작용도 발생할 것으로 본다.

마지막으로, 정리 단계에서는 e-Book에 제시된 수준별 학습지를 해결하여 클라우드에 개별 포트폴리오를 만들고 체계적인 성적 관리를 위해 사진을 캡처하여 탑재한다. 그리고 학습한 내용을 SNS에 공유하여 동료들과 즉각적인 피드백을 주고받으며 수학적 의사소통을 나눈다. 이후 교사는 다음 차시에서 배울 내용을 안내하고, 학생들은 전심전력을 다하여 형성 평가에 임한다. 학생들은 SNS를 활용할 때 사진 업로드, 댓글 달기, 앱 활용 등의 테크놀로지 리터러시를 향상시킬 수 있다. 이 단계에서 SNS를 활용함으로써 학생과 학생 간의 상호작용을 극대화하는 결과를 얻을 수 있다.

2. 사용되는 스마트 기술

도구명	활용 화면	활용 용도	대안 도구
스마트 패드 (갤럭시노트 10.1)		갤럭시노트 10.1에는 동영상을 재생하거나 인터넷을 검색하면서 동시에 필기를 할 수 있는 화면 분할 기능이 있다. 이 화면 분할창을 이용하여 인터넷을 검색하며 자신에게 필요한 부분은 S노트를 이용하여 직접 정리해 볼 수 있다.	컴퓨터
e-Book (SDF 페이지메이커, 아이북오서)		e-Book은 휴대용 기기를 통해 기존 서책용 교과서 내용은 물론 다양한 콘텐츠를 담아 학습을 지원하고 촉진하며 관리할 수 있는 다양한 기능을 갖춘 교과서다. 문제 이해 단계에서 학습할 문제가 내재된 상황을 제시하고 확장 단계에서 유사한 문제 상황을 제시하는 데 활용할 수 있다.	서책형 교과서

협업 도구 (에버노트, 원노트, S메모)		협업 도구 중 에버노트는 다양한 기기에서 기록을 저장하고 체계적으로 관리할 수 있는 앱이다. 노트 작성, 사진 캡처, 목록 만들기, 음성 메모 등의 기능을 활용하여 온라인 노트를 구성할 수 있다. 교사가 미리 활동지 양식을 제작하여 모둠별로 온라인 협업이 가능하도록 도울 수 있다. 동기화를 통해서 모둠원들과 교사가 협업의 진행과정을 실시간으로 확인할 수 있고, 반영구적으로 발표 자료를 보존할 수 있다.	디지털 카메라
SNS (클래스팅, 밴드, 페이스북, 트위터, 미투데이)		SNS 중 클래스팅은 교육용에 적합하게 만들어진 폐쇄형 SNS다. 클래스팅을 사용하는 교사는 알림을 공지하거나 반 친구들과 친목을 도모하는 등 여러 가지 용도로 사용하고 있다. 확장 단계에서 클래스팅을 활용하여 학생들이 각자 해결한 방법을 탑재하고, 친구들로부터 문제 해결 과정 및 결과에 대해 피드백을 받는 데 사용할 수 있다.	네이버 카페

3. 교수·학습 과정안

1) 교수·학습 과정안 요약

학교급	초등학교	학년	5학년	차시	3~4/10차시
교과	수학	대단원	7. 평면도형의 넓이	소단원	삼각형의 넓이
학습 목표	온라인 협업을 통해 삼각형의 넓이를 구하는 방법을 이해하고 구할 수 있다.				
스마트 활동	여러 가지 방법으로 삼각형의 넓이를 구하고, 그 방법들 간의 공통성을 분석해보는 수학적 추론 중심의 활동을 통해, 다양한 삼각형의 넓이 구하는 공식을 이해할 수 있도록 구성한다. 학생들은 모둠원과 함께 협업하여 에버노트로 공동 발표 자료를 꾸며 클래스팅에 게시하고 공유해 교사·학생 이외의 많은 사람으로부터 피드백을 받을 수 있도록 한다. 이를 통해 학생은 교과 이해뿐만 아니라 스마트 기기 활용 능력, 협력을 기를 수 있다.				
학습자 역량	도전 의식, 자기주도성, 문제 해결력, 협력, 창의적 능력, 의사소통, 테크놀로지 리터러시				
수업 진행	1단계 도입하기	2단계 탐색, 추론 및 표현하기	3단계 형식화 및 적용하기	4단계 정리하기	
준비물	교사	전자칠판, 스마트 패드			
	학생	스마트 패드, 구체물(예각삼각형, 둔각삼각형, 직각삼각형), 자, 가위, 풀			

2) 교수·학습 과정안

● 도입

수업 단계	교수·학습 활동		전략 및 유의점	시간 (분)	활용 도구
	교사	학생			
도입	**동기 유발**		이전 시간에 배운 것을 상기하고, 이 단원의 흐름이 수학 수수께끼 속에 제시되어 있음을 확인함으로써 이 시간에 무엇을 공부할지 쉽게 파악할 수 있게 한다.	5	🖥️ 📹
	• (e-Book의 동기 유발 플래시를 제시하며) 지난 시간까지 장고의 수학 수수께끼 문제를 어디까지 해결할 수 있었나요?	• 직사각형, 정사각형, 평행사변형의 넓이 구하기입니다.			
	• 직사각형과 평행사변형의 넓이를 구하는 방법을 말해봅시다.	• 직사각형의 넓이는 (가로)×(세로)입니다. 평행사변형은 직사각형으로 바꾸어 생각할 수 있는데, 가로는 밑변, 세로는 높이로 볼 수 있어서 (밑변)×(높이)입니다.			
	학습 문제 확인		학습 주제의 성격상 2차시 연속으로 수업을 설계했기 때문에, 각 차시별로 어떤 활동을 할 것인지에 대해 학생들에게 명확하게 제시하여 수업 진행에 대해 전반적인 예상을 하도록 도와준다. 학습 문제와 활동 안내는 프레젠테이션 자료를 통해 안내한다.	3	🖥️ 🏫
	• 이 시간에 무엇에 대해 공부할까요?	• 수학 수수께끼에서 장고가 구하고자 하는 삼각형의 넓이 구하는 방법을 알아볼 것 같습니다.			
	• 이번 시간에는 삼각형의 넓이를 구해봅시다.	프레젠테이션 자료를 본다.			
	삼각형의 넓이를 구해봅시다.				
	활동 안내				
	활동 1: 삼각형의 넓이와 관련된 개념, 원리 확인 활동 2: 삼각형의 넓이 구하는 방법 찾기 활동 3: 삼각형의 넓이 구하는 방법 표현 활동 4: 삼각형의 넓이 구하는 방법 정리 활동 5: 수학 미션			2	

활용 도구 🖥️ 전자칠판

활용 앱 📹 동영상 🏫 프레젠테이션

● 전개

수업 단계	교수·학습 활동		전략 및 유의점	시간 (분)	활용 도구
	교사	학생			
	활동 1: 전체 탐색				
	• 삼각형에는 어떤 종류가 있나요?	• 정삼각형, 이등변삼각형이 있습니다. • 직각삼각형, 예각삼각형, 둔각삼각형으로 구분할 수 있습니다.	동기 유발에서 제시된 삼각형의 종류가 여러 가지였음을 떠올리게 하면서 변의 길이나 각의 크기에 따라 여러 가지 삼각형이 있다는 것을 간단히 살펴본다.	10	📝 📈 🖥
	• (e-Book의 플래시 정리 자료를 보며) 삼각형의 특징에 대해 이야기해봅시다. • (e-Book을 보며) 지금까지 배운 도형의 넓이 구하는 방법을 이야기해봅시다.	• 정삼각형은 세 변의 길이가 같습니다. • 단위넓이를 활용합니다. • (직사각형의 넓이) = (가로)×(세로)입니다. • (평행사변형의 넓이) = (밑변)×(높이)입니다.	이전 학년의 교과서 자료를 제시하여 삼각형의 개념과 성질에 대해 떠올리게 한다. 기존에 학습한 도형의 넓이를 구하는 방법을 말하게 한다.		
	활동 2: 개별 탐색				
탐색	• (세 가지 삼각형을 제시하면서) 그럼 이제 삼각형의 넓이 구하는 방법을 생각해봅시다. 어떤 방법으로 넓이를 구할 수 있을까요?	• 단위넓이가 몇 개인지 세어봅니다. • 이미 배운 직사각형의 넓이를 이용합니다. • 이미 배운 평행사변형의 넓이를 이용합니다. • 선행 학습이 된 학생: (밑변)×(높이)÷2로 구할 수 있습니다.	수업 전에, 단위넓이가 제시된 예각삼각형, 직각삼각형, 둔각삼각형의 구체물을 모둠바구니에 모둠원의 수만큼 넣어둔다.	10	📝
	• 삼각형의 넓이를 구하는 데 필요한 것은 무엇일지 생각해봅시다.	• 하나의 삼각형에 똑같은 삼각형을 돌려 붙이면 평행사변형이 되므로, 평행사변형의 밑변과 높이의 길이를 알면 됩니다. • 삼각형의 두 배가 되는 직사각형을 그려보면 넓이를 구할 수 있으므로, 직사각형의 가로와 세로의 길이를 알면 됩니다.	삼각형의 넓이 구하는 방법과 관련하여 우선 자신의 생각을 쓰게 하고 친구들의 생각이나 모둠의 생각을 정리하게 한다.		

	활동 3: 모둠별 사례 공유				
추론 및 표현	• 에버노트의 공유 기능을 활용하여 모둠에서 좋은 방법을 찾아 세 삼각형의 넓이가 각각 몇 cm²인지 알아보고, 그 방법을 다른 친구들에게 알려주기 위해 정리하세요. 모둠에서 논의한 방법이 여러 가지면 두 가지 이상 정리해도 됩니다.	교사의 안내에 따라 모둠별로 협력 학습을 한다.	에버노트의 공유 기능을 활용할 수 있도록 교사가 미리 활동지를 마련해두고, 모둠별 구체적 조작활동이 가능하도록 모둠바구니에 삼각형 외에 자, 풀, 가위 등을 준비한다. 모둠 협력으로 삼각형의 넓이 구하는 방법을 정리할 때, 쉬운 방법뿐만 아니라 다른 모둠에서 찾기 어려울 것 같은 방법도 생각하여 정리하도록 도전의식을 심어준다.	7	✏️ 🔖 📷
	• (모둠 협력 학습 중에) 에버노트에 모둠에서 다른 친구들이 이해하기 쉽게 넓이 구하는 과정을 나타내봅시다. 지난 시간에 어떤 방법으로 모양을 바꿔보았죠?	• 오려서 옮겨 붙였습니다. • 접어서 해결했습니다. • 도형 주변에 더 그려보았습니다.	모둠별 순회 지도를 통해 다양한 방법의 풀이 방법이 공유되도록 유의한다. 또한 동일한 삼각형에 대해서 평행사변형을 이용해 넓이를 구한 것과 직사각형을 이용해 넓이를 구한 것이 공유되도록 유의한다.		
	• 각 모둠의 해결 방법을 소개해봅시다. 구체적 조작물로 해결한 사진을 첨부하고, 그 아래에 어떻게 삼각형의 넓이를 구할 수 있는지 설명해봅시다.	모둠이 협력하여 세 삼각형 각각에 대해서 1개 이상의 방법으로 넓이 구하는 방법을 표현한다.			
	활동 3(계속): 학급 전체와 공유				
	• 모둠에서 논의하여 정리한 것을 발표해봅시다. 발표하는 중에 잘 듣고, 질문이 있는 경우 물어보고, 발표한 모둠에서 답변해주세요.	지목된 모둠별로 발표하고, 필요한 경우 학생들 간에 질의 응답 시간을 갖는다.	발표 순서는 주어진 각 삼각형별로 다양한 방법이 논의되도록 교사가 조정한다(단위넓이를 활용하는 것부터 넓이 공식이 쉽게 유도되는 방법에 이르기까지). 이전에 발표된 방법은 간단히 인정만 해주고, 새로운 방법이 발표되도록 유도한다.	8	🖼️

	활동 4: 형식화하기				
형식화 및 적용	• 삼각형을 다양한 방법으로 평행사변형이나 직사각형 형태로 바꾸고, 이미 아는 평행사변형이나 직사각형 넓이를 구하는 방법으로 해결해보았네요. 그럼 삼각형의 넓이를 구하기 위해서는 어느 부분의 길이를 알아야 할까요?	• 직사각형으로 모양을 바꾸었을 때 가로와 세로가 되는 부분을 알아야 합니다. • 평행사변형으로 모양을 바꾸었을 때 밑변과 높이가 되는 부분을 알아야 합니다. • 밑변과 높이입니다.	학생들의 공유된 자료를 제시하면서, 삼각형의 넓이를 구할 때 공통적으로 필요한 길이가 어느 부분인지 유추하게 한다.	7	[아이콘] [아이콘]
	• 모든 삼각형에서 알아야 할 길이가 밑변의 길이와 높이임을 알 수 있어요. (예각삼각형을 제시하며) 그럼 밑변은 어느 부분일까요?	(가로에 해당하는) 밑변을 가리킨다.	평행사변형에서 약속한 밑변과 높이 개념을 바탕으로 삼각형에서 밑변과 높이가 무엇인지 생각해보되, 대비하면서 명확하게 이해할 수 있게 한다.		
	• 평행사변형에서 밑변은 2개였습니다. 그럼 삼각형에서는 밑변이 몇 개인가요? 왜 그럴까요?	• 1개입니다. • 기준이 되는 변이 2개일 수 없기 때문입니다.			
	• 높이는 무엇을 말하는 것일까요?	• (평행사변형에서) 두 밑변 사이의 거리입니다. • 삼각형에서는 한 꼭짓점에서 밑변에 수직으로 그은 선분입니다.	학생들이 삼각형의 넓이를 구하는 과정에서 높이를 잘못 생각한 경우가 있다면, e-Book의 '여기서 잠깐'을 제시하여 높이의 개념을 명확하게 하는데 도움을 줄 수 있다.		
	• (밑변에 수직이 안 되게 사선으로 그어보고) 이것도 높이가 되나요?	• 안 됩니다. • 수직이어야 됩니다.			
	• (옆의 빗변을 그으며) 여기가 밑변이 될 수 없을까요? (있다.) 그렇다면 높이는 어디일까요?	돌려보고, 수직인 선분을 긋는다.	삼각형에서 옆쪽 변도 밑변이 될 수 있고, 그럴 경우 높이가 달라짐을 이해할 수 있도록 교사가 발문과 함께 시각적으로 선을 그으며 보여준다.		
	• (직각삼각형, 둔각삼각형에서) 밑변과 높이를 표시해봅시다.	학생들이 설명하고, 교사가 선을 긋는다.	직각삼각형과 둔각삼각형에서 각각 밑변과 높이가 무엇인지 살펴본다. 특히 둔각삼각형의 높이를 나타낼 때 어떻게 해야 좋을지 학생들에게 발문하여 생각해볼 기회를 주고, 높이를 나타내는 방법을 함께 공유한다.		

• 모둠에서 발표한 것을 바탕으로 삼각형의 넓이를 구하기 위해 알아야 할 부분이 밑변의 길이와 높이라고 했습니다. 그러면 밑변의 길이와 높이를 넣어서 삼각형의 넓이 구하는 방법을 말해봅시다. 먼저 예각삼각형의 넓이를 구하는 방법을 말해봅시다. 다음으로 직각삼각형의 넓이를 구하는 방법을 말해봅시다. 그리고 둔각삼각형의 넓이를 구하는 방법을 말해봅시다.	• '(밑변의 길이)×(높이)÷2' 입니다.	삼각형의 종류에 관계없이 모든 삼각형의 넓이를 구하는 공식이 왜 '(밑변의 길이)×(높이)÷2'인지 구체적인 사례를 통해 이해하게 한다.
• 모든 삼각형의 넓이를 구하는 방법은 '(밑변의 길이)×(높이)÷2'라고 말할 수 있습니까? 왜 그렇다고 생각합니까? 이와 다른 방법으로 정리할 수 있습니까?	• '÷2' 대신에 '$\times \frac{1}{2}$'이라고 말할 수 있습니다.	학생들이 다른 표현 방법으로 삼각형의 넓이 구하는 공식을 유도한 경우 이를 비교하게 한다.

활동 5: 적용하기				
• 이제 수학 미션을 수행해보겠습니다. 다음 문제를 해결하고, 그린 삼각형을 캡처하여 클래스팅에 모둠별로 사진을 업로드합니다.	학생들은 먼저 개별적으로 주어진 문제 조건에 맞는 삼각형을 5개씩 그린다. 그런 다음 클래스팅에서 모둠원의 결과물에 대해서 의견을 나눈다.	e-Book에 '그리기' 기능으로 문제를 해결한 뒤 캡처하여 클래스팅에 업로드한다. 모둠별 사진첩을 전자칠판에 제시하면서 해결한 과정을 발표하고 공유한다.	10	🖼️ 📝 📷 🅒

수학 미션
밑변의 길이가 같고 넓이가 12 cm² 인 서로 다른 모양의 삼각형을 10분 동안 개별적으로 5개씩 그리시오.

연결하기				
• (미션 결과물을 보며) 미션 활동을 통하여 삼각형의 넓이에 대해서 새롭게 알게 된 점은 무엇인지 말해봅시다.	• 밑변과 높이가 같으면 모양이 달라도 넓이가 같습니다. • 밑변과 높이가 주어졌을 때, 넓이가 같은 삼각형을 많이 그릴 수 있습니다.	수학 미션을 해결한 과정을 모둠별로 그리고 전체 학생들과 공유하면서, 삼각형의 모양이 다르더라도 밑변의 길이와 높이가 같을 경우 그 넓이는 항상 같다는 것을 인식할 수 있도록 유도한다.	3	🖼️

활용 도구 🖼️ 전자칠판 📝 스마트 패드

활용 앱 🔶 프레젠테이션 🐘 에버노트 📷 사진 🅒 클래스팅

● 정리

수업 단계	교수·학습 활동		전략 및 유의점	시간 (분)	활용 도구
	교사	학생			
	형성 평가		적용 과정에서 전체 공유 학습이 길어질 경우 정리 단계는 단축될 수 있다. 이 경우 e-Book에 제시된 '문제 풀어 보기'를 통해 학생들은 스스로 자신의 학습 정도를 점검할 수 있고, 교사는 드롭박스에 탑재된 평가지를 채점하여 후속 수업에서 피드백하거나 개별 피드백을 제공할 수 있다.	10	
	• e-Book에 제시된 '스마트하게 잘 공부했는지 알아보기'를 풀어보고, 틀린 것이 있으면 링크된 '다시 알아보기' 학습지를, 다 맞으면 '좀 더 알아보기' 학습지를 해결해보도록 합시다. 다 해결한 학습지는 드롭박스의 공유 폴더에 탑재하세요.	교사의 안내에 따라 학습지를 해결하고, 공유 폴더에 학습지를 탑재한다.			
정리	정리하기		발표를 마친 후 삼각형의 넓이 구하는 방법을 동영상을 보며 정리한다.	3	
	• (e-Book을 보면서) 장고가 구하고자 하는 삼각형의 넓이는 어떻게 구할 수 있었나요? • 오늘 무엇을 배웠는지 한번 이야기해봅시다. • 오늘 배우면서 새롭게 알게 된 사실이나 느낀 점을 이야기해봅시다. • 클래스팅에 자신의 생각을 정리하고 친구들의 게시물 중 2개 이상에 댓글을 달아봅시다. (과제)	• '(삼각형의 넓이)=(밑변의 길이)×(높이)÷2'로 구할 수 있었습니다. • 다양한 삼각형의 넓이를 구하는 방법에 대해서 배웠습니다. • 삼각형의 종류는 다른데, 한 가지 방법으로 넓이를 구할 수 있다는 게 신기했습니다.			
	다음 수업과의 연결			2	
	• (e-Book을 보면서) 장고가 수학 수수께끼를 해결하기 위해서 더 알아야 할 도형의 넓이가 무엇인지 생각해봅시다. • 다음 시간에는 사다리꼴의 넓이를 구하는 방법을 탐색해봅니다. 수학 익힘책에서 삼각형의 넓이 구하기 부분을 과제로 해오세요.	• 사다리꼴의 넓이를 구해야 합니다.			

활용 도구 ▨ 스마트 패드 ▨ 전자칠판　활용 앱 ▨ 동영상 ▨ 드롭박스 ▨ 클래스팅

3) 교수·학습의 고려사항 및 유의점

(1) 교수·학습 내용상의 고려사항 및 유의점

- 단원 전체를 아우르는 디지털 스토리텔링을 활용함으로써 전시 학습과 자연스럽게 연결하게 하고, 또한 후속 학습과의 관련성도 고려하게 하여 동기를 유발하는 것이 좋다. 이를 통해 학생들이 한 단원 내에서 관련된 수학 학습 주제들이 서로 어떻게 연결되어 있는지 생각해보게 할 수도 있다.
- 스마트 수학과 추론 모형에서는 학생 스스로 공통 규칙과 성질을 발견하고 표현해보며 일반화하는 것이 핵심적인 흐름이므로, 학생들이 단순히 규칙이나 성질을 외워서 발표하지 않도록 유도한다. 오히려 그런 규칙이나 성질이 어떻게 나오게 되었는지, 그리고 관련된 모든 사례에 공통적으로 적용 가능한 것인지 생각해보게 한다.
- 추론 및 표현 단계 중 각 모둠에서 추측한 규칙과 성질을 학급 전체와 공유할 때 학생들이 여러 가지 방법을 수학적으로 의미 있게 비교하고 필요에 따라 연결할 수 있도록 학생들의 발표 순서에 유의한다.

(2) 스마트 기술과 관련된 고려사항 및 유의점

- 학생들은 스마트 패드의 기초적인 조작 방법과 각종 버튼 및 키 사용법을 이해하고 있어야 한다. 그리고 각 모형에 적용되는 대표적인 앱 활용 방법에 대해 숙지하고 있어야 한다.
- 예각삼각형, 직각삼각형, 둔각삼각형의 구체물을 직접 조작한 후, 에버노트의 공유 기능을 활용하여 모둠별로 삼각형의 넓이 구하는 방법을 정리할 때 학생들 간 협력이 잘 이루어질 수 있도록 교사의 지속적인 점검과 안내가 필요하다. 또한 필요한 경우 적절한 역할 분담을 통해 협력이 보다 효율적으로 이루어질 수 있도록 돕는다.
- 본 수업에서 사용하는 e-Book은 단위 차시 수업 내내 사용할 수 있도록 고안되었다. 그러므로 e-Book을 구성하는 요소와 활용하는 방안, 메뉴바를 사용하는 방법 등 기본적인 활용 방법을 이해할 필요가 있다.

4) 교수·학습 자료

(1) 평가 기준

평가 범주		수행 내용	배점	평가 근거
원리 이해, 수학적 추론	상	삼각형의 넓이는 (밑변의 길이)×(높이)÷2로 구함을 알고, 왜 그런지 논리적으로 정확히 기술한다.	50	관찰, 모둠 발표 자료, 형성 평가
	중	삼각형의 넓이는 (밑변의 길이)×(높이)÷2로 구함을 알고, 왜 그런지는 직사각형의 넓이를 이용한다는 정도로 간단히 기술한다.		
	하	삼각형의 넓이는 (밑변의 길이)×(높이)÷2로 구함을 알지만, 왜 그런지는 설명을 못한다. 삼각형의 넓이 구하는 공식을 잘 모른다.		
탐구활동, 온라인 협력	상	조작적 탐구활동과 온라인 협력에 적극 참여한다.	50	관찰 (체크리스트)
	중	조작적 탐구활동은 적극적이나, 온라인 협력은 적극적이지 않다. 조작적 탐구활동은 적극적이지 않으나, 온라인 협력은 적극적이다.		
	하	조작적 탐구활동과 온라인 협력에 제대로 참여하지 않는다.		
			100	

(2) 웹사이트 리스트

- 모둠별 에버노트 사이트 주소 www.evernote.com

    1모둠: www.evernote.com/pub/ysh5426/1

    2모둠: www.evernote.com/pub/ysh5426/2

    3모둠: www.evernote.com/pub/ysh5426/3

    4모둠: www.evernote.com/pub/ysh5426/4

- 클래스팅 www.classting.com
- 드롭박스 www.dropbox.com

5학년 1학기	7. 평면도형의 넓이	수학: 95~112 수익: 107~126	학년 반 번
잘 공부했는지 알아보기	삼각형의 넓이 SMART하게 구하기		이름:

1. ☐ 안에 알맞은 말을 쓰시오.

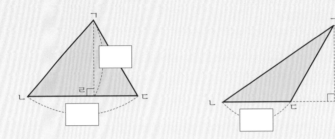

(1) 삼각형 ㄱㄴㄷ에서 변 ㄴㄷ을 [＿＿＿＿] 이라 하고, 꼭짓점 ㄱ에서 밑변에 수직으로

그은 선분 ㄱㄹ을 [＿＿＿＿] 라고 합니다.

(2) (삼각형의 넓이) = { [＿＿＿] × [＿＿＿] } ÷ [＿]

2. 다음 삼각형의 넓이를 구하시오.

(1) 삼각형의 넓이를 구하시오.

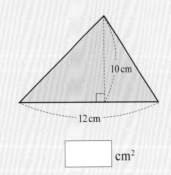

[＿＿＿] cm²

(2) ☐ 안에 들어갈 수는 얼마입니까?

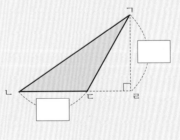

넓이: 25 cm²

5학년 1학기	7. 평면도형의 넓이	수학: 95~112 수익: 107~126	학년 반 번
다시 알아보기	삼각형의 넓이 SMART하게 구하기		이름:

1. 아래 그림에서 모눈 1칸의 넓이는 1 cm^2 이다. 다음 삼각형의 넓이를 구하시오.

☐ cm^2

2. 다음 삼각형의 넓이를 구하시오.

8 cm
10 cm

$10 \times$ ☐ $\div 2 =$ ☐

3. 다음 삼각형의 넓이를 구하시오.

10 cm
15 cm

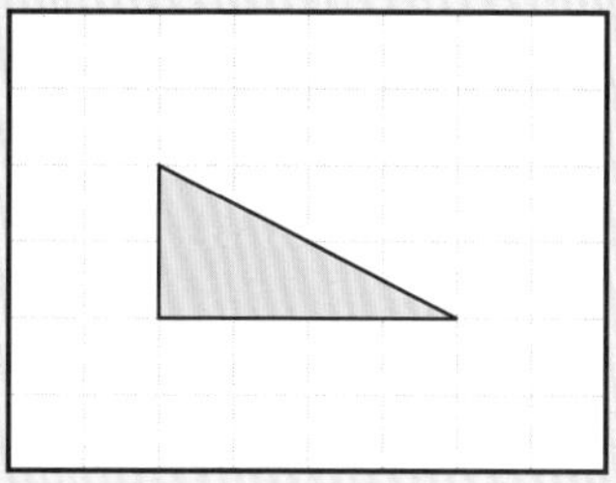

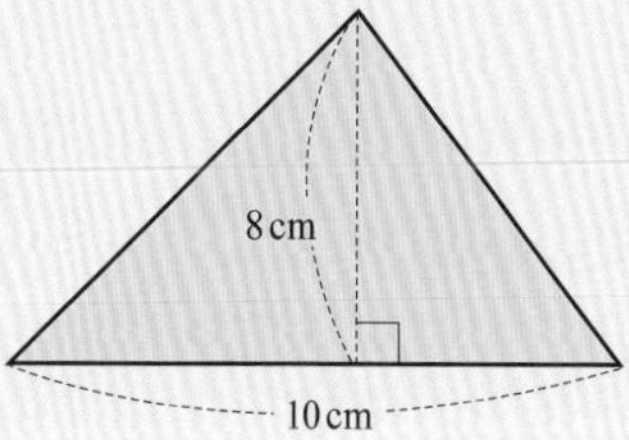

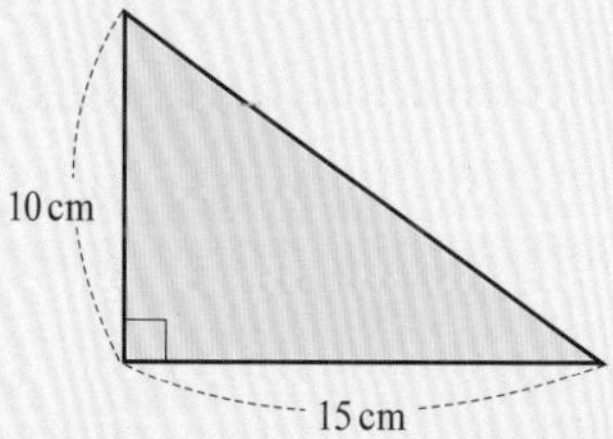

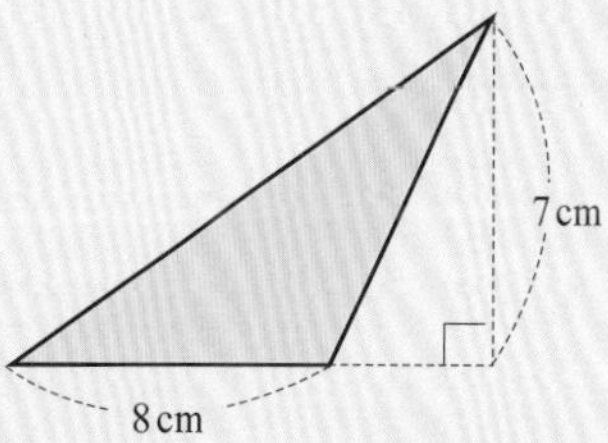

☐ cm^2

7 cm
8 cm

☐ cm^2

1. 제시된 다음 삼각형과 넓이가 같고 모양이 다른 삼각형을 3개 더 그리시오.

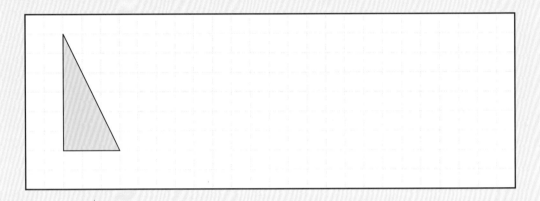

2. 다음 물음에 답하시오.

　(1) 삼각형의 넓이를 구하시오.

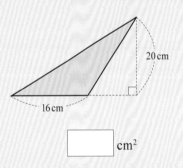

　　　　　　　□ cm²

　(2) □ 안에 들어갈 수는 얼마입니까?

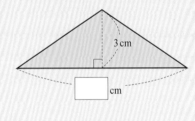

　　넓이: 25 cm²

3. 다음 도형에서 색칠한 부분의 넓이를 구하시오.

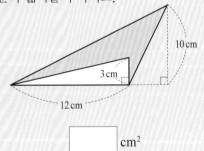

　　　　□ cm²

03 스마트 모델 2: 스마트 수학과 문제 해결 모형

1. 교수·학습 모형 설명

스마트 수학과 문제 해결 모형은 교육과학기술부(2012)의 문제 해결 모형을 기초로 하여([표 6] 참조) 스마트 교육의 요소들을 기반으로 수학 수업에서 학생들이 보다 의미 있게 수학적 문제 해결 과정을 경험할 수 있도록 개발되었다. 문제 해결 수업 모형은 특정한 내용 영역에 국한되지 않으며 학생들이 문제를 해결하는 과정에서 수학적 개념, 원리, 법칙 등에 대한 이해를 심화하고 자연스럽게 고등정신 능력을 신장할 수 있기 때문에 수학 수업에서 유용하게 활용할 수 있는 모형이다. [표 6]에 제시된 수업 모형은 도입, 문제의 이해, 해결 계획 세우기, 해결 계획의 실행, 반성, 정리 및

[표 6] 수학과 교사용 지도서에 소개된 문제 해결 모형

단계	교수·학습 내용
도입	선수 학습 상기 및 동기 유발 해결해야 할 문제 제시하기
문제의 이해	문제의 이해 문제에서 구하려는 것과 주어진 것 알기 문제에 제시된 수학적 용어의 의미 파악하기
해결 계획 세우기	전에 풀어본 경험이 있는 문제인가? 문제 해결 방법 생각하기 문제에서 주어진 것과 구하려는 것 사이의 관계 파악하기 여러 가지 문제 해결 전략 생각하기 주어진 것과 구하려는 것 사이의 관련성을 즉각적으로 알 수 없을 때에는 보조 문제 고려하기
해결 계획의 실행	해결 계획 실행하기
반성	문제 해결 과정 검토하기 다른 해결 방법 탐색하기 문제 해결 과정과 결과를 논의하여 더 나은 문제 해결 방법 탐색하기 문제 해결 방법 일반화하기 조건을 변경하여 새로운 문제 만들기
정리 및 평가	학습 내용 정리 및 형성 평가 차시 예고

평가의 단계로 이루어져 있다. 교사와 학생 전체의 문제 해결 이후에 소집단별로 또는 개인별로 문제를 해결하고 발표 및 정리하는 단계를 추가해볼 수도 있다.

수학과 교육과정에서 문제 해결은 제4차 교육과정에서부터 도입되어 이후 일관되게 강조되어왔다(교육부, 1997). 최근 일련의 교육과정 개정과 더불어 수학적 의사소통, 수학적 추론 능력 그리고 수학적 창의력 등의 과정 영역이 새롭게 부각되어왔기 때문에 수학적 문제 해결력은 상대적으로 위축되었다고 볼 수도 있다. 그러나 문제를 합리적이고 창의적으로 해결하는 능력의 신장을 수학과 3대 목표 중 하나로 강조하고 있기 때문에 문제 해결력은 오늘날에도 변함없이 중요하다고 생각된다. 가장 최근의 수학과 교육과정(교육과학기술부, 2011a)에서는 교수·학습에서 수학적 문제 해결력을 신장하기 위해서 '전 영역에서 지속적으로 지도하기', '학생 스스로 문제 상황을 탐색하고 수학적 지식과 사고 방법을 토대로 해결 방법을 적절히 활용하여 문제를 해결하기', '문제 해결의 결과뿐만 아니라 문제 해결 방법과 과정, 문제를 만들어보는 활동 중시하기', '여러 가지 현상에서 파악된 문제를 해결하면서 수학적 개념·원리·법칙을 탐구하고, 이를 일반화하게 하기'를 기술하고 있다.

또한 NCTM(2000)에서도 전 학년의 학생들이 학교 수학에서 문제 해결을 통해 새로운 수학적 지식을 만들어내고, 수학과 다른 교과 상황에서 발생하는 문제를 해결하며, 다양하고 적절한 전략을 적용·채택하여 문제를 해결하고, 수학적 문제 해결 과정을 관찰하고 반성할 것을 강조하고 있다. 보다 최근에 CCSSM에 제시된 여덟 가지 관행 중 첫 번째 관행이 문제 해결과 관련된 것으로 '문제를 이해하고, 끈기 있게 문제를 해결하기'다(NGA Center and CCSSO, 2010). 여기서는 특히 문제에 대한 의미를 스스로에게 설명하고 해결 방법에 대한 출발점을 스스로 찾아보게 할 것, 문제를 해결한 이후에도 다른 방법을 이용하여 문제를 해결하고 자신의 답을 점검해볼 것, 복잡한 문제를 해결하기 위해서 다른 사람들의 문제 해결 방법을 이해하고 여러 가지 다른 해결 방법 사이의 관련성을 탐색할 것 등을 권고하고 있다.

이와 같이 국내외 수학과 교육과정에서는 학생 스스로의 자발적 탐구, 자신과 다른 사람들의 여러 가지 문제 해결 방법이나 전략 비교, 문제 해결 과정의 중시, 해결 결과에 대한 반성과 확장 등을 강조하고 있다. 그러나 실제 교과서나 교사용 지도서에서는 문제 해결이 하나의 학습지도 방법으로 부각되었다기보다는 매 단원마다 이미 학습한 것을 적용하는 정형화된 문제 중심으로 별도의 차시로 다루어지고, 매 학년 마지막 단원을 구성하고 있는 '문제 푸는 방법 찾기'에 국한된 것처럼 해석될 소지가 많다(방정숙, 2002). 또한 초등학교 교사들은 수학적 문제 해결력의 중요성을 인식함에도(권미선·방정숙, 2009), 문제 해결 모형에 대한 이해나 문제 해결 교육의 구체적인 지도 방안이 부족한 상태에서 Polya의 문제 해결 4단계(문제 이해, 계획 수립, 계획 실행, 반성)를 다소 기계적으로 적용하거나 여러 가지 문제 해결 전략을 획득하는 것을 주요 목적으로 문제 해결을 지도하는 경향이 있다(김부윤·이영숙, 2003; 방승진·이상원·황동주, 2002). 또한 서책형 교과서의 한계로 인해서 수학과 교육과정에서 의도한 문제 해결 과정을 실제 수업 시간에 강조하기가 어려운 점도 있다(방정숙·김상화, 2006).

이에 학생들이 문제를 이해하고 해결 방법을 스스로 탐색하며 수학적 의사소통이나 협력을 바탕으로 문제 해결 과정과 결과에 대한 의미 있는 반성 및 확장을 할 수 있도록 교수·학습 모형을 설계할 필요성이 부각되었다. 이와 같은 필요성에 부응하고자 본 연구에서 개발한 스마트 수학과 문제 해결 모형은 Polya(1957)의 문제 해결 4단계와 이를 수정·보완한 Schoenfeld(1985)의 문제 해결 6단계(문제 이해, 분석, 탐구, 계획, 실행, 검증)를 참고하여 [표 7]과 같이 5단계로 구성하였다. 특히 계획 수립(확인) 단계에서 학생들 스스로 해결에 필요한 자료를 검색 엔진에서 수집하는 활동과 확장 단계에서 모둠별 문제 해결 학습의 결과를 개인별로 확장하여 활용하는 활동을 강조함으로써 기존 문제 해결 수업 모형의 단점을 보완하고 스마트 교육 환경을 적극적으로 이용하고자 하였다.

각 단계별로 주요 교수·학습 활동을 소개하면 다음과 같다. 문제 이해 단계는 우선 e-Book을 통해 본 수업에서 다루어질 학습 문제가 내포된 상황을 소개하고, 학생들은 제시된 문제 상황을 이해하면서 학습 문제를 확인하는 단계다. 이 단계에서는 교사와 학생의 의사소통이 주를 이루며, 확인된 학습 문제를 해결해보고자 하는 마음을 가지게 하므로 도전의식이라는 학습자 역량을 기를 수 있을 것으로 기대된다.

계획 수립 단계는 확인된 문제를 해결하기 위한 계획을 세우는 단계다. 학생들은 관련된 선행 지식을 바탕으로 문제 해결 과정에 필요한 자료를 검색 엔진에서 스스로 수집한다. 이때 교사는 학생들이 자료를 검색하는 데 불필요하게 많은 시간을 들이지 않도록 구체적이면서 명료한 안내를 해야한다. 학생들 스스로 문제의 조건에 맞는 자료를 수집하는 과정에서 자기주도성이 개발될 것으로 기대된다. 특히 서책형 교과서에는 대부분의 핵심적인 문제 해결 방법이 단계적으로 기술되어 있다

[표 7] 스마트 수학과 문제 해결 모형

단계	교수·학습 활동	상호 작용	활용 도구	핵심 역량
문제 이해	e-Book에 제시된 문제 상황 이해하기 학습 문제 확인하기	교사-학생	e-Book	도전의식
계획 수립	선행 지식을 바탕으로 해결에 필요한 자료를 검색 엔진에서 수집하기 문제 해결 절차를 정하고 역할 분담하기	학생-학생	검색 엔진	자기주도성, 책무성
계획 실행	모둠별로 수립된 계획에 따라 실행 모둠별 토의 학습에서 협업 도구를 사용하여 다양한 해결 사례 발표 및 공유	학생-학생	협업 도구	문제 해결력, 협력
반성	선행 지식과 관련하여 다양한 해결 방법의 장단점을 비교 및 검토 학생 스스로 보다 나은 해결 방법 선택	학생-학생		의사소통
확장	유사한 문제 상황 중 하나를 개별적으로 선택하여 학습한 개념, 원리, 법칙을 활용하여 해결	교사-학생	e-Book, SNS	창의적 능력

는 점을 고려할 때, 본 모형에서 이 단계는 차별화될 수 있다고 생각된다. 한편, 자료의 수집이 일단 마무리되면 각 모둠에서는 문제의 해결 절차를 정하고, 모둠원이 해야 할 역할을 분담한다. 모둠원 전체의 역할에 경중은 있겠지만 공동으로 참여하고 자신의 역할에 책임을 짐으로써 학생들에게 책무성을 향상할 기회를 제공할 수 있다. 이 단계에서는 학생과 학생 간의 상호작용이 주를 이루고, 스마트 패드의 다양한 검색 엔진이 활용 도구로 이용된다.

계획 실행 단계는 계획된 절차에 따라 모둠별로 실행하는 단계다. 즉, 이전 단계에서 계획했던 방법으로 실천하고 협업 도구를 활용하여 모둠별 토의를 진행하고 다양한 해결 사례를 발표하면서 주어진 학습 과제를 수행하는 핵심적인 활동이라고 볼 수 있다. 이 단계에서 문제 해결력과 협력이 길러질 것으로 기대되고, 학생과 학생 간의 상호작용이 주를 이룬다.

반성 단계는 학생들 스스로 문제 해결 과정 및 결과에 오류가 있는지를 검토하는 단계다. 단순히 계산 결과의 정답 여부만 점검하는 것이 아니라 문제 해결 과정 전반에 걸쳐 반성하는 단계이며, 여러 가지 해결 방법의 장단점을 비교 검토하는 단계이기도 하다. 개인적인 반성 수준에 머물지 않고 학생들 사이의 상호작용을 진작함으로써 의사소통을 신장할 수 있을 것으로 기대된다. 다만 다양한 문제 해결 방법을 단순하게 비교하기보다는 수학적으로 보다 의미 있는 비교 및 대조가 이루어지도록 교사의 적절한 발문이나 안내가 필요하다.

마지막으로, 확장 단계는 모둠 학습과 전체 논의를 통해 학습한 개념, 원리, 법칙을 재확인하고 창의적 능력을 계발하기 위해 e-Book에 본 차시에서 학습한 문제 상황과 유사한 여러 문제를 제시하고 학생들이 개별적으로 문제를 선택하여 해결하도록 하는 단계다. 해결한 문제는 SNS에 탑재하여, 학생들은 다른 학생과 수학적 아이디어 및 해결 전략에 대하여 공유할 수 있게 하고, 교사는 학생 개인별로 필요한 피드백을 제공할 수 있게 한다.

2. 사용되는 스마트 기술

도구명	활용 화면	활용 용도	대안 도구
스마트 패드 (갤럭시노트 10.1)		갤럭시노트 10.1에는 동영상을 재생하거나 인터넷을 검색하면서 동시에 필기를 할 수 있는 화면 분할 기능이 있다. 이 화면 분할창을 이용하여 인터넷을 검색하며 자신에게 필요한 부분은 S노트를 이용하여 직접 정리해 볼 수 있다.	컴퓨터

e-Book (SDF 페이지메이커, 아이북오서)		e-Book은 휴대용 기기를 통해 기존 서책용 교과서 내용은 물론 다양한 콘텐츠를 담아 학습을 지원하고 촉진하며 관리할 수 있는 다양한 기능을 갖춘 교과서다. 문제 이해 단계에서 학습할 문제가 내재된 상황을 제시하고 확장 단계에서 유사한 문제 상황을 제시하는 데 활용할 수 있다.	서책형 교과서
협업 도구 (에버노트, 원노트, S메모)		협업 도구 중 에버노트는 다양한 기기에서 기록을 저장하고 체계적으로 관리할 수 있는 앱이다. 노트 작성, 사진 캡처, 목록 만들기, 음성 메모 등의 기능을 활용하여 온라인 노트를 구성할 수 있다. 교사가 미리 활동지 양식을 제작하여 모둠별로 온라인 협업이 가능하도록 도울 수 있다. 동기화를 통해서 모둠원들과 교사가 협업의 진행 과정을 실시간으로 확인할 수 있고, 반영구적으로 발표 자료를 보존할 수 있다.	디지털 카메라
SNS (클래스팅, 밴드, 페이스북, 트위터, 미투데이)		SNS 중 클래스팅은 교육용에 적합하게 만들어진 폐쇄형 SNS다. 클래스팅을 사용하는 교사는 알림을 공지하거나 반 친구들과 친목을 도모하는 등 여러 가지 용도로 사용하고 있다. 확장 단계에서 클래스팅을 활용하여 학생들이 각자 해결한 방법을 탑재하고 친구들로부터 문제 해결 과정 및 결과에 대해 피드백을 받는 데 사용할 수 있다.	네이버 카페
모바일 검색 엔진 (네이버 앱, 다음 앱, 크롬 앱)		검색 엔진은 키워드, QR코드, 음악 등 웹에 저장된 데이터들을 검색해주는 역할을 한다. 수업에서 해결해야 하는 문제와 관련된 자료를 검색하는 데 사용할 수 있다.	인터넷 익스플로러

3. 교수·학습 과정안

1) 교수·학습 과정안 요약

학교급	초등학교	학년	6학년	차시	8/8차시
교과	수학	대단원	6. 비율그래프	소단원	문제 해결
학습 목표	온라인 협업을 통해 비율그래프와 관련된 문제를 협력적으로 해결할 수 있다.				
스마트 활동	검색 엔진을 통해서 문제 해결에 필요한 자료를 직접 검색하고, 모둠별로 협업 도구를 활용하여 협력적인 문제 해결 과정에 참여한다. 이러한 일련의 문제 해결 활동 후 추가적으로 제시된 유사한 문제 상황에 대해 학생 각자가 문제를 해결하고, 이를 SNS 게시판에 탑재하여 개별 피드백을 받을 수 있다.				
학습자 역량	도전의식, 자기주도성, 책무성, 의사소통, 협력, 문제 해결력, 창의적 능력				
수업 진행	**1단계** 문제 이해 → **2단계** 계획 수립 계획 실행 → **3단계** 반성 → **4단계** 확장				
준비물	교사	전자칠판, 스마트 패드			
	학생	스마트 패드			

2) 교수·학습 과정안

● 도입

수업 단계	교수·학습 활동		전략 및 유의점	시간 (분)	활용 도구
	교사	학생			
	문제 상황 확인				
문제 이해	• (e-Book의 문제 상황을 제시하며) 지난 시간까지 어떤 비율그래프에 대해서 배웠나요? • 현정이의 이야기를 통해 무엇을 알 수 있나요? • 표를 보고 알 수 있는 사실은 무엇인가요?	• 원그래프와 띠그래프를 배웠습니다. • 다문화 가정 학생들이 늘어나고 있습니다. • 전체 다문화 학생 수가 해마다 증가하고 있습니다. • 초등학교 다문화 학생 수도 증가하고 있습니다. • 전체 다문화 학생 수에 대한 초등학교 다문화 학생 수의 비율이 변하고 있습니다.	학생들이 주어진 문제 상황에서의 조건들을 잘 알 수 있도록 정보를 확인하는 발문을 한다. 표에 대한 해석 중심으로 문제를 확인하고 이해하게 한다.	5	📝 📊 🖥

	학습 문제 확인				
• 이 시간에 무엇에 대해 공부할까요? • 이번 시간에는 그래프를 이용하여 문제를 해결해봅시다.	• 그래프를 이용하여 문제를 해결합니다. • 자료를 검색하고 활용하여 문제를 해결합니다.	학습 문제는 프레젠테이션 자료를 통해 안내한다.	3	
그래프를 활용하여 문제를 해결해봅시다.				

활용 도구 📝 스마트 패드   전자칠판

활용 앱 프레젠테이션

● 전개

수업 단계	교수·학습 활동		전략 및 유의점	시간 (분)	활용 도구
	교사	학생			
	해결 계획 수립				
계획 수립	• 현정이의 궁금증을 해결하기 위해 이전에 배웠던 내용을 떠올려봅시다. 각 그래프는 주로 어떤 경우에 사용하면 편리했나요?	• 막대그래프는 여러 항목들 간의 차이를 알아보기에 편리했습니다. • 꺾은선그래프는 시간에 따라 수치가 어떻게 변화하는지 알아보기에 편리했습니다. • 비율그래프는 전체에 대한 부분의 비율을 시각적으로 알아보기에 편리했습니다.	막대그래프와 꺾은선그래프를 각각 3학년과 4학년 때 배워 학생들이 잘 기억하지 못할 경우를 대비하여, 교사가 각 그래프의 예시 자료를 하나씩 준비하는 것도 좋다.	5	
	• (검색 엔진을 소개하며) 첫 번째 현정이의 궁금증을 해결하기 위해서 지금의 표만으로는 정보가 부족합니다. 어떠한 자료를 더 수집해야 할까요? • 학습지에 제시된 사이트에 접속하거나 검색 엔진을 활용하여 현정이의 궁금증을 해결하기 위한 정보를 수집해봅시다.	• 2009년, 2010년, 2011년 전체 다문화 학생 수와 초등·중등·고등 학교 다문화 학생 수를 알아야 합니다. • 다문화 가정 학생에 대한 연구 자료들도 도움이 될 것입니다.	검색 엔진을 이용할 경우 학습 주제와 관련 없는 주제를 검색하느라 시간이 많이 소요될 수 있으므로, 학생들의 활동을 점검하는 과정에서 어려움을 겪고 있다면 학습지의 사이트 주소를 이용하도록 한다.		

	역할 분담				
	• 수집한 자료를 기반으로 모둠원들끼리 역할을 분담하여 현정이의 궁금증을 해결해봅시다. 어떤 역할이 필요할까요?	• 자료를 수집하고 정리하는 역할이 필요합니다. • 자료를 분석하고 문제를 해결하는 역할도 필요합니다.	역할이 골고루 분배될 수 있도록 토의를 통해 역할을 선정한다.	2	
계획 실행	모둠별 문제 해결				
	• 두 궁금증을 해결하기 위해서 어떠한 자료와 방법을 활용할 수 있을까요? • 협업 도구의 공유 기능을 활용하여 모둠에서 세운 해결 계획을 바탕으로 문제를 해결해봅시다.	• 다양한 그래프(막대그래프, 꺾은선그래프, 비율그래프)를 활용할 수 있습니다. • 여러 가지 자료(교육 자료, 신문기사, 관련 연구)를 활용할 수 있습니다.	그래프를 이용하여 문제를 모둠별로 다양하게 해결할 수 있도록 안내한다. 에버노트의 공유 기능을 활용할 수 있도록 교사가 미리 활동지를 마련해두면 편리하다. 모둠별 순회 지도를 통해 다양한 방법의 풀이 방법이 공유되도록 유도한다.	10	📝 📈 🔌 NAVER
	학급 전체와 공유				
	• 각 모둠의 해결 방법을 소개해봅시다. 현정이의 궁금증을 어떻게 해결했는지 설명해봅시다. • 모둠에서 논의하여 정리한 것을 발표해봅시다. 발표하는 중에 잘 듣고, 질문이 있는 경우 물어보고, 발표한 모둠에서 답변해주세요.	모둠이 협력하여 두 궁금증을 해결한 방법에 대해 설명한다. 모둠별로 발표하고 필요한 경우 학생들 간에 질의 응답 시간을 갖는다.	학생들이 현정이의 궁금증을 해결하는 과정에서 활동지에 여러 가지 그래프를 그려보도록 격려한다. 모둠의 활동한 결과를 전자칠판에 미러링을 통해 제시하고, 모둠별 생각을 발표하고 함께 공유한다.	5	📈

활용 도구 📝 스마트 패드　📈 전자칠판　　**활용 앱** 📷 사진　NAVER 검색 엔진　🔌 에버노트

● 정리

수업 단계	교수·학습 활동		전략 및 유의점	시간 (분)	활용 도구
	교사	학생			
	해결 방법 비교 검토				
반성	• 첫 번째 궁금증에서 최근 3년 간 우리 지역의 초등·중등·고등 학교 학생들의 수가 어떻게 변화했는지 발표해봅시다.	• 전체 다문화 학생 수는 시간이 지날수록 늘어나고 있습니다. • 초등학생의 비율이 점점 줄어들고 있습니다.	발표를 마친 후 학생들 상호 간에 질의 응답을 하도록 한다.	5	📝 📈

	• 첫 번째 궁금증을 해결할 때 다양한 방법으로 해결하였습니다. 막대그래프와 꺾은선 그래프를 이용했을 때 장단점은 무엇입니까?	• 중등·고등 학생의 비율이 점점 늘어나고 있습니다. • 막대그래프와 꺾은선그래프를 통해 자료를 표현하면 시간의 흐름에 따라 학생 수가 어떻게 변하는지 한눈에 알아보기는 쉽지만, 그 비율이 어떻게 변화하는지에 대해서는 예상하기 어렵습니다.	선행 지식과 연결하여 다양한 해결 방법의 장단점을 알아보고, 문제 상황에 알맞은 해결 전략을 세우도록 지도한다.		
	• 비율그래프를 이용하여 궁금증을 해결했을 때의 장단점은 무엇입니까?	• 한눈에 전체에 대한 부분의 비율을 알아보기 쉬워서 현정이의 고민을 해결하는 데 도움이 되었지만, 전체 학생 수에 대해서는 알 수 없다는 단점이 있습니다.			
	• 두 번째 궁금증에서 초등학교 다문화 학생의 비율은 5년 후에 어떻게 변화할지에 대하여 발표해봅시다.	• 초등학교 다문화 학생 수는 시간에 비례하여 늘어나지만, 비율은 줄어들 것입니다. • 현재 초등학생의 비율은 70%였는데, 매년 5%씩 감소하므로 45%가 될 것입니다.			
확장	유사한 문제 상황 해결		해결한 문제 해결 방법을 SNS에 탑재하고, 친구들의 문제 풀이에 대해 자신의 생각이나 의견을 댓글로 달도록 안내한다.	5	
	• (e-Book을 보면서) 이번 시간에 해결한 현정이의 궁금증처럼 비율그래프를 이용하여 해결하는 문제들이 있습니다. 전자칠판에 제시된 문제들 중 하나를 선택하여 해결해봅시다.	e-Book에서 문제를 선택하여 해결한다. 문제를 해결하고 SNS에 친구들의 생각에 대한 의견을 기록한다.			
	선택형 문제 ① 쓰레기 분리 수거 ② 좋아하는 아이돌 ③ 환경 오염의 원인 ④ 연령별 인구 구성비의 변화		한 차시의 내용보다는 한 단원 전체의 내용을 반영할 수 있는 문제를 구성한다.		

활용 도구   스마트 패드   전자칠판

활용 앱    클래스팅

3) 교수·학습의 고려사항 및 유의점

(1) 교수·학습 내용상의 고려사항 및 유의점

• 학생 스스로 문제 상황을 탐색하고 문제를 해결하기 위해서 어떤 자료를 수집해야 하는지를

생각해보게 한다. 다만 검색 엔진을 활용하는 데 불필요한 시간 낭비가 없도록, 학생들이 어떤 자료가 필요한지에 대해서 생각한 후에는 교사가 관련 자료를 쉽게 찾을 수 있도록 안내할 수 있다.

- 문제를 해결하는 과정에서 여러 가지 그래프를 이용하여 문제를 해결해보고, 각 그래프의 장단점을 자연스럽게 비교할 수 있는 기회를 제공할 수 있다.
- 활동지에 학생들이 그래프를 그리는 과정을 용이하게 할 수 있도록 그림을 제시해줄 수 있다.
- 모둠별 문제 해결로 수업이 끝나는 것이 아니라, 확장 단계에서 개인별로 유사한 문제를 선택하여 스스로 문제를 해결해보는 과정이 있음을 강조하여 학생들이 모둠별 문제 해결 활동에 보다 적극적으로 참여하도록 독려한다.

(2) 스마트 기술과 관련된 고려사항 및 유의점

- 학생들은 스마트 패드의 기초적인 조작 방법과 각종 버튼 및 키 사용법을 이해하고 있어야 한다. 그리고 각 모형에 적용되는 대표적인 앱 활용 방법에 대해 숙지하고 있어야 한다.
- 모둠별 문제 해결 계획을 수립하고 실행하는 과정에서 에버노트의 공유 기능을 효율적으로 활용하면서 사전의 역할 분담이 잘 이루어져 모든 학생이 골고루 학습 참여 기회를 가질 수 있도록 한다.
- 검색 엔진이나 SNS를 사용하는 경우에는 수업 목표와 관련 없는 행동을 하지 않도록 교사가 사전에 안내해야 하고 수업 중에 점검할 필요가 있다.

4) 교수·학습 자료

(1) 평가 기준

평가 범주		수행 내용	배점	평가 근거
문제 해결, 자료 변환	상	주어진 문제를 해결하기 위해 적합한 자료를 수집하고 이를 적절한 그래프로 나타낸 후, 통계적 사실에 근거하여 설명할 수 있다.	50	관찰, 모둠 발표 자료, 개별 문제 해결
	중	주어진 문제를 해결하기 위해 적합한 자료를 수집하고 이를 적절한 그래프로 나타낼 수 있으나, 통계적 사실에 근거하여 설명하는 데는 일부 어려움이 있다.		
	하	주어진 문제를 해결하기 위해 적합한 자료를 수집하나, 그래프로 나타내거나 이를 설명하는 것을 어려워한다.		
검색활동, 온라인 협력	상	자료 검색활동과 온라인 협력에 적극적으로 참여한다.	50	관찰 체크리스트
	중	자료 검색활동은 적극적이나, 온라인 협력은 적극적이지 않다. 자료 검색활동은 적극적이지 않으나, 온라인 협력은 적극적이다.		
	하	자료 검색활동과 온라인 협력에 제대로 참여하지 않는다.		
			100	

(2) 웹사이트 리스트

- 모둠별 에버노트 www.evernote.com
- 다문화 학생 통계 자료

  www.mest.go.kr/web/100068/ko/board/view.do?bbsId=343&boardSeq=29708&mode=view
- 구글 드라이브 drive.google.com

(3) 학습지

모습은 달라도 우리는 모두 친구들이지요

현정이는 초등학교 6학년에 다니는 여학생입니다. 현정이의 외모는 친구들과 조금 다릅니다. 현정이의 어머니는 필리핀인으로 15년 전에 한국인인 아버지와 결혼하셨습니다. 현정이 어머니께서는 현정이가 어릴 때 한국말을 잘 몰라서 무척 고생하셨습니다. 그렇지만 현정이에게 필리핀 어를 한국어와 함께 사용하도록 가르쳐서 지금은 2개의 언어를 유창하게 사용하는 현정이를 친구들이 부러워합니다. 현정이는 자신의 처지와 비슷한 친구들이 얼마나 많은지 알아보기 위해 교육과학기술부의 통계 자료를 찾아보았습니다.

전국 초등학교 다문화 학생 수

구분	2009년	2010년	2011년
전국 다문화 학생 수(명)	24,745	30,040	38,678
초등학교 다문화 학생 수(명)	20,632	23,602	28,667

1. 우리 지역의 최근 3년간 초등·중등·고등학교 다문화 학생 수는 어떻게 변화했는가?

2. 우리 지역의 초등학교 다문화 학생 수의 비율은 5년 후에 어떻게 변화할까?

※ 참고사이트: 교육부 > 정책 > 초, 중, 고 교육 > 다문화, 탈북학생지원 > '현황' 검색(다문화 학생 통계 자료)

04 스마트 모델 3: 스마트 수학과 스토리 모형

1. 교수·학습 모형 설명

2013년부터 연차적으로 적용되는 초등 수학 교과서에는 학생들이 추상적인 수학 개념에 보다 자연스럽게 접근하고, 내용을 쉽게 이해하며, 재미있게 학습할 수 있도록 스토리텔링 기법을 새롭게 도입하였다. 이러한 변화에 따라 본 연구에서도 수학과에서 스토리텔링을 활용할 수 있도록 수학과 스토리 모형을 개발하였다. 1~2학년 초등 수학 교과서에 스토리텔링이 이제 처음으로 반영되어 적용되는 시점이고, 무엇보다 수학 교육에서 직접적으로 참조할 만한 수업 모형을 찾지 못했기 때문에 스마트 수학과 스토리 모형은 기존의 수학과 교수·학습 모형을 수정·보완하여 개발한 다른 두 개의 모형과는 다른 방향으로 개발하였다. 우선 스토리텔링 개념 및 지도 모형에 관한 선행 연구를 기반으로 한 다음, 수업에서 스토리텔링을 활용할 때 유의할 점 등에 대해 탐색하면서 주요 단계와 교수·학습 활동을 도출하였다.

우선 스토리텔링의 개념과 관련한 내용을 살펴보면 다음과 같다. 최혜실(2011)에 따르면, 스토리텔링은 외적 이야기와 내적 이야기를 통한 개념 획득 과정이다([그림 3] 참조). 학생들은 외적 이야기를 듣고 자신의 경험 및 사전 지식과 같은 스키마를 통해 새로운 개념을 형성한다. 이러한 개념이 내면화 과정을 거쳐 자신만의 내적 이야기로 구성된다. 또한 내적 이야기는 자신이 처한 새로운 환경

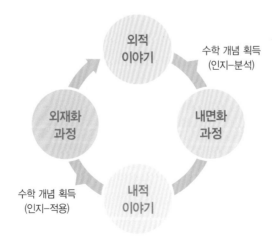

[그림 3] 이야기의 상호적인 관계

에 적응되고, 실제적 상황을 해결하기 위해 외재화되며, 이를 통해 다시 새로운 외적 이야기로 재구성된다. 이러한 외적 이야기는 새로운 지식을 획득하는 과정에 영향을 미치고, 새로운 내적 이야기 구성에 중요한 역할을 한다. 결국 이야기는 내면화를 통한 내적 이야기의 구성, 외재화를 통한 외적 이야기의 구성이라는 연속적인 과정이 학습을 통해 반복적으로 나타난다.

다음으로 스토리텔링 지도 모형에 관한 연구를 살펴보면, McDruey와 Alterio(2003)는 스토리텔링 모델을 통한 반성적 학습(Reflective Learning) 5단계를 제시하였다. 이것은 이야기 탐색하기(Story Finding), 이야기하기(Story Telling), 반성을 통해 이야기 확장하기(Story Expanding), 이야기 의미 형성하기(Story Processing), 모둠 내에서 이야기 재구성하기(Story Reconstructing)의 단계로 이루어져 있다.

한편, 수업에서 스토리텔링을 활용할 때 유의할 점에 대한 몇 가지 연구를 살펴보면, 일반적으로 수업에서 뛰어난 스토리텔링을 하기 위해서는 네 개의 구성 요소, 즉 메시지, 갈등, 등장인물, 줄거리가 있어야 한다고 한다(홍숙영, 2011). 우선 스토리텔링은 목적을 담고 있는 메시지가 있어야 하고, 지루하지 않도록 적절한 갈등 상황을 기반으로 하여야 한다. 또 정해진 역할을 수행하는 등장인물이 스토리의 전개를 위한 행동을 만들어가야 하며, 청자가 흥미를 잃지 않도록 어떻게 구성할 것인가에 관한 줄거리가 있어야 한다. 이러한 구성 요소를 바탕으로 한 스토리텔링을 도입하면 학교 수학에서 일방적인 지식의 전달이나 숙달에 치중하기보다는 학생들이 이전에 몰랐던 수학적 지식을 스스로 생성하고 창조하는 기회를 제공하기가 수월해진다.

2012년 1월 교과부가 발표한 '수학 교육 선진화 방안'에서는 설명이나 공식·문제 위주로 구성되어 있는 기존 수학 교과서에서 벗어나, 수학적 의미·역사적 맥락 및 실생활 사례 등을 스토리텔링 방식으로 연계하여 학생들에게 수학에 대한 이해와 흥미를 제고할 것을 강조한 바 있다. Egan(2005)과 Pink(2005) 역시 이야기에 개인의 정서를 함께 가미하여 수학 내용을 전달함으로써 학생들의 인식 구조와 수학을 밀접하게 연결하고, 이를 통해 궁극적으로 학생 스스로 수학 내용을 구성하게 하는 것을 중시한다. 박한진과 이지희(2007)는 스토리텔링의 풍부한 맥락적 요소들로 인해 학생들이 수업 내용을 유의미하게 인식하여 오래 기억하고 쉽게 이해할 수 있으므로, 적절한 예제나 비유를 통해서 다양한 맥락에 접근하게 하고 다양한 이야기들의 맥락을 서로 연결할 것을 강조한다.

또한 초등 수학 1~2학년용 교사용 지도서(교육과학기술부, 2013)에서는 수학 수업에서 스토리텔링 방식을 활용하는 것이 그전에 활용했던 방법들을 포함하는 보다 포괄적인 방법이기 때문에 교사가 자신의 학급에 잘 어울리는 다양한 활동으로 구성할 것을 강조한다. Schiro(2004) 역시 교사가 스토리텔링을 할 때 정해진 핵심 요소들을 놓치지 않으면서 틀에 박히지 않은 채로 학생들에게 전달할 것을 제안한다.

이러한 스토리텔링 개념과 지도 모형에 대한 연구, 그리고 수학과 수업에서 스토리텔링을 활용할 때 유의할 점을 제시한 연구들을 바탕으로, 스마트 수학과 스토리(STORY) 모형은 '이야기 도입하기(Starting)', '이야기 탐색하기(Traveling)', '이야기 조직하기(Organizing)', '이야기 돌아보기(Reflecting)', '이야기 산출하기(Yielding)'로 단계를 구성하였고, 각 단계에서 e-포트폴리오를 작성하도록 하였다([표 8] 참조). 현재 1~2학년군의 교과서 자료를 기반으로 하여 적용 가능하도록 개발하였으며, 스마트 기술을 접목하여 이야기의 내면화·외재화 과정을 거쳐 한 단원의 스토리를 다양하게 구성하는 것에 초점을 두었다. 스토리텔링의 주제는 한 단원 전체에 걸쳐 연계되므로, 한 차시에만 적용되던 이전의 모형들과 달리 스마트 수학과 스토리 모형은 한 단원 전체에서 각 단계별로 어떠한 교수·학습 활동을 하는지에 대해 세분화하여 제시한다.

각 단계별로 주요 교수·학습 활동을 설명하면, 먼저 이야기 도입하기 단계에서는 우선 단원의 개관에 제시된 그림을 보고 단원에서 전개될 내용이 무엇인지 개별적으로 확인한다. 학생들은 그림을 보고 떠오르는 생각이나 느낌을 발표하면서 전개될 이야기를 상상한다. 다음으로 학생들은 전자칠판의 디지털 스토리텔링을 들으며 단원에서 학습할 수학적 과제나 문제 상황을 자연스럽게 찾아보고 이에 대해 자유롭게 이야기한 후, 이를 바탕으로 단원에서 학습할 내용을 알아본다. 주어진 그림을 보고 다양한 내용을 상상하는 활동을 통해서 창의적 사고가 발달될 것이라 기대되며, 학습할

[표 8] 스마트 수학과 스토리 모형

단계	교수·학습 내용	상호작용	활용 도구	핵심 역량
이야기 도입하기	스마트 패드의 그림을 살펴보고 단원에서 전개될 이야기 상상하기 전자칠판의 디지털 스토리텔링을 들으며 수학적 과제 찾기 단원에서 학습할 내용 알아보기	교사-학생	스마트 패드, 전자칠판	창의적 능력
이야기 탐색하기	스마트 패드의 각 차시별 디지털 스토리텔링을 듣고 모둠별로 하나의 이야기 선정하기 마인드맵으로 이야기에 들어갈 선행 지식, 수학적 내용과 발표 방법 정하기	학생-학생	스마트 패드, 마인드맵	의사소통, 협력
이야기 조직하기	검색 엔진을 이용하여 선정한 이야기의 수학적 과제를 해결하기 위한 정보 탐색 및 수집하기 수학적 내용을 바탕으로 과제 해결하기 스마트 기기를 이용하여 이야기 보여주기, 이야기 노래하기, 이야기 쓰기 등의 이야기 만들기	학생-학생 교사-학생	검색 엔진	문제 해결력
이야기 돌아보기	모둠별 산출물 발표 및 SNS로 피드백 받기 모둠별 이야기 만들기 과정과 결과에 대한 평가 및 반성	학생-학생	SNS	배려, 책무성
이야기 산출하기	학습한 내용을 바탕으로 단원 전체에 대해 이야기 재구성하기 재구성한 이야기를 디지털 스토리텔링 자료로 만들고 공유하기	교사-학생 학생-학생	툰타스틱	테크놀로지 리터러시

내용에 대해 알아보는 과정에서 주로 교사와 학생의 상호작용이 이루어진다. 이때는 스마트 패드나 전자칠판을 통해 디지털 스토리텔링을 제시할 수 있다.

이야기 탐색하기 단계에서는 모둠별로 주어진 여러 차시의 이야기 중에서 어떤 이야기를 선정할지 논의하고 선정한다. 다음으로 이야기에 들어갈 핵심적인 수학적 내용과 이를 표현하는 방법을 정하기 위해 마인드맵을 이용하여 활동하게 한다. 이때 교사는 학생들이 모둠별로 의미 있는 수학적 과제를 선택할 수 있도록 알맞은 안내를 해야 한다. 이 단계에서는 모둠별로 논의를 거쳐 하나의 방향을 정하는 과정에서 모둠원들이 서로 협력하게 되고, 의사소통 능력을 기를 수 있으며, 주로 학생과 학생 간의 상호작용이 많이 일어난다. 학생들이 마인드맵을 그릴 때는 스마트 패드로 개별 마인드맵 앱을 활용할 수 있다. 하나의 화면을 공유하여 협력을 할 수 있는 마인드맵 앱의 특징을 살려서 모둠원이 서로 같은 화면을 공유하며 내용과 발표 방법에 대해서 협력적으로 유목화할 수 있게 한다.

이야기 조직하기 단계에서는 검색 엔진을 이용하여, 선정한 이야기의 수학적 과제를 해결하기 위한 참고 자료와 정보들을 탐색하고 수집한다. 그런 다음 수집한 정보와 수학적 내용을 바탕으로 과제를 해결하고 이를 이야기로 구성한다. 이때 학생들이 할 수 있는 이야기 구성 활동은 매우 다양하다. 예를 들어, 이야기 보여주기에는 디지털 게임, 연극, 팬터마임, 드라마, 광고, 역할극 등이 있고, 이야기 노래하기에는 뮤지컬과 노래 개사하기 등의 활동이 있으며, 이야기 쓰기에는 만화, 포스터, 수학 글쓰기, 편지 등으로 이야기와 매체 간의 결합에 따라 다양한 관점을 가질 수 있다(채은숙·박만구, 2012). 이 단계에서 학습자는 주어진 수학적 과제를 해결하면서 수학적 문제 해결력을 기를 수 있고, 다양한 이야기를 구성하는 활동에서 교사와 학생, 학생과 학생 간의 상호작용이 이루어진다.

이야기 돌아보기 단계에서는 이전 단계에서 완성한 이야기를 다양한 방법으로 학급 전체에게 발표한다. 그리고 발표를 관람하는 학생들은 느낀 점과 자신의 생각을 SNS에 남기고, 그와 동시에 각 모둠에 대한 평가를 실시한다. 이때 이야기의 결과에 대한 평가는 물론이고 그 과정에 대해서도 상호적으로 평가가 이루어진다. 학생들은 역할을 분담하여 수행하는 과정에서 배려를 배우고, 자기가 맡은 역할에 최선을 다함으로써 책무성을 개발할 수 있다. 이 단계에서는 학생과 학생의 상호작용이 주로 발생한다. 모둠별 발표가 끝나면 전체 학급과 수학적인 내용을 중심으로 논의를 진행하고 자신의 활동에 대해 반성한다.

마지막으로, 이야기 산출하기 단계에서는 각 차시의 스토리텔링을 활용한 활동을 모두 살펴본 후 학습한 내용을 바탕으로 단원 전체에 대하여 또는 할당된 스토리텔링 자료에 대하여 이야기를 재구성해보는 경험을 갖는다. 단원 전체가 아니라 일부 정해진 부분에 대한 스토리텔링 자료를 재구성한다면, 이는 다음 수업을 위한 새로운 동기 유발 자료가 될 수도 있다. 그리고 이야기 말하기(토론, 이야기 들려주기, 블로그에 글쓰기 등) 활동으로 디지털 스토리텔링 자료를 제작하여 다른 학생들과 공유하도록 한다. 이때 툰타스틱과 같은 앱을 활용할 수 있다. 툰타스틱은 등장인물, 배경, 음악을 글의 도입, 전개, 정리 부분에 맞게 선택하고, 음성과 등장인물의 동작을 동시에 녹화하는 앱이다. 툰타스틱은 온라인 협업 기능을 활용하여 디지털 스토리텔링 자료를 제작할 수 있다는 장점이 있다. 이러한 앱을 사용하면서 학생들의 테크놀로지 리터러시 또한 향상될 수 있다. 또한 이 단계에서는 교사와 학생, 학생과 학생 간의 상호작용이 모두 일어난다.

2. 사용되는 스마트 기술

도구명	활용 화면	활용 용도	대안 도구
스마트 패드 (갤럭시노트 10.1, 아이패드)		갤럭시노트 10.1에는 동영상을 재생하거나 인터넷을 검색하면서 동시에 필기를 할 수 있는 화면 분할 기능이 있다. 이 화면 분할창을 이용하여 인터넷을 검색하며 자신에게 필요한 부분은 S노트를 이용하여 직접 정리해 볼 수 있다.	컴퓨터
e-note (에버노트, 원노트, S메모)		e-note는 다양한 기기에서 기록을 저장하고 체계적으로 관리할 수 있는 앱이다. 노트 작성, 사진 캡처, 목록 만들기, 음성 메모 등의 기능을 활용하여 온라인 노트로 활용할 수 있다. 에버노트 등을 이용하여 차시별로 포트폴리오 양식을 학생들에게 제시하여 수행 결과를 반영구적으로 보존하고 평가에 활용할 수 있다.	공책
마인드맵 (마인두, thinkwise, 심플마인드)		마인드맵은 다양한 기기에서 기록을 저장하고 체계적으로 관리할 수 있는 앱이다. 개별적으로 메모를 하고 공유하여 모둠원이 각자 자신의 화면에서 협력적으로 아이디어를 선정할 수 있다. 학생들의 수학적 선행 지식, 수학 내용과 표현 방법을 결정하기 위해 브레인스토밍을 위하여 마인드맵 앱을 사용할 수 있다.	포스트잇, 디지털 카메라
SNS (클래스팅, 밴드, 페이스북, 트위터, 미투데이)		SNS 중 클래스팅은 교육용에 적합하게 만들어진 폐쇄형 SNS다. 클래스팅을 사용하는 교사는 알림을 공지하거나 반 친구들과 친목을 도모하는 등 여러 가지 용도로 사용하고 있다. 본 수업에서는 학생들의 활동 결과를 게시하여 공유하는 데 활용할 수 있다. 다른 모둠의 활동 모습을 보면서 의견을 교환할 수 있다.	네이버 카페

디지털 스토리텔링 (툰타스틱, Puppet pals, 스크린 챰)		디지털 스토리텔링 앱은 등장인물, 배경, 음악을 선택하거나 직접 설정하여 이야기의 흐름에 맞게 도입, 전개, 정리에 따라 녹화할 수 있다. 툰타스틱 등을 활용하여, 수학 내용을 적용하여 이야기를 만드는 과정을 통해서 창의력과 테크놀로지 활용 능력을 신장시킬 수 있다.	무비메이커

3. 교수·학습 과정안

1) 교수·학습 과정안 요약

학교급	초등학교	학년	2학년	차시	1~5/12차시
교과	수학	대단원	4. 길이 재기	소단원	길이의 임의 단위
학습 목표	\<td colspan=5\>길이 재기의 필요성을 알고 임의 단위를 이용해서 물건의 길이를 잴 수 있다. 학습한 내용을 바탕으로 디지털 스토리텔링 자료를 만들 수 있다.
스마트 활동	\<td colspan=5\>스마트 패드로 차시별 디지털 스토리텔링을 보고 그중에서 하나의 이야기를 선정하여 온라인 마인드맵 프로그램을 활용하여 과제의 해결 방안에 대해 협력적으로 논의한다. 그리고 스마트 기기를 이용하여 과제의 해결책을 다양하게 나타내고, 학습한 내용을 바탕으로 디지털 스토리텔링 자료를 제작한다.
학습자 역량	\<td colspan=5\>창의적 능력, 의사소통, 협력, 문제 해결력, 배려, 책무성, 테크놀로지 리터러시
수업 진행	\<td colspan=5\>1단계 이야기 도입하기 → 2단계 이야기 탐색하기 → 3단계 이야기 조직하기 → 4단계 이야기 돌아보기 → 5단계 이야기 산출하기
준비물	교사	\<td colspan=4\>전자칠판, 스마트 패드
	학생	\<td colspan=4\>스마트 패드

2) 교수·학습 과정안

● 이야기 도입하기

수업 단계	교수·학습 활동		전략 및 유의점	시간 (분)	활용 도구
	교사	학생			
도입	• (e-Book을 제시하며) 그림을 살펴보고 그림에서 알 수 있는 것은 무엇입니까?	• 임금님이 신하들에게 명령하고 있습니다. • 신하가 옷을 만드는 재단사의 모습을 상상하고 있습니다.	자신의 경험을 바탕으로 생각이나 느낌을 자유롭게 발표하도록 한다.	5	

전개	• 전자칠판의 영상을 보면서 이번 단원에서 공부할 내용을 생각해봅시다.			이야기 듣기 전 활동으로 그림을 보고 전개될 이야기를 충분히 상상하도록 지도한다.		

■ 단원 전체에 대한 디지털 스토리텔링 (교육과학기술부, 2013, p.282)

> 옛날 어느 나라에 뽐쟁이 임금님이 살았어요. 임금님의 옷장에는 화려한 옷과 모자, 허리띠, 신발 등이 가득했어요. 그러던 어느 해 임금님은 생일을 맞아 멋진 잔치를 열기로 했답니다. 행복한 임금님이 말했어요.
> "악사와 광대들을 불러라. 정원사들은 아름다운 꽃들을 준비하고, 재단사들에게는 아주 멋진 옷을 만들어 오라고 해."
> 임금님은 세상에서 가장 멋진 옷과 신발을 만들라고 했어요. 멋진 옷을 만든 재단사에게 큰 상을 내린다고 했지요. 신하들은 멋진 옷을 만들어 오라는 명령문을 성문 앞에 붙였어요.
> 동서남북의 유명한 재단사들이 모두 모여 명령문을 보고 옷을 만들기 시작했어요.
> "뭔가 이상한데…… 그 이유를 모르겠단 말이야!"
> 초록색 옷을 입은 재단사는 옷을 만들면서 무엇인가 이상하다는 것을 알게 되었어요. 임금님께서 입으실 옷을 잘 만들 수 있을까요?

25

| 정리 | • 이야기 속 주인공들에게 무슨 일이 일어났나요?

• 재단사들이 어려움을 겪은 이유는 무엇입니까?
• 이번 단원에서 어떤 공부를 할 것 같습니까?

• 이번 시간에 배운 내용을 바탕으로 에버노트에 e-포트폴리오로 작성하세요. | • 임금님이 옷을 만들어 오라고 한 명령문을 재단사들이 구경하고 있습니다.
• 길이를 잘못 재어 옷이 이상하게 만들어졌습니다.
• 길이를 재어보는 공부를 할 것 같습니다.
• 자를 사용해서 길이를 잴 것 같습니다. | 국어 수업과 달리 이야기 지문을 제시하기보다는 그림을 통해 길이 재기와 관련 있는 장면이나 행동을 찾아보도록 지도한다. | 10 | |

활용 도구   스마트 패드   전자칠판

활용 앱   프레젠테이션   에버노트

● 이야기 탐색하기

수업 단계	교수·학습 활동		전략 및 유의점	시간 (분)	활용 도구
	교사	학생			
도입	• (전자칠판에 단원에서 알아볼 내용을 제시하며) 이번 시간에는 지난 시간에 이어서 모둠별로 네 가지 이야기 중에 하나를 정하고, 어떻게 발표할지를 결정할 거예요.		여러 모둠이 같은 이야기를 선택하지 않도록 적절히 이야기를 고르게 안내한다.	5	🖼️ 🎬
전개	■ 네 가지 이야기 탐색 (교육과학기술부, 2013, pp.282~283) ① 재단사들은 각자 만든 옷을 들고 임금님 앞에 섰어요. 임금님은 파란색 옷을 입은 재단사가 만들어 온 새 바지를 입고는 몹시 화를 냈어요. "바지가 짧잖아!" 윗옷을 만든, 초록색 옷을 입은 재단사는 얼른 임금님의 옷걸이에 걸린 외투의 소매와 자신이 만들어 온 옷의 소매 길이를 비교해 보았어요. 어쩌면 좋아요, 이번에는 윗옷의 소매 길이가 너무 길어요. 재단사는 어찌할 바를 몰랐어요. ② 초록색 옷을 입은 재단사와 조수는 임금님의 팔 길이를 다시 재어야 했어요. "임금님의 오른쪽 팔 길이는 2뼘이군." 재단사가 말했어요. 그러자 조수가 이상하다는 듯 말했어요. "왼쪽 팔 길이는 3뼘이던걸요?" 재단사와 조수는 각자 가지고 있는 연필을 이용해 다시 한 번 길이를 재기로 했어요. "왼쪽 팔 길이는 연필로 5번이로군." 재단사가 말했어요. "어? 제가 재어 보니 오른쪽 팔 길이는 연필로 3번이었는걸요?" "뭐라고? 대체 뭐가 문제인 거지?" 재단사는 고민이 되었어요. ③ "외투는 윗옷 위에 입어야 하니까, 윗옷보다 조금 더 크게 만들어야겠군." 노란색 옷을 입은 재단사는 조수에게 초록색 옷을 입은 재단사가 잰 팔 길이를 알아 오라고 시켰어요. 노란색 옷을 입은 재단사는 초록색 옷을 입은 재단사가 가르쳐 준 길이에 맞춰 외투를 만들기 시작했어요. "양쪽 소매의 길이가 똑같지 않아! 멋진 옷은커녕 딱 맞는 옷도 못 만들게 생겼네." 노란색 옷을 입은 재단사는 걱정에 빠져 안절부절못했어요. ④ 임금님은 문제를 해결하기 위해 긴급회의를 열었어요. "길이를 직접 재었는데 도대체 왜 옷이 맞지 않는단 말인가?" "사람마다 재는 단위가 모두 달랐기 때문입니다." "클립을 단위길이로 통일해 봤는데, 조그만 클립을 여러 번 옮겨야 해서 불편했습니다." "지우개를 단위길이로 하여 길이를 재면 정확하지 않습니다." "그럼 우리끼리 적당한 단위길이를 약속하고, 그 단위길이를 연결해서 사용하면 되겠구나! 어떤 단위길이가 가장 좋을까?"			25	📝 🖼️ ✂️

	• 마인드맵 앱을 이용해서 모둠에서 선정한 이야기와 관련된 선수 학습 내용, 관련된 경험 및 발표 방법에 대해서 개인별로 찾아봅시다. • 모둠 논의를 통해 발표 내용과 방법을 선정해봅시다.	①과 관련하여 개인의 경험이나 관련된 수학 내용, 발표 방법에 대해 마인드맵으로 정리한다. • ①을 노래로 부르겠습니다. • ②를 뮤지컬로 표현하겠습니다.	학생의 자율성을 강조하면서도 이야기 속에 내재된 수학적 내용과 관련하여 사고하도록 안내한다.	
정리	• 이번 시간에 배운 내용을 바탕으로 에버노트에 e-포트폴리오로 작성하세요.			10

활용 도구 🖊 스마트 패드 📈 전자칠판

활용 앱 🎭 프레젠테이션 🔗 마인드맵 📱 에버노트

● 이야기 조직하기

수업 단계	교수·학습 활동		전략 및 유의점	시간 (분)	활용 도구
	교사	학생			
도입	• 모둠에서 정한 이야기에 대한 정보를 어떻게 수집해야 할지 생각해보세요.	'②+뮤지컬' 선택: 역할극을 위해 모둠원의 역할을 분담하고, 교과서의 삽화와 지문을 이용하여 대본을 작성한다.		5	
전개	• 모둠에서 정한 이야기에 대해 검색 엔진을 이용하여 추가할 수학적 내용과 방법이 있는지 탐색해보세요. • 이야기를 발표하기 위하여 필요한 자료를 조사해보세요. • 조사한 내용을 바탕으로 이야기 자료를 구성해보세요.	수학적 내용: 기준이 되는 길이를 어떤 것으로 할 것인가? 표현 방법: 어떤 음악을 이용하면 좋을까? • 수학적 내용: 검색을 해본 결과, 몸의 길이 중에 몸 전체, 한 발자국, 엄지손가락의 너비, 뼘, 발바닥, 손바닥 너비, 등을 기준으로 재는 방법들이 있었습니다. • 표현 방법: 영화 〈레미제라블〉의 OST를 이용해서 한국 말로 개사할 수 있습니다.	검색 엔진을 사용할 때는 수업 목표와 관련 없는 자료를 검색하는 경우가 있으므로 명확한 목표 의식을 심어주어야 한다. 모둠별로 수학적 내용과 표현 방법이 다르므로 각각에 알맞은 교사의 맞춤형 피드백이 필요하다. 수학적 내용에 기반하여 이야기가 구성될 수 있도록 교사가 지속적인 안내를 해야 한다.	25	

수업 단계	교수·학습 활동 교사	전략 및 유의점	시간 (분)	활용 도구
정리	• 이번 시간에 배운 내용을 바탕으로 에버노트에 e-포트폴리오로 작성하세요.	이야기 구성 과정에서 발생하는 문제점과 해결 방안에 대한 아이디어를 학생 스스로 기록하고 해결하도록 지도한다.	10	

활용 도구 ⬛ 스마트 패드　**활용 앱** 🗂 에버노트　🔲 검색 엔진

● 이야기 돌아보기

수업 단계	교수·학습 활동		전략 및 유의점	시간 (분)	활용 도구
	교사	학생			
도입	• 지난 시간까지 완성한 내용을 바탕으로 이번 시간에는 발표하는 시간을 갖겠습니다.	이야기를 발표할 준비를 한다.	이야기의 연결성과 이야기 속에 포함된 수학 내용의 연결성을 감안하여 발표는 ①, ②, ③, ④ 순서대로 한다.	5	
전개	예 ②에 대해서, 한 모둠이 앞으로 나와서 모둠 이야기의 주제와 표현 방법에 대해 설명하고 발표해봅시다. 《레미제라블》 배경음에 맞추어 조수: 왼쪽, 왼쪽 3뼘입니다. 왼쪽, 왼쪽 손으로 재었습니다. 재단사: 오른쪽, 오른쪽 2뼘이라네. 오른쪽, 오른쪽 이게 무슨 일인가? 조수: 왼쪽, 왼쪽 연필로 3번입니다. 왼쪽, 왼쪽 연필로 재었습니다. 재단사: 오른쪽, 오른쪽 연필로 5번입니다. 오른쪽, 오른쪽 이게 무슨 일인가? 왕: 당신들 지금 장난하는 겐가? 24601! 전원 집합! 조수: 제가 그쪽에 가서 재보겠습니다! 그렇다면 결과는 누구와 같은 걸까요? 재단사: (녹색 연필을 높이 들며) 감히 날 무시하는 건가? 난 20년을 같은 일을 한 재단사. 조수: 설마 그럴 리가요? (빨강색 연필을 높이 들며) 그냥 저는 단지 길이를 재어보고 싶었을 뿐입니다. 왕: 둘의 뼘 길이와 연필의 길이가 다 다르다네. 재단사, 조수: 그것을 생각하지 못했구려. 그러면 기준이 달라서 정확한 길이를 알 수 없었던 거군요.		①, ③, ④도 같은 방식으로 학생들에게 발표할 기회를 준다. 교사는 모둠별 발표 장면을 스마트 패드로 동영상 촬영하여 SNS에 업로드해준다. 각 모둠의 발표가 끝나면 수학적 내용에 대한 질의 응답시간을 갖도록 한다.	25	
전개	• 친구들의 발표를 듣고 드는 생각이나 느낀 점을 SNS에 기록하고 다른 모둠의 글에 댓글을 달아주도록 하세요.	• 뮤지컬의 음악과 함께 발표를 하니 생동감이 있었다. • 단위길이가 다르면 혼동이 생길 수 있다.			
정리	• 이번 시간에 배운 내용을 바탕으로 에버노트에 e-포트폴리오로 작성하세요.			10	

활용 도구 ⬛ 스마트 패드　**활용 앱** 동영상　 클래스팅　 에버노트

● 이야기 산출하기

수업 단계	교수·학습 활동		전략 및 유의점	시간 (분)	활용 도구
	교사	학생			
도입	• 이 단원을 시작하는 첫 시간에 나온 이야기는 무엇에 대한 내용이었습니까?	• 길이 재기에 대한 내용입니다.	단원의 개관에 나오는 그림을 다시 한 번 보여주면서 기억하기 쉽게 도와준다.	5	🖼️📺
전개	• 각 모둠의 발표를 통해 알게 된 것을 발표해봅시다. • 지금까지 배운 내용을 바탕으로 이야기의 내용을 재구성할 수 있는 부분이 있을까요? • 이야기를 재구성하여 디지털 스토리텔링 자료를 직접 만들어서 발표해봅시다.	• ① 길이를 직접 비교하는 것과 단위길이를 이용하여 비교하는 것의 장점과 단점을 알 수 있었습니다. • ② 몸의 일부나 물건을 이용하여 길이를 재고, 재고자 하는 물건에 따라 적절한 단위가 되는 길이를 선택할 수 있었습니다. • ③ 같은 양을 잴 때 단위길이가 다르면 정확한 길이를 알 수 없다는 단점이 있다는 것을 알 수 있었습니다. • ④ 우리끼리 적절한 단위길이를 약속하는 것이 필요하다는 것을 알았습니다. • 더 작은 단위길이의 필요성을 느끼는 상황을 생각해볼 수 있습니다. UCC나 사진을 이용하여 동영상을 제작한다.	학생들이 알게 된 내용을 프레젠테이션 자료를 통해 공유할 수 있도록 제시한다. 이야기의 내용을 재구성하고 디지털 스토리텔링 자료를 제작하는 데 충분한 시간을 제공하도록 한다.	25	📝🖼️📺🎨
정리	• 이번 시간에 배운 내용을 바탕으로 에버노트에 e-포트폴리오로 작성하세요.			10	📝🐘

활용 도구 📝 스마트 패드 🖼️ 전자칠판

활용 앱 📺 프레젠테이션 🎨 디지털 스토리텔링 🐘 에버노트

3) 교수·학습의 고려사항 및 유의점

(1) 교수·학습 내용상의 고려사항 및 유의점

• 앞서 소개한 다른 두 모형과 달리 스마트 수학과 스토리 모형은 한 단원 전체 또는 스토리텔링

으로 서로 연결할 수 있는 일련의 차시를 묶어 교수·학습 활동을 진행할 수 있도록 개발되었다. 학생의 학습 정도를 감안하여 각 단계별로 단위 시간을 증감하여 배정할 수 있다.

- 스토리텔링 자료는 교사용 지도서에 소개된 내용을 그대로 활용할 수 있으나, 교사의 의도와 학급의 실태, 학생들의 흥미와 관심 정도에 따라서 교사가 의미 있게 재구성할 수 있다.

- 모둠별로 선정한 이야기를 탐색하고 조직할 때, 그리고 다른 모둠의 이야기 만들기 과정과 결과에 대해 평가하거나 반성할 때 이야기에 포함된 수학 내용 요소에 대한 것이 빠지지 않게 유의한다.

- 첫 차시에는 스토리텔링의 전반적인 주제와 내용을 파악하게 하여 단원 전체에서 학습할 내용을 충분히 상상해보고, 학습 동기를 유발하도록 유도한다.

- 저학년 학생들이 스마트 수학과 스토리 모형에 따라 이야기를 탐색하고 조직할 때 교사가 일부 예시 자료를 제시해주는 등 필요에 따라 보다 구체적으로 안내할 필요가 있다. 또한 모둠별로 이야기 선정부터 산출까지 여러 차시에 걸쳐 많은 단계에서 자율성을 바탕으로 하는 만큼 의미 있는 학습 활동이 일어날 수 있도록 교사의 지속적인 관심과 피드백이 필요하다.

(2) 스마트 기술과 관련된 고려사항 및 유의점

- 학생들은 스마트 패드의 기초적인 조작 방법과 각종 버튼 및 키 사용법을 이해하고 있어야 한다. 그리고 각 모형에 적용되는 대표적인 앱 활용 방법에 대해 숙지하고 있어야 한다.

- 마인드맵 앱을 이용할 때, 먼저 개별적으로 각 주제들에 대한 브레인스토밍을 하고 나서 협력적으로 각 분류 기준에 맞춰 분류한다.

- 디지털 스토리텔링을 제작하는 앱을 활용할 때, 기본적으로 제공되는 인물, 배경, 음악을 활용할 수도 있지만, 상황에 따라서 학생이 직접 고안한 결과물을 활용하여 이야기를 꾸밀 수 있다. 동영상으로 녹화하는 과정에서 모든 학생들이 적극적으로 참여할 수 있는 분위기를 조성해야 한다.

- 검색 엔진이나 SNS를 사용하는 경우에는 수업 목표와 관련 없는 행동을 하지 않도록 교사가 사전에 안내해야 하고, 수업 중에 지속적으로 점검한다.

4) 교수·학습 자료

(1) 평가 기준

평가 범주		수행 내용	배점	평가 근거
참여도	상	SNS에 학습한 내용과 관련된 댓글이 10개 이상이다.	20	댓글 개수
	중	SNS에 학습한 내용과 관련된 댓글이 5개 이상, 9개 이하이다.		
	하	SNS에 학습한 내용과 관련된 댓글이 4개 이하다.		
주제와의 연관성	상	이야기 돌아보기 단계에서, 모둠별로 발표한 내용이 탐색할 학습 주제와 밀접하게 연관되어 있다.	35	관찰 체크리스트
	중	이야기 돌아보기 단계에서, 모둠별로 발표한 내용이 탐색할 학습 주제와 어느 정도 연관되어 있다.		
	하	이야기 돌아보기 단계에서, 모둠별로 발표한 내용이 탐색할 학습 주제와 연결되지 않은 부분이 많다.		
내용의 완성도	상	수학적 의미와 중요성을 설명하기 위한 핵심적 개념이 포트폴리오에 포함되어 있다. 수학적 내용을 완전히 이해할 수 있다.	15	e-포트 폴리오
	중	수학적 의미와 중요성을 설명하기 위한 핵심적 개념이 포트폴리오에 대부분 포함되어 있다. 수학적 내용에 대한 이해에 어려움이 없다.		
	하	수학적 의미와 중요성을 설명하기 위한 핵심적 개념이 상당 부분 빠져 있다. 수학적 내용을 이해하는 데 어려움이 있다.		
구조의 논리성	상	e-포트폴리오에 포함된 모든 수학적 내용들의 관계가 논리적이다.	15	
	중	e-포트폴리오에 포함된 대부분의 수학적 내용들의 관계가 논리적이다.		
	하	e-포트폴리오에 포함된 수학적 내용들 간의 관계 중 논리적으로 적절하지 못한 것들이 많다.		
내용의 다양성	상	e-포트폴리오에 포함된 내용들이 양적으로 풍부하다. 주제에 대해 폭넓게 이해할 수 있을 정도로 매우 풍부하다.	15	
	중	e-포트폴리오에 포함된 내용들이 양적으로 충분하다. 주제에 대한 폭넓은 이해를 위해 충분하다.		
	하	e-포트폴리오에 포함된 내용이 충분하지 못하다. 주제를 폭넓게 이해하는 데 어려움이 있을 정도로 충분하지 못하다.		
			100	

(2) 웹사이트 리스트

- 모둠별 에버노트 www.evernote.com
- 클래스팅 classting.com
- 검색 엔진 www.naver.com

(3) 학습지

2학년 1학기	4. 길이 재기	수학: 126–173 수익: 87–112	2학년 반 번
e-포트폴리오 1/5	이야기 도입하기		이름:

e-Book 그림에서 알 수 있는 것은 무엇인가요?	
그림을 보고 어떤 생각이 떠오르나요?	
이번 단원에서 이야기가 어떻게 펼쳐질까요?	
길이를 재었던 경험이 있나요?	
그림에서 길이를 비교할 수 있는 경우는 무엇인가요?	
주인공들에게 무슨 일이 있었을까요?	
다음에 어떤 이야기가 이어질까요?	
이번 단원에서 무엇을 공부할까요?	
기타	

선정된 이야기	
선정된 이야기와 관련된 지식	
선정된 이야기에 대한 수학적 내용	
선정된 이야기에 대한 발표 방법	
마인드맵의 분류 기준	
기타	

정보 수집 방법	출처	수집해야 할 정보	수집한 정보
꾸민 이야기를 그림으로 나타내기			
기타			

어떤 이야기를 꾸며 보았나요?		
혹시 예상하지 못했던 문제가 발생했나요?		
발생했다면 어떤 문제였나요?		
그 문제의 해결 방안은 무엇이었나요?		
다른 모둠의 이야기는 어떠했나요?	1	
	2	
	3	
	4	
내가 단 댓글의 수 친구들의 댓글 수		
기타		

이 단원의 첫 시간은 어떤 내용인가요?		
어떤 내용을 재구성할 수 있을까요?		
어떤 방법으로 디지털 스토리텔링을 할 것인가요?		
다른 모둠의 디지털 스토리텔링은 어떠했나요?	1	
	2	
	3	
	4	
내가 난 댓글의 수 친구들의 댓글 수		
기타		

05 e-Book 적용 사례

1. 적용 개요

본 연구에서 개발한 e-Book은 초등학교 수학 5학년 1학기 7단원 평면도형의 넓이 중 '삼각형의 넓이 구하기'에 대한 내용을 주제로 스마트 수학과 추론 모형을 적용하도록 제작하였다. 기존 교과서를 재구성하여 연속 차시 수업에 적합하도록 스마트 기술을 활용하였고, 학습자 역량을 개발할 수 있는 콘텐츠를 갖추었으며, 학생들의 직관적인 조작과 사용이 가능하도록 화면을 배치하였다. 제작한 e-Book을 통해, 여러 가지 방법으로 삼각형의 넓이를 구하고 그 방법들 간의 공통성을 분석해보는 수학적 추론 중심의 활동을 함으로써 다양한 삼각형의 넓이 구하는 공식을 이해할 수 있을 것이다. 그리고 모둠원과 협력하여 에버노트로 공동 발표 자료를 꾸미고, SNS에 게시하고 공유하여 다른 사람들로부터 피드백을 받을 수 있도록 하였다. 이를 통해 학생은 수학 교과에 대한 이해뿐만 아니라 도전의식, 자기주도성, 문제 해결력, 협력, 창의적 능력, 의사소통, 테크놀로지 리터러시 등의 학습자 역량을 기를 수 있을 것으로 기대된다. 전체적인 e-Book의 구성과 포함된 콘텐츠는 [표 9]와 같다.

e-Book의 내용은 [그림 4]와 같이 본 연구에서 제시한 스마트 수학과 추론 모형의 교수·학습 과정안 흐름과 일치하도록 구성하였다. e-Book의 1~3쪽에서는 단원 전체에 대한 디지털 스토리텔링

[표 9] e-Book의 구성과 콘텐츠

e-Book 구성		콘텐츠	
본시 학습	11쪽	동영상	10개
수준별 형성 평가지	3쪽	교수·학습 과정안	1개
관련 3학년 수학 교과서 (연결)	1쪽	플래시	1개
관련 4학년 수학 교과서 (연결)	6쪽	협업 문서	1개
관련 5학년 수학 교과서 (연결)	1쪽	SNS	1개
전체 쪽수	22쪽	전체 콘텐츠 수	14개

1~3쪽	→	4~6쪽	→	7~8쪽	→	9~14쪽
도입		탐색, 추론 및 표현		형식화 및 적용		정리

[그림 4] e-Book의 내용 전개

을 중심으로 학생들의 학습 동기를 유발하고 학습 문제를 확인한다. 4~6쪽에서는 디지털 스토리텔링에서 제기된 문제를 해결하기 위해 스스로 해결방안에 대해 탐색한다. 또 모둠별로 공통 규칙과 성질을 발견하여 공유하고 학급 전체와 공유한다. 7~8쪽에서는 전체 논의를 통하여 구체적인 사례를 기반으로 형식화하고, 수학 미션을 설정하여 실제로 적용해보도록 한다. 마지막 9~14쪽에서는 학습한 내용을 수준별로 형성 평가하고, 동영상을 통해 정리하며 수업을 마무리한다.

2. 개발 방향과 적용

본 연구에서 e-Book은 교수·학습 과정안 및 각종 콘텐츠, 웹사이트 주소 등을 연결한 디지털 교과서로서 수업 시간에 효과적으로 활용할 수 있도록 다음과 같은 방향으로 개발하였다.

첫째, 본 연구에서 개발한 e-Book은 스마트 수학과 추론 모형과 이를 적용한 구체적인 교수·학습 과정안에 맞게 이용할 수 있도록 하였으며 SDF STUDIO 2로 제작하였다.

둘째, 스마트 기술이나 앱이 단위 시간에 남용되지 않도록 유의하였다. 경우에 따라서는 스마트 기술이나 앱이 없어도 수업이 진행될 수 있도록 하였고, 학생들의 수학적 사고 과정을 저해하거나 대신하지 않도록 주의 깊게 발문을 제시하였다.

셋째, 다양한 멀티미디어 자료뿐만 아니라 본시 학습에서 다룰 수학적 개념과 관련된 선수 개념을 다루는, 이전 학년의 교과서를 연결하고 관련 내용을 일목요연하게 정리한 교수·학습 자료를 추가하였다. 학생들의 반응을 감안하여 이러한 추가적인 자료를 수업 시간에 활용할 수도 있고, 학생이 스스로 e-Book으로 공부할 경우 관련 내용을 확인하는 데 활용할 수도 있다.

넷째, 전반적으로 수업의 흐름이나 단계가 잘 드러나고 활동 간 이동이 용이하게 하였다. 수업의 흐름이 자연스럽게 흘러갈 수 있도록 화면을 설정하고, 각종 버튼을 통일성 있게 제작하여 직관적으로 조작할 수 있게 하였다.

다섯째, e-Book에서 사용되는 메뉴바에서는 확대, 전체 보기, 텍스트 선택, 그림 그리기, 메모 등의 기능을 활용할 수 있고, 단추는 플래시, 동영상, 바로가기 기능 등을 실행할 수 있도록 제작하였다.

(1) 도입

도입 단계에서는 주로 관련된 전시 학습을 상기하고 학습 문제를 확인하는 데 초점을 둔다. e-Book의 세부적인 내용을 확인하기 전에 메뉴바의 단추를 살펴보면, 목차, 메모, 텍스트 선택, 책갈피, 그리기, 도움말 등이 있다([표 10] 참조).

개발한 e-Book의 1/22 화면은 e-Book의 표지로, 화면 상단에는 단원 전체를 이끌어갈 디지털 스토리텔링의 소재를 제시하고 있다([그림 5] 참조). 화면 하단에는 대상 학년과 단원이 제시되어 있으며, 화면 우측 중앙에는 수업 계획 단추와 수업 활동 단추가 있다. 수업 계획 단추에는 본 차시의 교수·학습 과정안이 링크되어 있고, 수업 활동 단추는 교과서의 흐름에 대해 설명하는 페이지로 이동한다. 화면 하단에는 수업 중 활용하는 교육용 SNS인 클래스팅으로 하이퍼링크가 설정되어 있고, QR코드를 통해 해당 사이트로 쉽게 이동할 수 있다.

2/22 화면은 도입, 탐색, 추론 및 표현, 형식화 및 적용, 정리의 단계 등 스마트 수학과 추론 모형에 맞춘 e-Book의 흐름을 보여주는 페이지로, 교과서의 구성 요소들도 그에 알맞게 연결되어 있다([그림 6] 참조). 각 단계나 구성 요소를 클릭하면 해당 페이지로 이동할 수 있다.

3/22 화면은 이번 시간에 배울 내용에 대해 알아보는 '도입 단계'다([그림 7] 참조). 여기서는 우선 단원 전체의 스토리텔링 동영상을 보고 장고의 수학 수수께끼 문제를 어디까지 해결하였는지를 확인

[표 10] e-Book 메뉴바 구성

메뉴	설명	메뉴	설명	메뉴	설명
목차	목차를 학습 단계별로 확인할 수 있고 바로가기 기능 포함	메모	수업 중 메모할 사항에 대해서 기록하며 반영구적으로 저장 가능	그리기	선과 도형을 그릴 때 사용, 선의 길이와 색을 조절할 수 있음
책갈피	책갈피를 설정하면 원하는 페이지로 바로가기 가능	텍스트 선택	텍스트를 선택하여 복사하거나 강조할 때 사용	도움말	e-Book의 동작이나 기능에 대해 말풍선으로 제시

[그림 5] e-Book 표지 및 메뉴바 소개(1/22 화면)

[그림 6] e-Book의 흐름 제시(2/22 화면)

[그림 7] 도입 단계(3/22 화면)

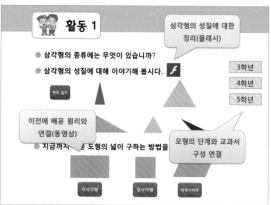

[그림 8] 탐색 단계(4/22 화면)

한다. 이전 시간에 배운 것을 떠올리고, 단원의 흐름이 수학 수수께끼 속에 제시되어 있음을 확인하며, 이번 시간에 배울 학습 문제를 확인한다. 교사는 학습 문제와 함께 활동을 안내해야 한다. 교과서를 전자칠판에 미러링하여 학습 문제인 '삼각형의 넓이를 구해 봅시다.'를 확대하고, 삼각형의 넓이와 관련된 개념 및 원리 확인, 삼각형의 넓이 구하는 방법 찾기, 삼각형의 넓이 구하는 방법 표현, 삼각형의 넓이 구하는 방법 정리, 수학 미션, 정리의 순서로 활동을 안내한다.

(2) 탐색

탐색 단계에서는 e-Book을 활용하여 도입 단계에서 제시된 과제의 해결을 도울 수 있는 수학적 사례나 사실을 발견할 수 있도록 알맞은 탐구 활동을 하는 데 초점을 둔다. 해결해야 할 학습 문제와 관련된 개념, 원리, 법칙 등을 탐구하는 데 있어서, 필요하다면 이전에 배웠던 관련 내용을 확인할 수 있도록 교과서(본 e-Book에서는 3학년, 4학년, 5학년 교과서)의 관련 차시 내용을 링크하고, 관련 내용을 정리한 자료를 제시한다. 또한 이 단계에서는 교사의 적절한 안내와 e-Book을 활용하여 주어진 문제를 해결할 수 있도록 관련 사례를 수집·관찰·실험하고 조작적으로 다루면서 개별 탐색을 용이하게 하는 것도 중요하다.

4/22 화면은 '탐색 단계'로서, '활동 1. 삼각형의 넓이와 관련된 개념 및 원리를 확인'할 수 있는 화면이다([그림 8] 참조). 선행 지식을 확인할 수 있도록 3~4학년의 교과서에 링크되어 있으며, 교사는 여기서 먼저 개별적으로 나누어준 색종이 삼각형의 종류와 성질에 대해서 발문한다. 동기 유발에서 제시된 삼각형의 종류는 어떠한지와 같은 발문을 통해 학습 문제를 탐색 단계에서도 계속 연결할 수 있도록 한다. 삼각형의 변의 길이에 따라 정삼각형과 이등변삼각형으로 분류할 수 있고, 각의 크기에 따라 예각삼각형, 직각삼각형, 둔각삼각형으로 분류한다는 것을 해당 주제어를 클릭하여 확인해볼 수 있다. 그리고 플래시 자료를 통해 삼각형의 종류와 성질에 대해 확인할 수 있다. 이전에 배운 도형의 넓이 구하는 원리와 연결하기 위해서 직사각형, 정사각형, 평행사변형의 넓이를

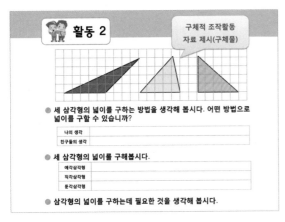

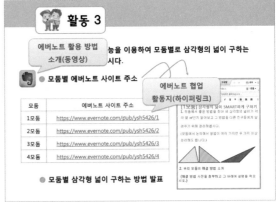

[그림 9] 탐색 단계(5/22 화면)   [그림 10] 추론 및 표현 단계(6/22 화면)

구하는 원리에 대한 동영상이 수록되어 있다. 이러한 일련의 교수·학습 자료는 보여주기식으로 수업시간에 제시하기 위해서가 아니라 학생들과 충분한 의사소통을 통해 관련 내용을 논의한 후 정리할 수 있도록 추가한 것임을 유의하자.

5/22 화면은 '활동 2. 삼각형의 넓이 구하는 방법 찾기'로서, 학생들은 여기서 나의 생각을 적어보고 친구들의 의견을 기록한다([그림 9] 참조). 교사는 모둠바구니에 준비되어 있던, 단위넓이가 제시된 세 가지 삼각형을 나누어주고 학생들이 구체적인 조작활동을 통해 예각삼각형, 직각삼각형, 둔각삼각형의 넓이를 구하는 방법을 탐색하도록 한다. 삼각형의 넓이를 구하는 데 필요한 것이 무엇인지에 대해서도 질문을 통해 고민해보도록 한다.

(3) 추론 및 표현

추론 및 표현 단계는 협업 도구로 모둠 내에서 수학적 사례의 공통된 규칙과 성질을 발견하고 공유하며, 모둠별 토론을 통해 추측한 공통 규칙과 성질을 수학적 식이나 간결한 용어로 표현해보면서 발표 자료를 제작하는 단계다. 각 모둠에서 추측한 공통 규칙과 성질을 학급 전체와 공유하는 과정에서 핵심적인 수학적 아이디어를 추출하고 다양한 표현 방법 간의 관계를 비교할 수 있다.

6/22 화면은 '활동 3. 삼각형의 넓이 구하는 방법을 표현하는 단계'다([그림 10] 참조). 본 수업은 연속 차시로 구성되어 있으므로 시간 분배상 활동 3부터는 두 번째 시간에 하도록 한다. 이 단계에서는 삼각형의 넓이를 구하는 방법에 대해 개별적으로 고민한 다음, 모둠원과 각자의 의견을 토의하게 한다. 이를 바탕으로 모둠에서 하나의 방법을 정하여 여러 가지 삼각형을 구하는 방법을 학급 전체에게 소개하기 위한 발표 자료를 작성한다. 해당 페이지에는 에버노트를 활용하는 방법에 대한 동영상이 탑재되어 있어 앱을 사용하는 방법을 잘 몰라도 활용할 수 있다. 각 모둠별 활동지는 하이퍼링크하여 모둠 협력 발표 자료로 구성하게 한다. 각 모둠은 스마트 패드의 활동지에서 구체적 조작을 통해 찾은 삼각형의 넓이 구하는 방법에 대해 사진을 찍고 각자 역할을 분담하여 발표 자료

를 만든다. 모둠별 순회 지도를 통해 다양한 방법의 풀이 방법이 나올 수 있도록 학생들을 격려한다. 학급 전체와 공유할 수 있도록 모둠별로 발표를 하는데, 교사는 실시간 업데이트되는 모둠 활동지를 살펴보며 공통적으로 사용한 해결 방법이나 수학적으로 효율적인 방법들이 의미 있게 발표되도록 순서를 고려하여 여러 가지 해결 방법을 공유하게 한다.

(4) 형식화 및 적용

형식화 및 적용 단계는 공유된 공통의 규칙을 일반화하여 전체 토론을 통해 수학적 성질이나 공식으로 형식화하고, SNS를 이용하여 형식화한 수학적 성질이나 공식을 새로운 상황에 적용해보게 하는 단계다. 각 모둠별로 발표한 내용에서 공통의 핵심적인 수학적 개념이나 성질 또는 방법을 추출하여 일반화한다.

7/22 화면은 '삼각형의 넓이를 구하는 방법을 정리'하는 활동 4로서([그림 11] 참조), 먼저 모둠별로 발표하고 질의 응답했던 내용을 기반으로 넓이를 구하기 위해서 삼각형의 어느 부분의 길이를 알아야 하는지에 대해 학급 전체와 논의를 진행한다. 그리고 '삼각형의 밑변은 한 개인가?', '삼각형의 높이는 어디인가?'에 대해 논의를 진행하고 동영상을 통해서 학생들에게 오개념이 생기기 쉬운 내용을 짚어주어 오개념이 형성되는 것을 방지한다. 논의를 마친 다음에는 화면 상단에 있는 약속을 미러링하여 삼각형의 넓이를 구하는 방법은 '(밑변)×(높이)÷2'라고 약속을 한다. 삼각형 넓이의 공식에서 각 요소가 의미하는 것이 무엇인지에 대해 다시 한 번 논의한다.

8/22 화면은 '활동 5. 수학 미션'을 다룬다([그림 12] 참조). 이 활동의 목적은 앞에서 형식화한 삼각형의 넓이 구하는 원리를 다른 상황에 적용하는 것이다. 주어진 수학 미션은 밑변의 길이가 같고 넓이가 동일한 다양한 삼각형을 그리는 것이다. 이때 학생들은 e-Book의 그리기 기능을 이용하여 개별적으로 주어진 조건에 맞는 삼각형을 5개씩 그린 다음, 화면을 캡처하고 이를 클래스팅에 탑재한다. e-Book의 해당 페이지에는 클래스팅의 활용 방법에 대한 동영상이 탑재되어 있어 해당 앱을 활용하는 방법을 몰라도 학습에 큰 어려움이 없다. 이 활동을 통해 학생들은 삼각형의 모양이 다르

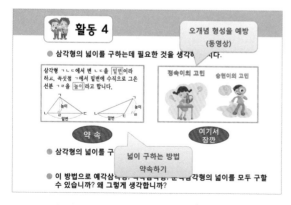

[그림 11] 형식화 및 적용 단계(7/22 화면)

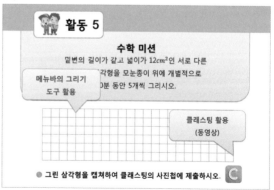

[그림 12] 형식화 및 적용 단계(8/22 화면)

더라도 밑변의 길이와 높이가 같을 경우 그 넓이는 항상 같다는 것을 인식할 수 있다.

(5) 정리

정리 단계에서는 e-Book에 제시된 수준별 학습지를 해결한 후 스스로 자신의 학습 정도를 점검하거나 필요에 따라 해결한 학습지를 사진으로 캡처하여 클라우드에 탑재하게 한다. 그리고 학습한 내용을 SNS에 공유하여 동료들과 즉각적인 피드백을 주고받으며 수학적 의사소통을 나눌 수 있게 한다. 교사는 다음 차시에서 배울 내용에 대해 디지털 스토리텔링으로 안내한다.

9/22 화면은 '정리 단계'로, 학습 내용에 대해서 형성 평가를 할 수 있도록 링크가 되어 있다([그림 13] 참조). '스마트하게 잘 공부했는지 알아보기'를 해결한 뒤 드롭박스에 탑재하면, 교사가 이를 실시간으로 채점 및 피드백을 해준다. 그리고 학생은 그 결과를 보고 수준에 따라 '다시 알아보기'와 '좀 더 알아보기'로 이동하면 된다. 수준별 형성 평가지는 12/22~14/22에 걸쳐 있으며, 각각 학습 목표와 관련된 내용으로 구성되어 있다([그림 14] 참조). 학급 단위가 아니라 개별적으로 e-Book을 활용할 경우 자기주도적 학습이 가능하도록 정답 단추를 누르면 정답을 확인할 수 있다. 평가 결과에 따라 스스로 보충이나 심화를 선택하여 학습을 진행할 수 있다.

10/22 화면에는 화면 중간에 삼각형의 넓이 구하는 방법을 정리하는 동영상이 제시되어 있다([그림 15] 참조). 등적변형, 배적변형, 분할 등의 여러 방법으로 삼각형의 넓이를 구하는 방법을 학생들이 최종적으로 복습할 수 있도록 한 내용이다. 화면 하단에는 클래스팅으로 하이퍼링크가 되어 있어 학습한 내용에 대해서 생각한 점이나 느낀 점을 작성하고 친구들과 실시간 댓글을 달아서 문어적 의사소통을 활성화할 수 있다.

11/22 화면은 다음 시간에 배울 내용과 연결하여 디지털 스토리텔링 자료를 다시 동영상으로 소개하고 있다([그림 16] 참조). 전체 내용 중에서 본 차시 학습을 통해 삼각형의 넓이를 구하는 방법을 알게 되었으므로 동영상에서는 삼각형 부분도 직사각형과 평행사변형처럼 밝아지고, 나머지 사다

[그림 13] 정리 단계(9/22 화면)

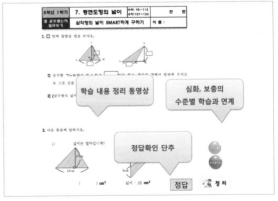

[그림 14] 수준별 형성 평가지(12/22~14/22 화면 중 일부)

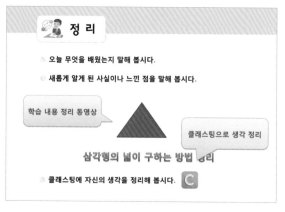

[그림 15] 정리 단계(10/22 화면)

[그림 16] 정리 단계(11/22 화면)

리꼴과 마름모의 넓이 구하는 방법에 대해서 학습할 것을 암시적으로 나타냄으로써 후속 차시 예고를 하게 된다.

(6) 부록

15/22 화면은 3학년 1학기 2단원 평면도형 중 직각삼각형에 대한 내용이다([그림 17] 참조). 수학은 학습 내용이 위계적으로 구성되어 있으므로 현재 학습 내용에 대한 선행 지식을 아는 것이 중요하다. 그러므로 학생이 이전 단계의 학습 내용인 직각삼각형과 변 또는 꼭짓점의 개념 등에 대해 이해가 부족하다면 이를 참고할 수 있다.

16/22~21/22 화면은 4학년 1학기 3단원 각도와 삼각형에 대한 것으로 각의 크기에 따라 분류하여 직각삼각형, 둔각삼각형, 예각삼각형의 특징을 배우는 내용이다([그림 18] 참조). 또 삼각형을 변의 길이에 따라 분류하여 정삼각형과 이등변삼각형의 특징을 배우는 내용이다. 본 차시 학습에서 삼각형의 넓이를 구할 때 모든 삼각형에 적용할 수 있는 일반적인 넓이 구하는 방법을 학생 스스로 알

[그림 17] 3학년 교과서–삼각형 알아보기(15/22 화면)

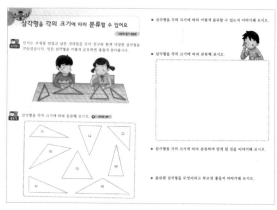

[그림 18] 4학년 교과서–삼각형의 종류와 성질(16/22 화면)

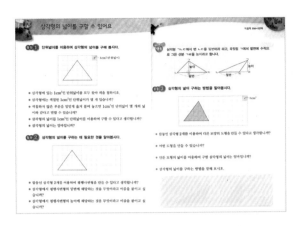

[그림 19] 현행 5학년 교과서(22/22 화면)

아내기 위해서는 이전 단계의 학습 내용에 대한 명확한 이해가 선행될 필요가 있다.

22/22 화면은 본시 학습과 관련된 5학년 교과서의 내용이다([그림 19] 참조). 단위넓이를 이용하여 넓이를 구하는 방법과, 같은 모양의 삼각형을 붙여서 배적변형을 하는 방법 두 가지가 구체적으로 설명되어 있다. 이러한 학습 방법은 학생들이 도달해야 할 목표를 명확히 달성할 수 있게 하지만, 학생들이 미리 생각하지 않고 교과서의 활동을 그대로 따라 한다면, 학생들 스스로 사고를 촉진하는 데 제한적일 수밖에 없다.

참고문헌

교육과학기술부(2008). 초등학교 교육과정 해설 IV: 수학, 과학, 실과, 서울: 대한교과서 주식회사.

교육과학기술부(2009). 2009 개정 교육과정 총론(교육과학기술부 고시 제2009-41호), 서울: 대한교과서 주식회사.

교육과학기술부(2011a). 수학과 교육과정(교육과학기술부 고시 제2011-361호 별책 8), 서울: 대한교과서 주식회사.

교육과학기술부(2011b). 스마트 교육 추진 전략(2011. 6. 29. 대통령보고).

교육과학기술부(2012). 수학 2-1 초등학교 교사용 지도서, 서울: 두산동아 주식회사.

교육과학기술부(2013). 1~2학년군 초등학교 수학 교사용 지도서, 서울: 천재교육 주식회사.

교육부(1997). 수학과 교육과정(교육부 고시 제1997-15호 별책 8), 서울: 대한교과서 주식회사.

교육인적자원부(2006). 수학 2-1 초등학교 교사용 지도서, 서울: 천재교육 주식회사.

권미선, 방정숙(2009). 좋은 수학 수업에 대한 초등 교사의 인식 조사, 수학교육논문집, 23(2), pp.231-253.

권성룡, 김남균, 류성림, 박성선(2007). 테크놀로지와 함께 하는 수학 교육, 서울: 경문사.

김부윤, 이영숙(2003). 우리나라에서의 수학적 문제 해결연구, 수학교육, 42(2), pp.137-157.

김상룡(2006). 정보통신기술 활용교육의 초등수학교육 적용 방안, 초등교육연구논총, 22(1), pp.59-80.

김혜정, 김현철(2012). 스마트 학습 활동 개발 프레임워크와 수업모형 개발 사례, 컴퓨터교육학회논문지, 14(4), pp.25-39.

박한진, 이지희(2007). 에듀테인먼트 콘텐츠 제작 및 활용성 연구: 디지털 스토리텔링 기법을 활용한 교육용 콘텐츠 사례분석을 중심으로, 디지털디자인학연구, 7(1), pp.119-129.

방승진, 이상원, 황동주(2002). 초등학교 수학 문제 해결 교육에 관한 연구, 수학교육논문집, 14, pp.1-25.

방정숙(2002). 제7차 수학과 교육과정의 초등학교 현장적용에서 나타나는 문제점 및 개선방향, 학교수학, 4(4), pp.657-675.

방정숙, 김상화(2006). 문제 해결과 관련된 제7차 초등학교 수학과 교육과정 및 교과용 도서 분석, 학교수학, 8(3), pp.341-364.

방정숙, 서정희, 박미희(2008). 디지털 교과서 활용이 수학과 문제 해결력에 미치는 영향, 한국교육학술정보원 연구자료 RM 2008-20.

변호승, 조완영, 김남균, 류지헌, 이기서(2006). 2006년 전자교과서 효과성 측정 연구, 한국교육학술정보원 연구보고 CR 2006-38.

서울이태원초등학교(2012). 21세기 학습자 역량 강화를 위한 스마트러닝 적용 방안 연구.

송해덕, 전주성, 류지헌(2007). 디지털 교과서 활용에 따른 학습자 측면의 효과성 연구, 서울시 교육청.

임걸(2011). 스마트 러닝 교수 학습 설계모형 탐구, 컴퓨터교육학회논문지, 14(2), pp.33-45.

채은숙, 박만구(2012). 수학 교육에서 '스토리텔링'을 이해하는 관점, 한국초등수학교육학회 세미나 자료집.

최혜실(2011). 스토리텔링 그 매혹의 과학, 서울: 한울.

한국교육학술정보원(2012a). KERIS 교육정보화 심포지움: 미래교육을 위한 도전과 과제.

한국교육학술정보원(2012b). 스마트 교육 수업시나리오 자료집, TM-2012-35-1.

허희옥, 임규연, 서정희(2011). 미래학교 지원을 위한 교수-학습 활동 개발 시리즈 1: 21세기 학습자 및 교수자 역량 모델링, 한국교육학술정보원 연구보고 KR 2011-2.

홍숙영(2011). 스토리텔링 인간을 디자인하다, 상상채널.

Egan, K.(2005). *An imaginative approach to teaching*, Chicago, IL: The University of Chicago Press.

Pink, D. H.(2005). *A whole new mind: Moving from the information age to the conceptual age*, New York: Riverhead Books.

Polya, G.(1957). *How to solve it?* Princeton, NJ: Princeton University Press. 우정호 역(1986), 어떻게 문제를 풀 것인가? 서울: 천재교육.

Lévy, P.(1997). *Collective intelligence: Mankind's emerging world in cyberspace* (R. Bononno, Trans.), Cambridge, MA: Helix Books. 권수경 역(2002), 집단지성, 서울: 문학과 지성사.

McDrury, J., & Alterio, M.(2003). *Learning through storytelling in higher education: Using reflection and experience to improve learning*, London: Kogan Page.

National Council of Teachers of Mathematics(2000). *Principles and standards for school mathematics*, Reston, VA: Author. 류희찬, 조완영, 이경화, 나귀수, 김남균, 방정숙 공역(2007), 학교 수학을 위한 원리와 규준, 서울: 경문사.

National Governors Association Center for Best Practices and Council of Chief State School Officers(2010). *Common core state standards for mathematics*, Washington, D.C.: NGA Center and CCSSO.

Schoenfeld, A. H.(1985). *Mathematical problem solving*, Orlando, FL: Academic Press.

Schiro, S. M.(2004). *Oral storytelling and teaching mathematics: Pedagogical and multicultural perspectives*, Boston, MA: SAGE Publications.

스마트 교육을 통한 교실 혁명

초등 과학

과학 교육과 스마트 교수·학습 모형

01 과학 교육과 스마트 교수·학습 모형의 개요

1. 과학 교육과 스마트 교수·학습 모형 개발의 흐름

1) 과학 교육과 21세기 학습자 역량

현재까지 교육은 지식 전달의 교수자 주도 강의식 수업이 주를 이루어왔다. 이는 18세기 산업혁명 시대에 많은 학생들이 단기간에 많은 양의 학습을 할 수 있도록 하기 위한 것이었다. 21세기 학습자들에게 아직까지도 18세기의 교육을 해왔다는 것에 대한 반성의 결과, 현재는 학생 개개인의 개성과 특성을 반영한 학습자 중심 수업으로 교육의 패러다임이 변하고 있다. 이러한 패러다임의 변화를 살펴보면 첫째로, 빠르게 발전하는 IT 인프라가 교육 분야에 디지털 콘텐츠의 변화를 가져오고 있다. 둘째로, 지식을 공유하고 협업을 통해 새로운 지식을 생산하는 창의성을 요구하고 있다. 이러한 상황에서 새롭게 생각해볼 수 있는 것이 바로 스마트(SMART) 교육이다.

스마트 교육은 스마트 기기를 이용하여 수업을 하는 것이 아니라, 빠르게 변해가는 사회에 적응할 수 있는 학생들을 기르는 교육이라 할 수 있다. 교육과학기술부(2011)에서는 스마트 교육을 21세기 학습자 역량 강화를 위한 지능형 맞춤 학습 체제로, 교육 환경, 교육 내용, 교육 방법 및 평가 등 교육 체제를 혁신하는 동력이라 정의한다. 스마트 교육에서 S(Self-directed, 자기주도적)는 학생의 역할이 지식 수용자에서 지식의 주요 생산자로 변하는 것을 의미한다. M(Motivated, 흥미)은 정형화된 교과 지식 중심에서 체험을 기반으로 지식을 재구성할 수 있는 학습을 뜻하며, A(Adaptive, 수준과 적성)는 교육 체제의 유연성이 강화되고 개인의 선호 및 미래의 직업과 연계된 맞춤형 학습이 구현되는 것이고, R(Resource Enriched, 풍부한 자료)은 클라우드 교육 서비스를 기반으로 풍부한 콘텐츠를 교육에 자유롭게 활용하는 것을 의미한다. 마지막으로 T(Technology Embedded, 정보기술 활용)는 정보 기술을 통해 언제 어디서나 원하는 학습을 할 수 있고, 다양해진 수업 방식 가운데 학습 선택권이 최대한 보장되는 교육 환경을 의미한다.

스마트 교육에서 중점적으로 다루는 것은 21세기 학습자에게 필요한 역량을 길러주는 것으로서 그 역량은 다음과 같다([그림 1] 참조).

- Learning and Innovation Skills (학습 및 혁신 능력): 비판적 사고력과 문제 해결력, 의사소통 및 협동, 창의성과 혁신

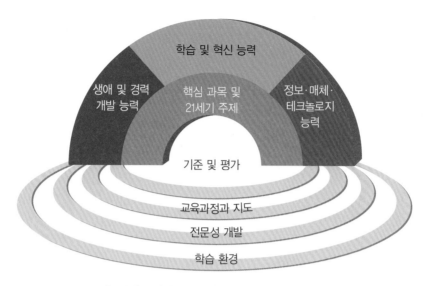

[그림 1] **21세기 핵심 역량**(한국교육개발원 역, 2009)

- Life and Career Skills (생애 및 경력 개발 능력): 정보 리터러시, 미디어 리터러시, ICT 리터러시
- Information, Media and Technology Skills (정보·매체·테크놀로지 능력): 융통성과 적응성, 자기주도성, 사회 및 문화상호성, 생산성과 책무성, 리더십과 책임

이러한 21세기 학습자 역량을 과학 교육의 목표와 연결시켜보면 [표 1]과 같다.

[표 1] **21세기 학습자 역량과 과학 교육의 목표**

21세기 학습자 역량	과학 교육의 목표
문제 해결력	기본 개념 이해 및 적용
비판적 사고력, 창의성	과학적 탐구 능력 활용
자기주도성	흥미와 호기심, 과학적 태도
사회 및 문화 상호성	과학·기술·사회의 상호 관계 인식

2) 구성주의와 스마트 교육

(1) 구성주의

구성주의는 지식이 어떻게 형성되며, 학습은 어떻게 이루어지는가에 대한 이론이다. 구성주의에서 '지식'은 인지적 주체로서의 개인의 인지적 작용의 결과로, 현상에 대한 개별적 의미 부여와 해석이다(강인애, 1998). 구성주의에서는 지식 구성에 대한 관점을 상대주의적으로 보고, '학습'은 학습자가 물리적·사회적 환경과 능동적이고 적극적인 상호작용을 통해 의미를 구성하는 과정으로 본

[표 2] 구성주의 분류

	인지적 구성주의	사회적 구성주의
학습이란?	적극적인 인지적 구조의 재편성	관련 공동체에서의 문화적 동화
최종 목표	개인 경험의 사회문화적 타당성 검증	개인들 간의 활발한 상호작용을 통한 사회문화적 관습 습득
이론적 관심	개인의 인지적 발달 과정	사회문화적 동화 과정
그룹 간 환경	상이성 강조	동질성 강조

다. 결국 구성주의는 지식이나 학습에 대한 규명에 있어서 인지적 주체로서의 개인의 역할(개별성과 주관성)을 강조하고 있다.

(2) 구성주의와 스마트 교육

앞서 말하였듯이, 스마트 교육은 21세기 학습자 역량 강화를 위한 지능형 맞춤 학습 체제로, 교육 환경, 교육 내용, 교육 방법 및 평가 등 교육 체제를 혁신하는 동력으로 정의된다(교과부, 2011). 스마트 교육에서 중시하는 것이 바로 학습자 중심 교육이다. 이는 학습자 개개인에 맞는 맞춤형 학습 체제를 구축한다는 의미이며, 구성주의의 학습자 중심 이론과 연관되어 있다.

구성주의는 크게 인지적 구성주의와 사회적 구성주의로 분류할 수 있는데([표 2] 참조), 인지적 구성주의란 개인의 성장에 관심을 가지고 인지 구조의 재편성을 학습으로 보며 개인의 인지적 발달 과정을 중시하는 이론이다. 그에 비해 사회적 구성주의에서는, 사회관계에 참여하는 개인을 중시하고 관련 공동체에서의 문화적 동화를 학습으로 보며, 개인들 간의 활발한 상호작용을 통한 사회문화적 동화 과정을 중시한다.

인지적·사회적 구성주의를 스마트 교육에서 추구하는 방향과 관련지어보면, 인지적 구성주의의 개인의 인지구조 작용을 스마트 교육에서 추구하는 개별화 학습으로, 사회적 구성주의의 학습자 간의 상호작용을 통한 의사소통을 스마트 교육에서 추구하는 협업으로 정리할 수 있다.

3) 과학 교과 목표에서 추출한 교수·학습 모형 영역

과학 교육과정 총론에서 제시된 과학과 세부 목표는 다음과 같다.

① 과학의 기본 개념을 이해하고, 자연 탐구와 일상생활의 문제 해결에 이를 적용한다.
② 자연을 과학적으로 탐구하는 능력을 기르고, 일상생활의 문제 해결에 이를 활용한다.
③ 자연 현상과 과학 학습에 대한 흥미와 호기심을 기르고, 일상생활의 문제를 과학적으로 해결하려는 태도를 함양한다.
④ 과학, 기술, 사회의 상호관계를 인식한다.

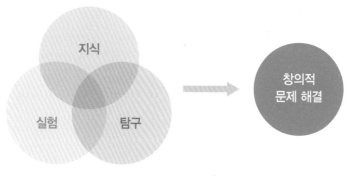

[그림 2] 과학과 세부 목표

　과학과의 세부 목표를 살펴보면 과학의 기본 개념, 탐구, 태도, STS, 창의적 문제 해결을 중시하고 있다. 여기에 과학에서 중시하는 실험을 통한 탐구를 결합하여 세부 목표를 크게 세 가지로 간추려보면, 지식, 실험, 탐구를 통한 창의적 문제 해결력의 향상이라고 할 수 있다. 따라서 본 연구에서는 지식, 실험+탐구, 창의적 문제 해결력 영역에 해당하는 교수·학습 모형을 개발하였다.

2. 과학 교육에서의 스마트 교수·학습 모형의 개략

교수·학습 모형	수업 단계	주요 교수·학습 전략	활용 도구	핵심 학습자 역량
인지 개별 맞춤형 교수·학습 모형	인지 확인 및 분류	개별화 및 모둠 구성	e-Book, 스쿨박스, 전자칠판, 검색 엔진, 구글 드라이브	문제 해결력, 협업, 의사소통
	인지 갈등 및 인지 심화	개별 학습 실시		
	정교화	과학적 개념 형성		
	적용	실생활에 적용		
PEOE 개별 맞춤형 교수·학습 모형	예상	결과 예상하기	e-Book, 검색 엔진, 스쿨박스, 전자칠판, 구글 드라이브	문제 해결력, 협업, 의사소통
	설명	예상에 관한 설명		
	관찰	계획, 실험, 자료 수집 및 해석, 결과		
	설명 및 공유	의사소통 및 공유		
역발상 교수·학습 모형	문제 정의	도전할 문제 확인	마인드맵, 스쿨박스, 전자칠판, 검색 엔진	문제 해결력, 창의력, 비판적 사고 능력
	특징 도출	특징 나열		
	역발상	반대로 생각 및 표현		
	아이디어 선택 및 실현	실현할 방법 찾기		

3. 개별 맞춤형 교수·학습 모형의 흐름 설명

개별 맞춤형 교수·학습 모형에서는 학생 개개인에 따른 개별 학습을 이루는 것이 목적이다. 학습 목표 확인 단계에서 공부하게 될 학습 목표 및 문제를 확인하고, 이때 학습자의 일상생활에서 부딪히는 맥락적 현상을 제시하는 것이 핵심이다.

개별 맞춤 분류 단계에서는 학생 개개인의 인지에 따라 분류하며, 이때 과학적인 지식, 개념 학습과 내용은 인지 개별 맞춤형 교수·학습 모형으로, 과학 실험과 관련된 내용은 PEOE 개별 맞춤형 교수·학습 모형으로 구분하여 개발하였다(개별 분류 단계는 인지 갈등 단계와 순서가 바뀔 수 있다).

실제로 개별 맞춤 학습이 이루어지는 단계는 분류 이후로, 인지 갈등 상황 제시를 통하여 갈등을 겪는 학생과 갈등을 겪지 않는 학생들로 나누어 각각에 대한 처치와 심화가 이루어진다. 그리고 분류된 각 학생들의 내용은 전체적으로 공유되어 올바른 과학적인 개념 또는 실험으로 이어지도록 하며 학습을 정리한다.

각 단계에 대한 흐름도는 [그림 3]과 같다.

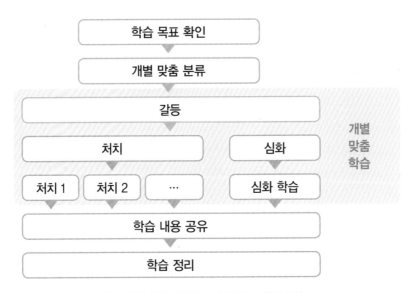

[그림 3] **개별 맞춤형 교수·학습 모형의 흐름**

02 스마트 모델 1: 인지 개별 맞춤형 교수·학습 모형

1. 교수·학습 모형 설명

1) 이론적 배경: 인지 갈등

인지 갈등 이론은 'Piaget 인지 발달 학습 이론'과 'Hashweh 인지 갈등 모형' 두 가지의 큰 흐름으로 볼 수 있다.

(1) Piaget 인지 발달 학습 이론

Piaget의 인지 발달 학습 이론에서는 동화와 조절의 개념을 사용하였는데, 동화란 환경 또는 외부자극이 주어졌을 때 기존의 인지 구조로 설명할 수 있거나 이해할 수 있는 상태를 의미하고, 조절은 자신의 인지 구조를 조절하여 환경 또는 외부자극을 이해하는 것을 의미한다. 그리하여 '인지적 평형' 상태란, 인간이 기본적으로 가지고 있는 '인지 구조 1'과 '인지 구조 1'로 설명될 수 있는 자극인 '환경 1' 사이의 동화와 조절이 원활하게 이루어질 때를 의미한다. 그런데 기존의 '인지 구조 1'에 맞지 않는 자극인 '환경 2'가 제시되면 지적인 갈등이 발생하는데, 이를 '인지적 비평형 상태'라고 한다. 이러한 비평형 상태에서 인간은 자신의 인지 구조를 변화시켜 새로운 '인지 구조 2'를 형성함으로써 인지 갈등을 해소하여 새로운 평형을 이루려고 한다. 이렇게 인지적 비평형 상태를 해결하고 새로운 인지적 평형 상태를 형성하는 과정을 '평형화 과정'이라 한다([그림 4] 참조).

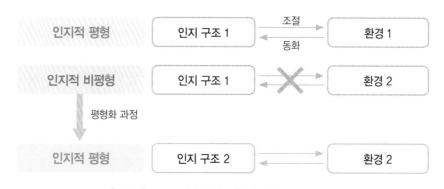

[그림 4] Piaget의 인지적 평형화 과정(권재술, 1989)

(2) Hashweh 인지 갈등 모형

Hashweh(1986)는 효과적인 개념 변화를 위한 갈등으로 두 가지를 제시하였다. 하나는 선개념(C1)과 새로 학습할 과학 개념(C2)과의 갈등 1, 다른 하나는 학생들의 선개념(C1)과 새로운 환경(R2)과의 갈등 2다.

[그림 5]와 같이, Hashweh 인지 갈등 모형에 따르면, 환경 1(R1)은 선개념(C1)에 의해서 쉽게 설명할 수 있는 학습 내용이다. 그러나 선개념(C1)으로 쉽게 설명할 수 없는 새로운 환경, 즉 환경 2(R2)가 제시되면 선개념(C1)과 환경 2(R2) 사이에는 갈등 2가 조성된다. 선개념(C1)과 환경 2(R2) 사이의 갈등을 해소하기 위해서 새로운 과학 개념(C2)이 도입되고, 환경 2(R2)는 새로운 과학 개념(C2)에 의해 설명될 수 있다. 그러나 새로운 과학 개념(C2)을 학습자의 인지 구조 속에 동화시키기 위해서는 선개념(C1)과 과학 개념(C2) 사이의 갈등 1을 해소해야 한다.

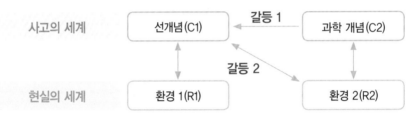

[그림 5] Hashweh 인지 갈등 모형

2) 기존의 개념 변화 학습 모형

기존의 과학 교육과정에 제시되어 있는 개념 변화 학습 모형에서는 자연 사물이나 현상에 대해 학생들이 수업 전에 가지고 있는 선개념 중 오개념을 인지적 갈등을 통해 올바른 과학적 개념으로 변화시켜주는 것을 목표로 한다. 선개념 확인 단계에서는 간단한 문제 상황을 제시하며 선개념을 조사한다. 인지 갈등 단계에서는 인지 갈등을 일으킬 수 있는 문제나 상황을 제시함으로써 학생들이 가지고 있던 오개념을 드러내도록 한다. 개념 재구성 단계에서는 오개념을 올바른 과학적 개념으로 바꿀 수 있도록 새로운 과학적인 생각을 구성한다. 개념 적용 단계에서는 새로 구성된 올바른 과학적 개념을 다른 상황에 적용시켜봄으로써, 내가 구성한 과학적 개념이 올바르게 정립되었는지 확인해본다([그림 6] 참조).

[그림 6] 기존의 개념 변화 학습 모형

3) 인지 개별 맞춤형 교수·학습 모형의 특징과 단계

본 연구에서 개발한 인지 개별 맞춤형 교수·학습 모형은 다음과 같은 특징이 있다.

첫째, 개념 변화 학습 모형을 모티브로 하였다. 개념 변화 학습 모형에서는 수업 전 학생들의 오개념을 파악하는 것을 매우 중요시하였다면, 인지 개별 맞춤형 교수·학습 모형에서는 오개념을 분류하여 인지 갈등을 통한 올바른 과학적 개념을 습득하는 것을 목표로 한다. 둘째, 인지 분류 단계, 처치 단계, 심화 단계를 추가 설정함으로써 개별화가 이루어지도록 하였다. 이는 학습자의 인지에 따른 개별화 수업이 가능하도록 한 것이다. 셋째, 공유는 모든 단계에서 수시로 이루어질 수 있다. 즉, 서로 다른 개념을 가지고 있는 학생들이 과학적 개념을 습득할 수 있도록 공유를 활용한다.

이러한 특징을 가진 인지 개별 맞춤형 교수·학습 모형은 [그림 7]과 같은 단계로 구성되어 있는데, 각 단계를 자세히 살펴보면 다음과 같다.

먼저 인지 확인 단계에서는 학생들이 학습할 내용과 관련된 자신의 생각(오개념 포함)을 표현한다. 교사는 학습 내용과 관련된 현상이나 예를 제시하고, 학생들은 이를 관찰하고 자신의 언어로 설명하며 자신의 생각을 정리하여 글로 쓴다.

인지 분류 단계에서는 인지 확인 단계에서 나타난 학생들의 인지 상황을 유형에 따라 분류한다. 같이 분류된 학생들끼리 모둠을 구성하여 학습을 하면 인지적으로 비슷하기 때문에 협업을 더욱 잘 수행할 수 있다.

인지 갈등 단계에서는 학생들의 생각과 상충되는 현상이나 사건을 제시한다. 이를 통해 인지 갈등을 겪는 학생들과 인지 갈등을 겪지 않는 학생들로 분류하며, 갈등을 겪는 학생들과 겪지 않는 학생들에게 각각 처치와 심화의 활동을 제시한다.

처치 단계는 인지 갈등 단계에서 인지 갈등을 일으킨 학생들이 활동하는 단계로, 인지 갈등의 원인을 분석하고 올바른 과학적 개념으로 나아가기 위한 처치를 해준다. 처치는 여러 자료와 글을 통

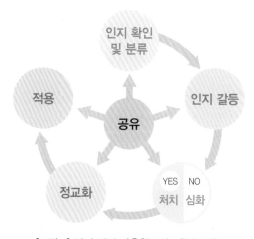

[그림 7] 인지 개별 맞춤형 교수·학습 모형

해서 학습자 스스로 과학적 개념을 구성할 수 있도록 한다.

심화 단계는 인지 갈등 단계에서 인지 갈등을 일으키지 않은 학생들이 활동하는 단계로, 어느 정도 올바른 과학적 개념을 가지고 있는 학생들인 만큼 보다 의미 있는 심화 학습을 진행시킨다.

정교화 단계에서는 지금까지의 활동을 통하여 학생들이 스스로 새로운 과학적 지식을 정교화할 수 있도록 한다. 물론 이 단계에서는 교사의 적절한 도움이 필요하다.

개념 적용 단계에서는 새로운 소재나 상황을 제시하여 학생들이 학습한 지식을 적용할 수 있도록 한다.

2. 사용되는 스마트 기술

도구명	활용 화면	활용 용도	대안 도구
스마트 패드		갤럭시노트 10.1의 화면 분할창을 이용하여 e-Book으로 학습하면서 인터넷도 검색하고, 자신에게 필요한 부분은 S노트를 이용하여 직접 정리해볼 수 있다.	컴퓨터
e-Book		e-Book에 여러 스마트 교육을 수행할 수 있는 기능을 담아, 서책형 교과서의 한계를 뛰어넘을 수 있다.	서책형 교과서
구글 드라이브		모둠별로 학습지를 함께 작성할 수 있다.	종이 활동지
클래스팅		학습 정리 개념을 공유하는 등 학급 구성원들끼리 의사소통을 하는 공유의 장으로 활용할 수 있다.	네이버 카페

다음 클라우드		수업 자료를 탑재하여 언제 어디서나 수시로 꺼내어 볼 수 있다.	USB

3. 교수·학습 과정안

1) 교수·학습 과정안 요약

학교급	초등학교	학년	3학년	학기	1학기
교과	과학	대단원	2. 동물의 세계	차시	8차시
학습 목표	다른 종류의 동물이지만 사는 곳에 따라 생김새가 비슷해질 수 있다는 것을 알 수 있다.				
스마트 활동	실시간 웹 검색, 협력적 정보 수집, SNS를 통한 학습 내용 공유				
학습자 역량	문제 해결력, 의사소통, 협업				
수업 진행	1단계 인지 확인 및 분류　　2단계 인지 갈등 처치 및 심화　　3단계 정교화　　4단계 적용				
준비물	교사	스마트 패드, 전자칠판, 사진, 동영상			
	학생	e-Book, 스마트 패드			

2) 교수·학습 과정안

● 도입

수업 단계	교수·학습 활동		전략 및 유의점	시간 (분)	활용 도구
	교사	학생			
현상 제시	환경에 적응하는 동물에 관한 동영상 제시하기	동영상을 보며 학습 문제와 연관 짓는다.	학습 주제 및 자료는 학생들이 일상생활에서 경험할 수 있는 맥락적 상황의 사례를 접하게 하는 것이 중요하다.	5	
학습 문제 확인	• 이번 시간에는 무엇을 공부할까요? : 다른 종류지만 생김새가 비슷한 동물들에 대해 그 이유를 알아봅시다.	• 동물에 대해 공부할 것 같습니다. • 환경이 동물에 미치는 영향에 대해 공부할 것 같습니다.		1	

활용 도구 　스마트 패드　 컴퓨터

활용 앱 　동영상　 프레젠테이션

● 전개

수업 단계	교수·학습 활동		전략 및 유의점	시간 (분)	활용 도구
	교사	학생			
인지 확인	• 새는 같은 무리에 속합니다. 그러나 새들의 부리가 각각 다른 생김새인 이유는 무엇 일까요?	• 먹이가 달라서입니다.		2	📝 📷 ▲
인지 분류	• 개구리, 악어, 하마의 생김새 중 무엇이 비슷한지 이야기해 봅시다. • 생김새가 비슷한 이유는 무엇 일지 생각해서 표현해봅시다. • 내가 생각한 이유와 비슷한 것을 아래에서 골라보세요. • 나와 같은 이유를 고른 친구 들과 모둠을 구성해봅시다.	• 눈과 콧구멍입니다. • 먹이 때문입니다. • 환경 때문입니다. • 먹이 때문입니다. • 환경 때문입니다. 모둠을 구성한다.	인지 분류 상황에 따 라 e-Book을 활용하 여 개별 학습을 한다.	2	📝 📷 ▲
인지 갈등 및 처치	• 생김새가 비슷한 것을 먹이 때문이라고 했는데, 먹이가 같 아서 생김새도 비슷하다는 뜻 인가요? • 먹이를 알아보려면 어떤 방 법을 사용해야 할지 고민해 봅시다. • 생각한 방법을 사용하여 먹 이를 적어봅시다. • 개구리, 악어, 하마의 먹이가 같나요? • 개구리, 악어, 하마의 비슷한 생김새를 자세히 적어봅시다. • 비슷한 생김새를 가지고 있는 이유는 무엇일까요? • 지금까지의 내용을 정리해서 빈칸을 채워봅시다.	• 네. • 검색 기능을 사용합니다. 개구리, 악어, 하마의 먹이를 검 색하고 정리한다. • 아니요. • 눈과 콧구멍이 튀어나와 있 습니다. • 물 근처에서 살아서입니다. • 개구리, 악어, 하마의 (눈)과 (콧구멍)의 생김새가 튀어나 온 모양인 이유는 (물 근처)에 살아서입니다.		15	📝 📷 ▲ NAVER
인지 심화	• 개구리, 악어, 하마의 생김새 가 비슷한 것을 환경 때문이 라고 한 이유를 표현해봅시다. • 개구리, 악어, 하마가 사는 곳 은 어디입니까?	• 모두 물 근처에 삽니다. • 물 근처입니다.		15	📝 📷 ▲

• 북극곰과 북극여우의 공통점과 그 이유를 표현해봅시다. • 북극여우와 사막여우의 차이점과 그 이유를 표현해봅시다. • 지금까지의 내용을 정리해서 빈칸을 채워봅시다.	• 털 색깔이 같습니다.-보호색 • 귀의 크기가 다릅니다.-날씨 • 개구리, 악어, 하마의 (눈)과 (콧구멍)의 생김새가 튀어나온 모양인 이유는 (물 근처)에 살아서입니다.		

활용 도구 📝 스마트 패드

활용 앱 📷 사진 🔺 구글 드라이브 검색 엔진

● 정리

수업 단계	교수·학습 활동		전략 및 유의점	시간 (분)	활용 도구
	교사	학생			
공유	• 지금까지의 내용을 다른 모둠 친구들과 공유해봅시다.	나와 다른 생각을 가진 모둠의 의견을 공유한다.	공유 과정을 통하여 다른 친구들의 의견을 듣는다. 여러 모둠의 의견을 발표함으로써 과학적 개념을 구성한다.	5	📝 C
정교화	• 배운 내용을 정리해봅시다.	다른 종류의 동물이지만 (서식환경)에 따라 (생김새)가 비슷해질 수 있다.		2	📝 🔺
적용	• 아래 사진 속 동물의 발은 누구의 것일까요? • 사진 속 동물의 발이 비슷한 생김새를 가진 이유는 무엇일까요? • 다른 종류이지만 비슷한 생김새의 동물들을 찾아봅시다.	• 오리와 개구리입니다. • 물에서 헤엄치기 때문입니다. 학생들 각자 찾아본다.		2	📝 📷 🔺
정리	• 지금까지 수집한 자료를 클라우드에 저장해보세요.	클라우드에 저장한다.		1	📝 ☁

활용 도구 📝 스마트 패드

활용 앱 📷 사진 🔺 구글 드라이브 C 클래스팅 ☁ 다음 클라우드

3) 교수·학습 자료

평가 기준

평가 범주			수행 내용	배점	평가 근거
수업 단계	인지 갈등 및 심화	상	인지별로 구성된 활동지의 내용을 단계에 맞게 빠짐없이 모두 수행했고, 내용이 자세하다.	25	활동지 또는 e-Book
		중	활동지의 내용이 완벽하진 않지만, 대부분 수행했다.		
		하	활동지의 내용 중 제대로 수행을 하지 않고 빠뜨린 부분이 있다.		
	정교화	상	다른 종류의 동물이지만 사는 곳에 따라 생김새가 비슷해질 수 있다는 개념이 활동지에 잘 표현되어 있다.	15	
		중	다른 종류의 동물이지만 사는 곳에 따라 생김새가 비슷해질 수 있다는 개념을 표현했다.		
		하	다른 종류의 동물이지만 사는 곳에 따라 생김새가 비슷해질 수 있다는 과학적 개념 서술이 미흡하다.		
	적용	상	과학적 개념을 실생활에 적용한 모습을 3개 이상 찾을 수 있다.	15	
		중	과학적 개념을 실생활에 적용한 모습을 1개 이상, 2개 이하 찾을 수 있다.		
		하	실생활에 적용하는 모습을 찾지 못한다.		
수업 과정	참여도	상	학습하기 위하여 동료들과 의견을 나눈 댓글이 10개 이상이다.	15	댓글 개수 및 관찰
		중	학습하기 위하여 동료들과 의견을 나눈 댓글이 5개 이상, 9개 이하이다.		
		하	학습하기 위하여 동료들과 의견을 나눈 댓글이 4개 이하이다.		
	결과물 저장	상	수업 과정 중에 찾거나 습득한 자료를 모두 저장하였다.	10	클라우드
		중	수업 과정 중에 찾거나 습득한 자료를 어느 정도 저장하였다.		
		하	수업 과정 중에 찾거나 습득한 자료를 거의 저장하지 않았다.		
				80	

03 스마트 모델 2: PEOE 개별 맞춤형 교수·학습 모형

1. 교수·학습 모형 설명

1) 이론적 배경: POE

POE는 3단계의 활동으로서 예측(Prediction), 관찰(Observation), 설명(Explanation)의 약자다(White & Gunstone, 1992). POE 활동은 실제 상황에서 과학 개념에 대한 학생들의 이해 정도를 탐색하기 위해 개발되었으며, 이 활동에서 가장 두드러진 특징은 예측 과정에서 찾을 수 있다. 예측 과정에서는 예측한 것과 관찰 결과가 맞지 않는 결과가 나오기도 한다. 이런 활동을 불일치 사례(Discrepant event) 라고 하며, 불일치 사례는 학생들에게 정신적인 불균형, 비평형 혹은 개념적인 갈등을 유발한다. POE의 예측 과정에서는 불일치 사례가 제시된 후, 학생들에게 '예측한 것과 실제로 관찰한 것 사이의 불일치'에 대해 설명하도록 한다. 학생들은 예측과 관찰 결과 사이의 불일치에 대한 이유를 생각하고 설명해봄으로써 단순히 지식을 암기하여 회상하는 것이 아니라 과학 개념이나 법칙, 자연 현상에 대해 깊이 있는 이해를 할 수 있다.

POE의 각 단계를 자세히 살펴보면, 먼저 예측 단계에서는 모든 학생이 특정한 구체적인 현상의 결과를 예측하고, 자신의 예측을 정당화하기 위한 이유를 제시한다. 이를 위해서는 뒷받침할 수 있는 근거를 제시하는 것이 중요하다. 예측이나 예측에 대한 근거는 가능하면 글로 표현하는 것이 좋은데, 이는 자신의 생각을 글로 옮기는 과정에서 학생들의 사고가 보다 정교해지기 때문이다.

두 번째, 관찰 단계에서는 교사가 실험 활동을 안내하고, 학생들은 실험 결과를 관찰한다. 관찰 결과의 기록은 학생들이 자신의 생각을 보다 명료화·정교화하는 역할을 할 수 있다.

설명 단계에서 학생들은 관찰한 결과를 토대로 결론을 이끌어내는 추론 과정을 거친다. 즉, 학생들이 예측한 것과 관찰한 것 사이에 존재하는 갈등이나 모순을 해결하기 위하여 활발히 사고하고 적극적으로 노력하는 단계다. 실험 결과가 예측과 동일하다면 근거를 들어 이유를 설명하도록 하고, 만약 예측과 다르게 나왔다면 왜 그런 결과가 나왔는지 이유를 설명하도록 한다.

2) 기존의 PEOE 모형

기존에 과학 교육과정에 제시되어 있는 PEOE 모형은 예상, 설명, 관찰, 설명의 4단계로 이루어

[그림 8] 기존의 PEOE 모형

져 있다([그림 8] 참조). PEOE 모형은 POE 모형 단계에 예상에 대한 설명 단계(E)를 추가한 것으로, 학생들의 예상에 대한 설명을 자세히 알 수 있다는 점에서 학생들의 인지를 드러낼 수 있는 모형이다. PEOE 모형에 따른 교수·학습에서는 교사가 학습할 내용과 관련된 대상이나 현상을 학생들에게 간단히 소개하면, 학생들은 일어날 현상이나 사건을 예상하고 그 이유를 설명한다. 그리고 그 현상이나 사건을 실제로 관찰하고 그렇게 일어난 것에 대해 설명하면서 관찰과 예상 사이의 모순을 해결하는 토론 활동을 한다.

3) PEOE 개별 맞춤형 교수·학습 모형의 단계

PEOE 개별 맞춤형 교수·학습 모형의 흐름은 [그림 9]와 같으며, 그 과정을 단계별로 살펴보면 다음과 같다.

먼저 예상 단계는 현상이 왜 그렇게 일어났는지에 대한 이유를 예상하는 단계다. 이때, 학생들의 예상이 제각기 다르므로 예상을 분류한다. 그다음 설명 단계는 자신의 예상을 정당화할 수 있는 까닭을 제시하는 단계로서, 현상이 일어난 이유에 대한 예시를 들어 설명한다. 학생들마다 예상이 다르므로 그에 대한 설명도 달라진다.

관찰 단계는 예상과 관련된 탐구를 하고 관찰된 결과를 기록하는 단계다. 이 단계에서는 학생들의 분류된 예상에 따라 실험을 수행한다. 예상과 관찰 결과가 다른 학생들은 실험을 변화시킴으로써 예상과 관찰 결과가 같아질 수 있도록 하고, 예상과 관찰 결과가 같은 학생들은 심화활동을 함으로써 개념을 정교화시킬 수 있는 개별 맞춤 학습을 할 수 있다.

설명 및 공유 단계는 예상과 관찰 결과가 다른 실험을 수행한 모둠과, 예상과 관찰 결과가 같은 실험을 수행한 모둠이 서로 수행한 결과를 설명하는 단계로서, 실험 결과에 대한 과학적 이유도 탐색하여 과학적 개념을 발견하고 찾아내게 하는 것이 이 단계의 핵심이다. 이때 교사는 모둠별로 나

[그림 9] PEOE 개별 맞춤형 교수·학습 모형

타난 결과를 미러링하여 전체 친구들과 함께 결과를 공유함으로써 결과를 정리하고 서로 피드백
해줄 수 있도록 유도한다. 또한 이 과정을 통하여 알게 된 지식을 정리하여 학급 SNS에 공유한다.

2. 사용되는 스마트 기술

도구명	활용 화면	활용 용도	대안 도구
스마트 패드		갤럭시노트 10.1의 화면 분할창을 이용하여 e-Book으로 학습하면서 인터넷도 검색하고, 자신에게 필요한 부분은 S노트를 이용하여 직접 정리해볼 수 있다.	컴퓨터
구글 드라이브		모둠별로 학습지를 함께 작성할 수 있다.	종이 활동지
클래스팅		학습 정리 개념을 공유하는 등 학급 구성원들끼리 의사소통을 하는 공유의 장으로 활용할 수 있다.	네이버 카페
다음 클라우드		수업 자료를 탑재하여 언제 어디서나 수시로 꺼내어 볼 수 있다.	USB

3. 교수·학습 과정안 I: 예상 단계에서 실험 내용을 미리 정해주지 않은 경우

1) 교수·학습 과정안 요약

학교급	초등학교	학년	6학년	학기	2학기
교과	과학	대단원	1. 날씨의 변화	차시	5차시
학습 목표	바람이 부는 방향의 원리를 알 수 있다.				
스마트 활동	실시간 웹 검색, 협력적 정보 수집, SNS를 통한 학습 내용 공유				
학습자 역량	문제 해결력, 의사소통, 협업				
수업 진행	1단계 예상 및 분류	2단계 설명	3단계 분류된 예상에 따른 관찰		4단계 설명 및 공유
준비물	교사	전자칠판, 스마트 패드, 사진, 동영상			
	학생	e-Book, 스마트 패드			

2) 교수·학습 과정안

● 도입

수업 단계	교수·학습 활동		전략 및 유의점	시간 (분)	활용 도구
	교사	학생			
동기 유발	바람이 불어 이로운 점과 해로운 점 이야기해보기	• 빨래를 말릴 수 있습니다. • 태풍의 피해가 있습니다.	학습 주제 및 자료는 학생들의 예상과 관찰 결과가 다른 것으로 하는 것이 핵심이다. 자료는 e-Book으로 제시할 수도 있다.	4	📝 📷
학습 문제 확인	• 이번 시간에는 무엇을 공부할까요? : 바람의 방향 원리를 알아봅시다.	• 바람에 대해 이야기해볼 것 같습니다.		1	💻 📊

활용 도구 📝 스마트 패드　💻 컴퓨터

활용 앱 📷 사진　📊 프레젠테이션

● 전개

수업 단계	교수·학습 활동		전략 및 유의점	시간 (분)	활용 도구
	교사	학생			
예상	• 냉장고 위쪽과 아래쪽에 휴지 한 장을 갖다 대면 각 휴지는 어느 방향으로 날릴까요?	• 위쪽의 휴지는 냉장고 안쪽으로, 아래쪽의 휴지는 냉장고 바깥쪽으로 날릴 것 같습니다. • 둘 다 냉장고 안쪽/바깥쪽으로 날릴 것 같습니다.	학생들이 여러 예상을 할 수 있는 문제를 선택하여 제시한다.	5	✏️🔺
설명	• 예상에 대한 이유를 생각하여 설명해봅시다.	각자 예상의 이유에 대한 설명을 다른 친구들과 공유한다.	학생마다 예상에 대한 이유가 다르기 때문에 서로의 생각을 전체로 공유한다.	5	✏️ⓒ
관찰 및 분류	• 바람이 부는 원리를 알아보기 위한 실험을 설계하고 실험해봅시다. • 실험 결과가 예상과 같은지, 다른지를 설명해봅시다.	대류 상자 실험을 통해 실험을 설계하고 결과를 정리한다. 예상과 실험 결과가 다르다: 바람의 원리에 관한 중점 학습(대류와 바람의 원리 알기) 예상과 실험 결과가 같다: 바람에 관한 심화 학습(내가 주택설계사라면?)	대류상자 실험 시 준비물만 제시하고, 실험 설계는 학생들이 스스로 하게 한다.	20	✏️🔺
설명 및 공유	• 실험 결과를 설명하고, 바람이 부는 원리를 정리해서 공유해봅시다.	학급 SNS에 공유한다. 바람은 (차가운 곳)에서 (따뜻한 곳)으로 불어온다.	예상과 실험 결과가 같은 학생과 다른 학생들의 공유를 통해 과학적 개념 정리를 한다.	2	✏️🔺ⓒ

활용 도구 ✏️ 스마트 패드

활용 앱 🔺 구글 드라이브 ⓒ 클래스팅

● 정리

수업 단계	교수·학습 활동		전략 및 유의점	시간 (분)	활용 도구
	교사	학생			
적용 및 정리	• 바닷가에서 낮과 밤에 바람이 부는 방향을 적어봅시다.	• 낮에는 바다에서 육지로 붑니다. • 밤에는 육지에서 바다로 붑니다.	해풍과 육풍의 원리가 바람의 원리임을 안다.	2	✏️🔺

| | | | 지금까지 수집한 자료를 클라우드에 저장해보세요. | 클라우드에 저장한다. | | 1 | |

3) 교수·학습 자료

(1) 평가 기준

평가 범주			수행 내용	배점	평가 근거
수업 단계	예상 설명	상	예상에 관한 설명이 자세하고 과학적으로도 정확하다.	15	활동지 또는 e-Book
		중	예상에 관한 설명을 썼다.		
		하	예상에 관한 설명을 제대로 쓰지 않았다.		
	관찰	상	실험 방법을 잘 알고, 과정에 맞게 진지한 태도로 실험을 잘 수행하며, 결과를 자세히 정리했다.	25	관찰
		중	실험 방법을 어느 정도 알고, 실험을 수행하고, 결과를 정리했다.		
		하	실험 방법을 잘 알지 못하고, 실험을 할 때 장난을 치는 모습이 보이며, 결과 정리가 미흡하다.		
	관찰 설명	상	'바람은 차가운 곳에서 따뜻한 곳으로 불어온다'는 개념이 활동지에 잘 표현되어 있다.	15	활동지 또는 e-Book
		중	'바람은 차가운 곳에서 따뜻한 곳으로 불어온다'는 개념을 어느 정도 표현했다.		
		하	'바람은 차가운 곳에서 따뜻한 곳으로 불어온다'는 개념을 인지하지 못한다.		
수업 과정	공유	상	학습하기 위하여 동료들과 의견을 나눈 댓글이 10개 이상이다.	15	댓글 개수 및 관찰
		중	학습하기 위하여 동료들과 의견을 나눈 댓글이 5개 이상, 9개 이하다.		
		하	학습하기 위하여 동료들과 의견을 나눈 댓글이 4개 이하다.		
	결과물 저장	상	수업 과정 중에 찾거나 습득한 자료를 모두 저장하였다.	10	클라우드
		중	수업 과정 중에 찾거나 습득한 자료를 어느 정도 저장하였다.		
		하	수업 과정 중에 찾거나 습득한 자료를 거의 저장하지 않았다.		
				80	

(2) 학습지

문제 제시(공통)

1. 냉장고 문을 열어 아래쪽과 위쪽에 낱장의 휴지를 갖다 댔을 때, 휴지가
   날리는 방향을 예상해봅시다. **(예상)**

    예상: 냉장고 아래쪽의 휴지는 (   ) 방향으로 날리고,

         냉장고 위쪽의 휴지는 (   ) 방향으로 날릴 것이다.

2. 내가 예상한 이유를 설명해보고, 학급 친구들과 공유해봅시다. **(설명)**

3. 대류상자를 이용한 실험을 설계하고, 관찰 결과를 아래 그림에 화살표로 나타내봅시다.

(관찰)

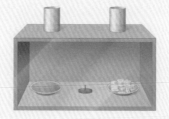

학습지 1: 예상과 관찰 결과가 다른 학생용

4-1. 아래의 내용을 검색해보고, 중요한 내용을 정리해봅시다. **(처치)**
   (1) 대류현상

   (2) 바람이 부는 까닭

4-2. 내 예상과 관찰 결과가 다른 이유를 배운 내용을 생각하여 적어봅시다.

4. 내가 만약 건축가가 되어 집을 짓는다고 가정해봅시다. 창문으로 바람이 잘 통하도록 하려면 창문의 위치를 어디에 두어야 할지 바람의 원리를 적용하여 구성해봅시다. (심화)

정리(공통)

5. 관찰 결과를 설명하고, 공유를 통하여 바람이 부는 방향을 알아봅시다. (설명 및 공유)

관찰 결과 설명	
바람의 원리	바람은 ( )에서 ( )으로 분다.

6. 바닷가에서 낮과 밤에 바람이 부는 방향을 적어봅시다. (적용 및 정리)

낮	( )에서 ( )로 불어온다.
밤	( )에서 ( )로 불어온다.

4. 교수·학습 과정안 II: 예상 단계에서 실험 내용을 미리 정해준 경우

1) 교수·학습 과정안 요약

학교급	초등학교	학년	5학년	학기	1학기
교과	과학	대단원	2. 전기회로	차시	7/10차시
학습 목표	전기회로에서 전류가 흐르는 방향을 알 수 있다.				
스마트 활동	실시간 웹 검색, 협력적 정보 수집, SNS를 통한 학습 내용 공유				
학습자 역량	문제 해결력, 의사소통, 협업				
수업 진행	**1단계** 예상 및 분류 → **2단계** 설명 → **3단계** 분류된 예상에 따른 관찰 → **4단계** 설명 및 공유				
준비물	교사	전자칠판, 스마트 패드, 사진, 동영상			
	학생	e-Book, 스마트 패드			

2) 교수·학습 과정안

● 도입

수업 단계	교수·학습 활동		전략 및 유의점	시간 (분)	활용 도구
	교사	학생			
동기 유발	• 우리 주변에서 쓰이는 LED를 찾아봅시다.	생활 속에서 접하게 되는 LED를 생각해보고 찾아본다.	학습 주제 및 자료는 학생들의 예상과 관찰 결과가 다른 것으로 하는 것이 핵심이다. 자료는 e-Book으로 제시할 수도 있다.	4	
학습 문제 확인	• 이번 시간에는 무엇을 공부할까요? : 전기회로에서 전류가 흐르는 방향을 알아봅시다.	• 전기에 대해 배울 것 같습니다. • LED에 대해 배울 것 같습니다.		1	

활용 도구 📝 스마트 패드 💻 컴퓨터　**활용 앱** 📷 사진 🖥 프레젠테이션

● 전개

수업 단계	교수·학습 활동		전략 및 유의점	시간 (분)	활용 도구
	교사	학생			
예상 및 분류	• LED는 긴 발 쪽에서 짧은 발 쪽으로 전류가 흐를 때 빛이 나는 특성이 있습니다.			3	

수업 단계	교사	학생	전략 및 유의점	시간 (분)	활용 도구
	• 다음 그림의 회로를 만들었을 때, ①과 ② 중 어느 LED에 빛이 들어올까요?	 ①과 ② 중 선택한다.			
설명	• 선택한 이유를 생각하여 적어 보고, 나와 같은 선택을 한 친구들과 모둠을 구성해봅시다.	학생들 각자 선택한 이유를 적고 모둠을 구성한다.	예상 내용에 따라 모둠을 구성하여 실험한다.	2	
분류된 예상에 따른 관찰	• 직접 LED를 연결한 전기회로를 통해 실험해보고, 어느 것에 빛이 들어오는지 확인하고 관찰해봅시다.	긴 발을 (+)극에 연결한 ①번 회로에는 빛이 들어온다. 짧은 발을 (+)극에 연결한 ②번 회로에는 빛이 들어오지 않는다는 것을 안다.		15	
설명 및 공유	• LED 실험 결과를 바탕으로 전기회로에서 전류의 방향을 설명해봅시다. • 전류의 방향에 대한 설명을 클래스팅에 공유해봅시다.	• ①의 LED에서 빛이 난 것으로 보아 전류는 전지의 (+)극에서 (−)극으로 흐른다는 것을 알 수 있습니다. • ②의 LED에서 빛이 난 것으로 보아 전류는 전지의 (−)극에서 (+)극으로 흐르지 않는다는 것을 알 수 있습니다. 클래스팅에 공유한다.	공유 과정을 통하여 다른 친구들의 의견을 듣는다. 여러 모둠의 의견을 발표함으로써 과학적 개념을 구성한다.	10	

활용 도구 스마트 패드

활용 앱 사진 구글 드라이브 클래스팅

● 정리

수업 단계	교수·학습 활동		전략 및 유의점	시간 (분)	활용 도구
	교사	학생			
적용 및 정리	• 실험을 통하여 알 수 있는 것은 무엇일까요? • 전기회로도에서 전류가 흐르는 방향을 표시해봅시다. • 지금까지 수집한 자료를 클라우드에 저장해보세요.	• 전류는 한 방향으로 흐르며, 전지의 (+)극에서 (−)극으로 흐른다는 것을 알 수 있습니다. 전기회로도에서 전류가 흐르는 방향을 화살표로 표시한다. 클라우드에 저장한다.		4	

차시 예고	• 다음 시간에는 전기를 바르고 안전하게 사용하는 방법에 대해 공부해봅시다.	다음 시간에 공부할 내용을 확인한다.		1	

활용 도구 스마트 패드 컴퓨터

활용 앱 프레젠테이션 구글 드라이브 다음 클라우드

3) 교수·학습 자료

(1) 평가 기준

평가 범주			수행 내용	배점	평가 근거
수업 단계	예상 설명	상	예상에 관한 설명이 자세하고 과학적으로도 정확하다.	15	활동지 또는 e-Book
		중	예상에 관한 설명을 썼다.		
		하	예상에 관한 설명을 제대로 쓰지 않았다.		
	관찰	상	실험 방법을 잘 알고, 과정에 맞게 진지한 태도로 실험을 잘 수행하며, 결과를 자세히 정리했다.	25	관찰
		중	실험 방법을 어느 정도 알고, 실험을 수행하고, 결과를 정리했다.		
		하	실험 방법을 잘 알지 못하고, 실험을 할 때 장난을 치는 모습이 보이며, 결과 정리가 미흡하다.		
	관찰 설명	상	'전류는 한 방향으로 흐르며, 전지의 (+)극에서 (−)극으로 흐른다'는 개념이 활동지에 잘 표현되어 있다.	15	활동지 또는 e-Book
		중	'전류는 한 방향으로 흐르며, 전지의 (+)극에서 (−)극으로 흐른다'는 개념을 어느 정도 표현했다.		
		하	'전류는 한 방향으로 흐르며, 전지의 (+)극에서 (−)극으로 흐른다'는 개념을 인지하지 못한다.		
수업 과정	공유	상	학습하기 위하여 동료들과 의견을 나눈 댓글이 10개 이상이다.	15	댓글 개수 및 관찰
		중	학습하기 위하여 동료들과 의견을 나눈 댓글이 5개 이상, 9개 이하다.		
		하	학습하기 위하여 동료들과 의견을 나눈 댓글이 4개 이하다.		
	결과물 저장	상	수업 과정 중에 찾거나 습득한 자료를 모두 저장하였다.	10	클라우드
		중	수업 과정 중에 찾거나 습득한 자료를 어느 정도 저장하였다.		
		하	수업 과정 중에 찾거나 습득한 자료를 거의 저장하지 않았다.		
				80	

(2) 학습지

1. LED는 긴 발 쪽에서 짧은 발 쪽으로 전류가 흐를 때 빛이 납니다.
   다음 그림의 회로를 만들었을 때, ①과 ② 중 어느 LED에 빛이 들어올까요? (예상)

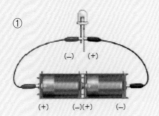 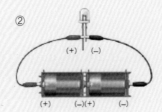

2. 선택한 이유를 적어봅시다. (설명)

_____

_____

_____

_____

_____

3. 자신이 선택한 실험을 직접 실험해보고, 관찰한 결과를 적어봅시다. (관찰)

실험 결과	불이 ( ).

4. 실험을 다시 해보고, 관찰 결과 사진을 찍어 결과와 함께 공유해봅시다. (처치)

변화시킨 것	( )했더니, 불이 켜졌다.

3. 자신이 선택한 실험을 직접 실험해보고, 관찰한 결과를 적어봅시다. **(관찰)**

실험 결과	불이 ( ).

4. 다음 자료를 읽고 직류와 교류에 대해 정리해봅시다. **(심화)**

전류 전쟁

직류	
교류	

5. 관찰 결과를 설명하고 공유를 통하여 전류가 흐르는 방향을 알아봅시다. **(설명 및 공유)**

관찰 결과 설명	LED의 긴 발이 전지의 ( )극과 연결되었을 때는 불이 켜지고, 전지의 ( )극과 연결되었을 때는 불이 켜지지 않았다.
전류가 흐르는 방향	전류는 ( )극에서 ( )극으로 흐른다.

6. 다음 전기회로도에서 전류가 흐르는 방향을 전선에 화살표(→)로 표시해봅시다.

(적용 및 정리)

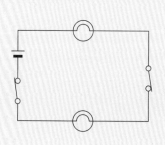
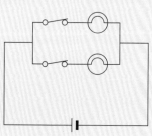

04 스마트 모델 3: 역발상 교수·학습 모형

1. 교수·학습 모형 설명

1) 이론적 배경: 역발상

현대 사회에서는 아이디어를 창출해내는 것이 힘이고 능력이라 할 수 있다. 하지만 아이디어를 창출해내는 것은 아무나 쉽게 할 수 있는 것이 아니고 수많은 훈련이 필요하다. 이러한 아이디어를 생성해내는 패턴을 도식화한 것이 바로 창의적 사고기법이다.

역발상(Assumption Reversal)이란 문제에 대한 기존 생각을 거꾸로 하여 아이디어를 생각하는 창의적 사고기법이다. 기존의 사물이 가지고 있는 특징이나 생각을 거꾸로 발상한 후, 거꾸로 생각한 아이디어를 구현하여 새로운 산출물을 만들어내는 방법이다(Lavinsky, 2009; 강성주, 2013). 역발상 기법은 당연히 있어야 한다고 생각하는 특성을 없애거나 변형시키면서 틀에 박힌 생각이나 고정관념을 깨고 창의적인 아이디어로 바꾸어 변형시킬 수 있다는 점에서 큰 장점이 있다.

2) 기존의 역발상 모형

기존의 역발상 모형은 도전 과제, 특징 분석, 역발상, 방법 찾기의 4단계로 이루어져 있다.

도전 과제 단계에서는 도전해야 할 과제나 문제를 정의하는 활동을 하고, 특징 분석 단계에서는 과제가 가지고 있는 일반적인 특징들을 기술한다. 역발상 단계에서는 전 단계에서 기술한 특징 분석을 거꾸로 뒤집어서 기술해보고, 방법 찾기 단계에서는 역발상 방법 중에서 실현 가능성이 있는 역발상 한 가지를 선택하여 방법을 생각해본다([그림 10] 참조).

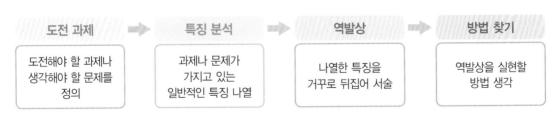

[그림 10] 기존의 역발상 모형

3) 역발상 교수·학습 모형의 단계

이 모형의 단계는 [그림 11]과 같이 정리할 수 있는데, 먼저 문제 정의 단계에서는 도전해야 할 과제나 생각해야 할 문제를 정의한다. 예를 들어 창의적인 새로운 선풍기를 만들어야 한다면 '새로운 선풍기 만들기'가 도전할 과제가 될 것이다.

특징 도출 단계에서는 주어진 과제가 가지고 있는 기본적이고 일반적인 특징들을 나열하고, 당연하다고 생각되는 특징들까지 뽑아낸다. '새로운 선풍기 만들기' 과제에서 본다면, 기존의 선풍기가 가지고 있는 일반적인 특징들을 나열하는 것이다. 예를 들면, '선풍기는 날개가 있다', '선풍기는 전기에너지로 작동한다' 등이다.

역발상 단계에서는 특징 도출 단계에서 서술했던 특징들을 거꾸로 뒤집어본다. 예를 들어 '날개가 있다'는 특징을 뒤집으면 '날개가 없다'가 되고, '전기에너지로 작동한다'는 특징을 뒤집으면 '전기에너지가 아닌 다른 에너지로 작동한다'와 같이 할 수 있다.

아이디어 선택 및 실현 단계는 역발상 단계에서 구체적인 방법을 선택하고 실현할 수 있는 방법을 생각하는 것이다. 예를 들어 '선풍기에 날개가 없다'는 역발상을 선택하고 실현하고 싶다면, 날개 없이 선풍기의 역할을 할 수 있게 하는 방법을 생각하는 것이다.

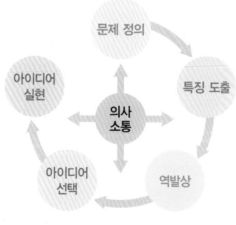

[그림 11] 역발상 교수·학습 모형

2. 사용되는 스마트 기술

도구명	활용 화면	활용 용도	대안 도구
스마트 패드		갤럭시노트 10.1의 화면 분할창을 이용하여 인터넷을 검색하고, 자신에게 필요한 부분은 S노트를 이용하여 직접 정리해볼 수 있다.	컴퓨터
구글 드라이브		모둠별로 학습지를 함께 작성할 수 있다.	종이 활동지
클래스팅		학급 구성원들끼리 의사소통을 하는 공유의 장으로 활용할 수 있다.	네이버 카페
다음 클라우드		수업 자료를 탑재하여 언제 어디서나 수시로 꺼내어 볼 수 있다.	USB
마인드맵		아이디어를 정리할 수 있다.	마인드맵 종이

3. 교수·학습 과정안

1) 교수·학습 과정안 요약

학교급	초등학교	학년	4학년	학기	2학기
교과	과학	대단원	3. 열전달과 우리 생활	차시	8~9/10차시
학습 목표	열이 잘 전달되지 않는 물질을 이용하여 보온병을 고안할 수 있다. 효과적인 보온 방법을 설명할 수 있다.				
스마트 활동	실시간 웹 검색, 협력적 정보 수집, SNS를 통한 학습 내용 공유				
학습자 역량	창의력, 문제 해결력, 비판적 사고 능력				
수업 진행	1단계 문제 정의	2단계 특징 도출	3단계 역발상	4단계 아이디어 선택 및 실현	
준비물	교사	전자칠판, 스마트 패드, 사진, 동영상			
	학생	스마트 패드			

2) 교수·학습 과정안

● 도입

수업 단계	교수·학습 활동		전략 및 유의점	시간 (분)	활용 도구
	교사	학생			
동기 유발	• 보온병이 평소에 어떻게 쓰이는지 알아볼까요?	보온병에 들어 있는 따뜻한 차와 차가운 음료수를 마시면서 보온병에 대해 이야기해본다.	학습 주제 및 자료는 학생들이 평소에 불편하게 생각하거나 발명의 욕구를 느끼는 것으로 정하는 것이 좋다.	4	
학습 문제 확인 (문제 정의)	• 이번 시간에는 무엇에 대해 공부할까요? : 나만의 보온병을 만들어봅시다.	학습 문제를 확인한다.		1	🖥️🎭

활용 도구 🖥️ 컴퓨터

활용 앱 🎭 프레젠테이션

● 전개

수업 단계	교수·학습 활동		전략 및 유의점	시간 (분)	활용 도구
	교사	학생			
특징 도출	• 보온병의 특징을 적어봅시다.	• 플라스틱 뚜껑으로 되어 있습니다. • 겉면이 철로 되어 있습니다. • 보온병 안은 진공 상태의 구조로 되어 있습니다. 마인드맵 앱을 이용한다.		10	
역발상	• 보온병의 특징을 역발상하여 적어봅시다.	• 플라스틱이 아닌 뚜껑. • 철이 아닌 다른 겉면. • 보온병 안이 진공 상태가 아닌 다른 구조. 마인드맵 앱을 이용한다.	역발상을 할 때는 고정관념을 깨도록 하는 것이 중요하다.	5	
아이디어 선택	• 각자 역발상한 것을 토대로 아이디어를 선택해봅시다.	학생들 개인별로 역발상한 것 중에서 실현 가능성이 있는 것을 선택하고 선택 기준을 정리한다.		5	
아이디어 실현	• 아이디어를 실현할 방법을 찾아봅시다.	포털 검색을 통한 자료를 이용해 실현 방법을 모색한다.	실현 방법은 저비용, 고효율의 원칙을 인지하며 활동하도록 한다.	5	

활용 도구 스마트 패드

활용 앱 마인드맵 검색 엔진

● 정리

수업 단계	교수·학습 활동		전략 및 유의점	시간 (분)	활용 도구
	교사	학생			
아이디어 공유 및 발전	• 지금까지 한 내용을 친구들과 공유해봅시다. • 아이디어를 공유한 내용을 바탕으로 새로운 물건 만들기를 생각해봅시다.	친구들과 아이디어를 공유하며 실제로 적용 가능한지, 장단점은 무엇인지 안다. 집단지성을 활용하여 지금까지 나온 아이디어를 구체화 및 정교화하여 새로운 물건을 모색해보는 활동을 한다.	공유 과정은 의견을 나눔과 더불어 의견을 정교화함으로써 집단지성으로 인한 아이디어 발전의 의미를 가진다. 이 단계에서는 실행 방안을 모색하고 아이디어를 구체화하는 등의 과정을 글로 써봄으로써, 이후에 실제로 제품 만들기를 할 수도 있다.	9	

| 정리 | ·지금까지 수집한 자료를 클라우드에 저장해보세요. | 클라우드에 저장한다. | | 1 | |

활용 도구 📝 스마트 패드

활용 앱 ⓒ 클래스팅 ☁ 다음 클라우드

3) 교수·학습 자료

(1) 평가 기준

평가 범주			수행 내용	배점	평가 근거
수업 단계	특징 도출 및 역발상	상	보온병의 특징을 도출 및 역발상한 개수가 각각 6개 이상이다.	15	활동지 또는 e-Book
		중	보온병의 특징을 도출 및 역발상한 개수가 각각 3개 이상, 5개 이하다.		
		하	보온병의 특징을 도출 및 역발상한 개수가 각각 2개 이하다.		
	아이디어 선택	상	역발상에서 선택한 아이디어의 기준이 과학적으로 적절하다.	25	관찰
		중	역발상에서 선택한 아이디어의 기준을 표현했다.		
		하	역발상에서 선택한 아이디어의 기준을 적지 않았다.		
	아이디어 실현	상	선택한 아이디어를 실현하는 방법이 현실적으로 충분히 가능하며 효율성이 있다.	15	활동지 또는 e-Book
		중	선택한 아이디어를 실현하는 방법이 가능하다.		
		하	선택한 아이디어를 실현하는 방법이 현실적으로 불가능하다.		
수업 과정	공유	상	학습하기 위하여 동료들과 의견을 나눈 댓글이 10개 이상이다.	15	댓글 개수 및 관찰
		중	학습하기 위하여 동료들과 의견을 나눈 댓글이 5개 이상, 9개 이하다.		
		하	학습하기 위하여 동료들과 의견을 나눈 댓글이 4개 이하다.		
	결과물 저장	상	수업 과정 중에 찾거나 습득한 자료를 모두 저장하였다.	10	클라우드
		중	수업 과정 중에 찾거나 습득한 자료를 어느 정도 저장하였다.		
		하	수업 과정 중에 찾거나 습득한 자료를 거의 저장하지 않았다.		
				80	

(2) 학습지

문제 제시(공통)

※ 다음 상황을 읽고 오늘의 도전 문제를 알아봅시다. (현상 제시)

> 철민이는 가족들과 소풍을 가기로 했습니다.
> 소풍에 필요한 준비물을 챙기던 중 아버지께서 보온병 두 개 중 하나에는 따뜻한 보리차를, 다른 하나에는 차가운 커피를 담으시는 것을 보았습니다. 지금까지 보온병이 따뜻하게 보존하는 역할만 하고 있다고 생각해온 철민이는 보온병의 원리가 궁금해졌습니다.

1. 오늘 도전 문제는 무엇인가요? (문제 정의)
   나만의 보온병(보냉병) 만들기

2. 아래 내용을 해결해봅시다. (특징 도출 및 역발상)

보온병의 특징	역발상하기

(아이디어 선택)
내가 선택한 역발상 방법:
선택한 기준:

3. 역발상에 대한 실현 방법을 찾아봅시다. (아이디어 실현)

_____

_____

_____

_____

05 e-Book 적용 사례

본 연구에서는 초등 과학 3학년 1학기 2단원 동물의 세계 중 '사는 곳에 따른 동물의 생김새'에 대한 내용을 주제로 인지 개별 맞춤형 교수·학습 모형을 적용하여 e-Book을 만들어보았다. e-Book 제작 프로그램은 Fdesk로, 컴퓨터, 안드로이드용 패드로 출판이 가능하다. e-Book의 자세한 내용 및 구성은 다음 그림을 참고하기 바란다.

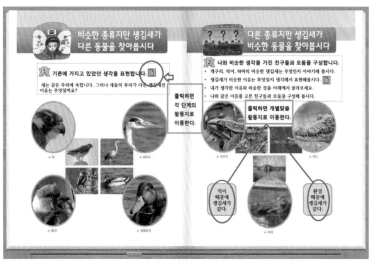

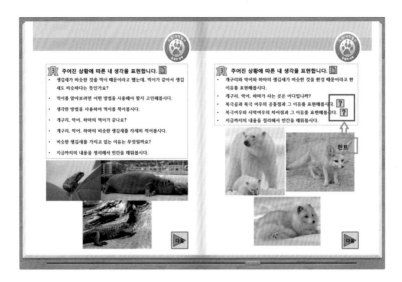

참고문헌

교육과학기술부(2011). 과학 3-2 초등학교 교사용 지도서, 서울: 금성출판사.

교육과학기술부(2011). 과학 5-1 초등학교 교사용 지도서, 서울: 금성출판사.

교육과학기술부(2011). 스마트 교육 추진전략, 서울: 교육과학기술부.

강성주, 박지영, 윤지현(2013). 역발상적 사고 기법의 가능성 탐색: 대학생들의 아이디어 생성 과정의 특징을 중심
    으로, 한국과학교육학회, 33(2), pp.501-510.

강인애(1998). 구성주의적 교수-학습의 원리와 적용, 교육이론과 실천, 8(1), pp.23-44.

권재술(1989). 과학 개념형성의 한 인지적 모형, 물리교육, 7, pp.1-9.

김병오(2003). 구성주의에 기초한 어린이의 제2언어 습득 책략에 관한 연구, 석사학위논문, 전남대학교 대학원.

김진우(2006). 창의적 문제 해결 이론에 관한 연구, 석사학위논문, 금오공과대학교 산업대학원.

동아일보 매거진. '직류전기' 토머스 에디슨 vs '교류전기' 니콜라 테슬라.

http://shindonga.donga.com/docs/magazine/shin/2012/05/21/201205210500041/201205210500041_1.html

오수연(2005). 역발상 마케팅으로 여성의 소비를 자극하자, 마케팅, 39(1), pp.76-78.

임희석(2012). 스마트 교육-스마트하게 가르쳐라, 서울: 휴먼사이언스

전명숙(2004). 인지 갈등을 통한 중학생의 빛의 색에 대한 개념 변화, 석사학위논문, 한국교원대학교 교육대학원.

최병순 외(2004). 화학 교재 연구 및 지도, 서울: 자유아카데미.

탁영미(2008). 인지 갈등에 의한 물체의 뜨고 가라앉음과 밀도의 관련성에 대한 개념변화, 석사학위논문, 한양대
    학교 교육대학원.

한경돈 외(2011). IT기술을 활용한 집단적 아이디어 발상 연구, 조형미디어학, 14(2), pp.209-214.

홍도(2011). 역발상 패키지디자인이 소비자인식에 미치는 영향에 관한 연구, 브랜드디자인학연구, 9(3), pp.165-178.

Bernie Trilling & Charles Fadel(2012). 21세기 핵심 역량, 서울: 학지사.

Hashweh, M.(1986). Toward an explanation of conceptional change, *European Journal of Science Education*,
    8(3), pp.229-249.

Lavinsky Dave(2009). The Assumption Reversal brainstorming Technique, http://www.viddler.com/explore/
    GrowthinkU/videos/6/

White & Gunstone(1997). The Content of Science: A Constructivist Approach to its Teaching and Learning,
    Science Education, *81*(5), pp.606-608.

스마트 교육을 통한 교실 혁명
초등 도덕

도덕 교육과 스마트 교수·학습 모형

01 도덕 교육과 스마트 교수·학습 모형의 개요

1. 도덕 교육과 21세기 학습자 역량

지식 기반 사회에서 지식량의 폭발적 증가는 지식 효용성 소멸 주기가 점점 더 단축되고 있음을 의미한다. 학생들은 교과서뿐 아니라 다양한 첨단 정보기기들을 통해서 학교 밖에서 학습을 하고 있다. 그러나 지식 기반 사회에서 유통되는 지식은 부정확하고 검증되지 않은 지식일 수 있으며 인성의 균형 있는 발달에 있어서는 취약할 수 있다. 특히 초등학교에서의 스마트 교육은 아직 정보를 가공하거나 생산하는 능력이 미비한 학생들을 대상으로 한다는 점에서 인성 발달에 대한 종합적 이해를 바탕으로 접근할 필요가 있다. 이에 스마트 교육을 실천하는 과정에서 가장 우려될 수 있는 인성 교육을 보완하고 21세기 학습자 핵심 역량을 길러내기 위해서는 스마트 학습 도구를 효과적으로 활용하여 도덕성을 발달시키는 스마트 도덕과 교수·학습 방안을 마련하여야 한다.

오늘날 인성 교육을 위한 학교의 역할과 사명을 고려할 때 도덕과는 인성 교육의 핵심 교과이다. 도덕 교과는 공동체 구성원이 공유해야 할 행위의 표준 혹은 도덕적 가치의 공통 기반을 제공할 뿐만 아니라, 특정 가치 체계를 초월하는 보편적 가치에 근거하여 도덕적 탐구와 도덕적 성찰 학습 경험을 제공하여야 한다. 스마트 환경에서 도덕과는 학생들이 인격적 성품이 발달된 사람으로 성장해 가는 데 기여함으로써 인성 교육의 핵심 교과로서 기능할 수 있어야 한다.

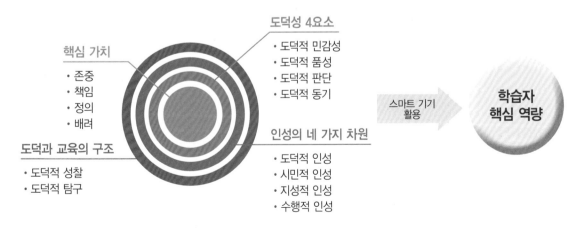

[그림 1] 도덕과 교육을 통한 21세기 학습자 핵심 역량 강화

[표 1] 핵심 역량의 범주 및 요소

범주	역량
자율적으로 행동하기	넓은 시각에서 행동하는 능력 인생 계획을 설정하고, 개인적 과제를 실행하는 능력 자신의 권리, 관심, 한계, 요구를 옹호하고 주장하는 능력
도구를 상호작용적으로 활용하기	언어, 상징, 텍스트를 상호작용하도록 활용하는 능력 지식과 정보를 상호작용하도록 활용하는 능력 기술을 상호작용하도록 사용하는 능력
이질적 사회집단에서 상호작용하기	관계 형성 능력 협동 능력 갈등 관리 및 해결 능력

특히 [그림 1]과 같이 인성의 복합적 차원들을 이해하면서 J. Rest(1983)의 도덕성 4요소를 바탕으로 핵심적 가치덕목을 길러내는 것은 도덕과의 주된 목표라 할 수 있다. 도덕과의 목표를 효과적으로 구현하기 위한 여러 가지 방법들 중 스마트 디바이스를 활용하는 것은 21세기 학습자 핵심 역량이라 할 수 있는 자율적 행동 능력과 이질적인 사회집단에서의 상호작용 능력, 여러 가지 도구의 상호작용적 활용 능력을 신장하는 데 기여할 수 있다. 초등학생의 도덕성 발달을 위해서는 학교 교육과 학교 밖 학습 경험을 통합하는 스마트 교육을 구축하여 학생들이 자율성과 지식과 도구를 상호작용적으로 활용하는 능력을 발달시킬 수 있도록 하는 데 중점을 두어야 한다.

핵심 역량(Key Competency)은 각 개인이 사회 속에서 성공적인 삶을 영위하고 사회가 잘 기능할 수 있도록 하는 데 필요한 최소한의 필수적 능력이나 자질을 말한다. OECD의 DeSeCo(Defining and Selecting Key Competencies) 프로젝트에서는 핵심 역량을 [표 1]에서와 같이 자율적 행동 능력, 여러 가지 도구 상호작용적 활용 능력, 이질적인 사회집단에서의 상호작용 능력 세 가지 범주로 제안하고, 범주별로 세 가지씩의 능력 요소를 제안한 바 있다.[1]

학교 교육에서의 실행 측면에서 핵심 역량은 교과 역량과 범교과 역량으로 구분된다. 교과 역량에는 최소한 다른 사람들과 읽기·쓰기를 통해 의사소통하는 능력(모국어 숙달, 독해, 한 가지의 외국어 숙달, 기본적인 수학 기능과 계산 능력, 컴퓨터 문해력과 미디어 능력), 개인을 세계 속에 놓이게 하는 능력(자연과 사회에 대한 지식, 시민성의 발달)이 포함된다. 범교과 능력에는 최소한 메타 인지 능력(문제 해결, 학습 전략 개발, 비판적 판단, 확산적 사고), 개인 내적 능력(동기와 감정 관리, 자아 개념, 자율성 발달), 대인관계 능력(집단에 민주적으로 가입하고 기능하는 능력, 다른 사람과 관계를 잘 형성하는 능력, 규칙에 따라 놀고 갈등을 관리하고 해결하는 능력),

---

1) D. S. Rychen(2004), Key competencies for all, in D. D. Rychen and A. Tiana, *Developing key competencies in education*, Paris: International Bureau of Education, p.20.

위치 능력(복잡성에 대처하는 능력, 다양성과 변화를 다루는 능력)이 포함된다.[2]

핵심 역량 학습은 미래 사회의 변화에 학생들이 보다 잘 적응하기 위해 갖추어야 하는 최소한의 능력이나 역량을 중심으로 교육 목표, 내용, 교수·학습 방법, 학습 평가 방법을 근본적으로 전환하는 것을 함축하고 있다. 다른 사람들과의 협력적 관계에 기초하여 창의적으로 문제를 발견하고 해결하는 능력을 갖추도록 하는 것이 그 핵심이다.

2009 개정 교육과정 이후 우리나라에서는 창의·인성 교육이 강조되어왔다. 따라서 창의성과 인성을 조화롭게 함양하는 교육과정 운영과 창의적 체험활동 프로그램 개발·운영, 창의·인성 교육에 적합한 평가 방식 개선, 창의·인성 교육을 위한 학교 환경 조성이 추진되어왔다. 정부는 핵심 역량과 창의성·인성이 조화된 교육과정과 관련해서 창의·인성 교육의 강화로 학생들에게 '지식을 집어넣는 교육' 중심에서 탈피하여 학생들의 창의성과 잠재력을 '끄집어내는 교육'으로 전환하고, 각 교과의 특성에 맞는 창의·인성 교육 요소들을 실행해야 함을 강조해왔다.

다음으로 개인의 인성은 [그림 2]와 같이 지적 인성(Intellectual Character), 도덕적 인성(Moral Character), 시민적 인성(Civic Character), 수행적 인성(Performance Character)으로 구성된다(Shields: 2011, 49). 인성의 네 가지 차원은 유능하고 윤리적이고 참여적이며 효과적인 사회 구성원의 성향과 자질을 규정한다.[3]

지적 인성은 마음의 습관, 사고의 유형, 사고하려는 성향이며, 호기심 있는, 개방적인, 반성적인, 전략적인, 회의적인, 진리를 추구하는 성향이 핵심이다. 지적 인성은 지성 자체보다는 지적 행동에 초점을 둔다. 도덕적 인성은 좋음과 옳음을 추구하려는 성향으로, 특정 덕목을 학습하는 것보다 선

[그림 2] 인성의 네 가지 차원

---

2) A. Tiana(2004). Key competencies for all, in D. D. Rychen and A. Tiana, *Developing key competencies in education*, Paris: International Bureau of Education, p.50.

3) D. L. Shields(2011). Character as the Aim of Education, *Kappan*, 92(8).

함을 실행하는 것과 관련된다. 시민적 인성은 참여적이고 책임감 있는 시민성에 필요한 지식, 기능, 덕, 헌신이다. 시민적 인성은 공동체의 이익에 기여하는 책임감 있는 시민성으로, 자기를 초월하는 경향성과 능력을 요구한다. 수행적 인성은 개인의 의도와 목적을 달성하도록 해주는 성향, 덕, 개인의 자질이며, 인내, 근면, 용기, 회복력, 낙관주의, 솔선, 충실 등의 자질을 포함한다.

인성을 복합적 차원의 구성물로 이해하는 것이 필요한 이유는 인성이 도덕적 인성으로만 좁게 이해될 때 나타날 수 있는 문제점, 즉 인성 교육을 도덕과 교육과 동일시하여 도덕과 이외의 교육에서는 인성 교육이 제대로 이루어지지 못하는 현상, 또는 공동체 생활에서 요구되는 바람직한 인성, 특히 지식을 학습할 때 필요한 인성의 요소가 인성 교육에서 중시되지 못하는 문제점이 극복될 수 있기 때문이다. 인성과 지식을 대립적이거나 양자택일적인 것으로 보기보다 지식을 학습하는 과정에서 인성이 발달되도록 함으로써 학생들이 지식의 사회적 의미를 파악하고 지식을 학습하는 이유를 분명하게 파악하도록 조력할 필요가 있으며, 이는 학생 스스로 지식의 사회적 의미를 구성하는 학습 결과를 불러올 수 있다.[4]

학생들의 지적 인성을 발달시키기 위해서 교사는 학생들이 학습 주제나 문제를 탐구하게 하는 동시에 탐구의 역할 모델이 되어야 한다. 탐구의 과정에서 교사는 학생들이 탐구 문제에 대해 비판적으로 사고하고 다른 관점에서 생각해보도록 자극해야 한다. 도덕적 인성을 발달시키기 위해서 교사는 학생들이 도덕적 추론 능력을 기르고, 도덕적으로 옳은 것으로 판단한 것에 따라 행동하려는 성향을 함양하도록 도와야 한다. 시민적 인성을 발달시키기 위해서 교사는 학생이 다른 학생들의 권리를 존중하고 공동체 활동에 참여하며 봉사하고 협력하는 습관을 형성할 수 있도록 해야 한다. 수행적 인성을 발달시키기 위해서 교사는 학생들이 자신에게 중요한 활동 영역에서 최선을 다해 지식을 추구하도록 자극하고, 자신이 한 일에 대해 자긍심을 가지도록 격려해주어야 한다.[5]

인성의 네 가지 차원을 종합적으로 분석한 후 도덕성의 네 가지 구성 요소에 대해 보다 심도 있게 접근하는 것은 도덕과에서 필수적인 작업이다. 왜냐하면 도덕과에서 다루는 도덕성의 본질을 도덕적 판단과 정서에만 국한하여, 실행력이나 품성에 대한 중요성을 간과한 측면이 많았기 때문이다. Rest의 주장처럼 도덕적 민감성, 도덕적 판단, 도덕적 동기, 도덕적 품성이 서로 밀접하게 연계되어 있다면, 단순히 한두 개의 요인들만을 고려하는 도덕성 발달에 대한 연구는 그 타당성을 의심받게 될 것이다.

도덕성의 네 가지 구성 요소란 도덕적 민감성, 도덕적 판단, 도덕적 동기, 도덕적 품성을 말한다. 제1요인에 해당하는 도덕적 민감성은 다른 사람의 감정과 반응을 해석하려는 능력을 말하고, 제2요

---

4) 김국현(2012). 인성 교육을 위한 교사의 역할 변화와 교사 교육의 개선 방향. 제6회 청람교육포럼 자료집. 인성 교육: 교육과정과 교사가 변화해야 한다. p.50.
5) 위의 책. p.51.

인에 해당하는 도덕적 판단은 어떤 행동이 옳은지 그른지를 판단하는 것이다. 제3요인에 해당하는 도덕적 동기는 어떤 일에 관심을 가지고 어떤 일을 가치 있게 생각하느냐를 의미한다. 제4요인에 해당하는 도덕적 품성은 용기, 인내심, 자기 통제 등과 같은 도덕적 선택을 지지하는 기술과 실행력을 말한다.

이러한 맥락에서 Rest는 도덕 발달의 통합적 접근을 주장하며 도덕성 4요소 모델을 제안하였다. 4요소 모델의 관점에서 도덕 행동을 분석하는 이유는 도덕 행동은 최소한 4개 정도의 복잡한 심리적 과정을 요구하기 때문이다. 또한 스마트 교육 프로그램을 계획하는 데 유용한 인지와 정서 양자를 각각의 구성 요소 안에서 탐색할 수 있고, 특히 도덕적 행동이라는 결과가 실제로 나타날 수 있게 하는 도덕성의 네 가지의 요소를 균형적으로 발달시킬 수 있는 효과적인 수업 방안을 설계할 수 있기 때문이다.

2. 도덕 교육에서의 스마트 교수·학습 모형의 개략

교수·학습 모형	수업 단계	주요 교수·학습 내용	활용 도구	핵심 학습자 역량
SNS 활용 성찰포트폴리오 모형	개인 성찰	내용 학습 및 SNS를 통한 기록 방법 알기	프레지, 미투데이, 전자칠판	협력, 관계 형성 능력, 지식과 정보를 상호작용하도록 활용하는 능력, 인생 계획을 설정하고 개인적 과제를 실행하는 능력
	모둠집단 성찰	모둠 구성원 간 자료 공유, 의견 교환, 정리	미투데이, SHOWME, 구글 독스, QR코드, hoccer	
	학급집단 성찰	학급 내 실천 의지, 다짐 활동하기	구글 독스, QR코드, 구글 검색, 프레지	
교실탐구공동체 모형	자리 배치	원형, 말굽형 배치	전자칠판	자신의 권리·관심·요구를 옹호하고 주장하는 능력, 갈등 관리 및 해결 능력, 언어·상징·텍스트를 상호작용적으로 활용하는 능력, 지식과 정보를 상호작용적으로 활용하는 능력
	사고 공유물 공유	QR코드로 자료 공유	QR코드	
	자극물 접하기	원하는 주제와 질문 선택하기	QR코드, 구글 독스	
	토론 촉진	대화로서의 토론		
	선택된 질문에 대한 토론	토론 규칙 지키기	동영상 녹화, 스마트 패드	
	탐구 확장	에버노트에 글쓰기	에버노트, 구글 독스	

02 스마트 모델 1: SNS 활용 성찰포트폴리오 모형

1. 교수·학습 모형 설명

성찰포트폴리오 모형은 2011 개정 초등학교 도덕과 교육과정 '도덕적 주체로서의 나' 영역 중 5~6학년군에 있는 '6. 돌아보고 거듭나고' 단원을 선정하여 개발하였다. 해당 단원의 개발 이유는 첫째, 도덕과의 특성이 해당 단원을 통해 가장 잘 드러나 있기 때문이다. 도덕과의 특성은 도덕과의 지식 구조를 말한다. 도덕과는 도덕적 가치와 덕목, 도덕 판단 원리, 도덕 추론의 절차와 방법, 도덕적 성찰을 기반으로 사회 현상과 문제를 옳고 그름의 관점에서 분석하고, 도덕적 실천방안을 찾아 실천하는 데 차별성이 있다. 2011 개정 도덕과 교육과정에서는 도덕적 탐구와 도덕적 성찰 두 가지가 도덕과 교수·학습 방법의 기본 원리로 강조되고 있다. 둘째, 도덕적 성찰은 2011 개정 도덕과 교육과정에서부터 새로운 학습 주제로 제시되어 교사들의 교수·학습 자료 개발 요구가 크기 때문이다. 따라서 앞서 제시한 단원을 스마트 교육으로 개발하는 것은 도덕과 교사들의 교수·학습 자료에 대한 요구를 충족시키고 도덕과의 특성을 가장 잘 드러내는 교수·학습 자료의 표준적 사례를 제시할 것으로 기대된다. 개발한 단원의 도덕과 교육학적 이론 및 배경을 정리하면 다음과 같다.

'6. 돌아보고 거듭나고' 단원의 핵심 개념인 도덕적 성찰은 도덕적 탐구에 비해 도덕과 교육에서는 새로운 개념이다. 따라서 교사들은 교수·학습 과정을 어떻게 설계하고 실행해야 하는지 낯설고 수업 설계에 어려움을 겪고 있다. 이런 점에서 스마트 디바이스를 활용하여 해당 단원을 개발·제공하는 것은 수업 설계와 실행의 효과성 제고 측면에서 가장 적합하다고 판단된다.

도덕적 성찰은 과거의 도덕적 경험을 떠올려 자신의 행동, 생각, 감정, 도덕적 판단, 의도, 신념을 조사하고, 과거의 경험에서 배운 것을 기초로 도덕적 삶의 실천 방안을 결정하는 사고의 과정을 말한다. 즉, 과거, 현재, 미래의 시간을 포괄하는 도덕적 경험에 대한 분석적이고 비판적인 도덕적 사고 과정이다. 도덕적 경험을 성찰하는 과정은 다음과 같이 네 단계를 거친다.[6]

과거, 현재, 미래의 시간 구조 속에서 이루어지는 인간의 삶에서 의식적으로 현재의 시간을 의식할 때 이 경험은 과거 사건에 관한 기억뿐 아니라 미래 사건을 예측하는 것까지 포함한다. 이러한

---

6) 김국현(2012). 도덕과 교육에서 도덕적 성찰의 의미와 교수·학습 방안. 윤리 교육, 27집.

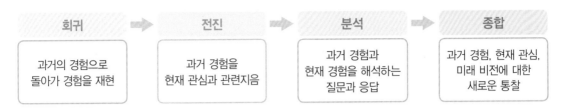

회귀	➡	전진	➡	분석	➡	종합
과거의 경험으로 돌아가 경험을 재현		과거 경험을 현재 관심과 관련지음		과거 경험과 현재 경험을 해석하는 질문과 응답		과거 경험, 현재 관심, 미래 비전에 대한 새로운 통찰

[그림 3] 도덕적 경험을 성찰하는 과정

관점에서 볼 때 스마트 디바이스의 상시적인 온라인 접속 기능을 통해서 성찰의 기회를 다양한 방식으로 제공받을 수 있으며, 교사와 학생, 학생과 학생, 교과서와 학생 간의 상호작용이 활발히 일어남으로써 공간과 시간의 구조를 초월하는 성찰의 과정을 이끌어낼 수 있다. 따라서 스마트 학습 도구를 통해 기존의 서책형 교과서가 지녔던 한계를 극복하는 과정을 특징적으로 보여줄 수 있기 때문에 이 단원을 선택하였다.

아울러 도덕적 성찰은 개인들이 일상의 삶 속에서 겪는 다양한 내면적 도덕적 갈등을 바탕으로 개인들에게 자신의 도덕적 의도를 돌아보고 현재의 도덕적 삶과 관련된 의미를 발견하며, 나아가 미래의 도덕적 삶을 위한 행동을 이끌어내는 일련의 학습 활동들을 말한다. 도덕적 성찰은 특정 상황이나 딜레마 혹은 특정 판단이나 행동에 국한되어 도덕적 사고력을 신장시키고자 하는 데서 한걸음 더 나아가, 자신의 도덕적 경험을 분석하고, 문제가 있는 행동 유형과 반복되는 단점, 잘못된 일반적 신념을 확인하고 고치는 노력을 포함한다. 때문에 개인의 인성을 함양하는 데 중요한 의미가 있는 학습 활동이다. 그러므로 도덕적 성찰 수업에서는 학습자가 자신의 행동의 옳고 그름을 스스로 되돌아보고 판단하여 보다 도덕적인 행동을 실천하게 하는 데 목적이 있다.

학습자가 자신의 도덕적 경험을 중심으로 삶을 성찰할 수 있도록 자신이 겪은 도덕적 경험을 성찰포트폴리오로 작성하게 하는 것은 매우 효과적일 수 있다. 성찰포트폴리오를 제작하는 목적은 도덕적 경험의 내용을 확인하고, 그것이 자신의 현재 특성에 미친 영향을 파악하고, 미래의 행동과 인격 특성을 설정하기 위해서다. 성찰포트폴리오는 과거 경험의 사건에 대한 기술과 과거 경험에 대한 성찰, 미래 행동의 변화 계획 및 실행 세 부분으로 구성할 수 있다.

성찰포트폴리오를 작성할 때 틀로 제시할 수 있는 성찰 글쓰기 형식과 형식 안에 작성할 상세한 내용은 [그림 4]와 같다.[7]

초등학교 3~6학년 '도덕'은 1~2학년의 '바른생활'에서 이루어진 기본 생활 습관을 내면화하고, 가치·덕목의 이해 및 기본적인 도덕적 판단력의 육성과 도덕적 실천 능력을 형성하는 데 강조점을 둔다. 이에 따라 도덕과 교육과정의 내용 체계를 주요 가치·덕목을 중심으로 핵심 전체 지향 가치

---

7) 앞의 책, p.22.

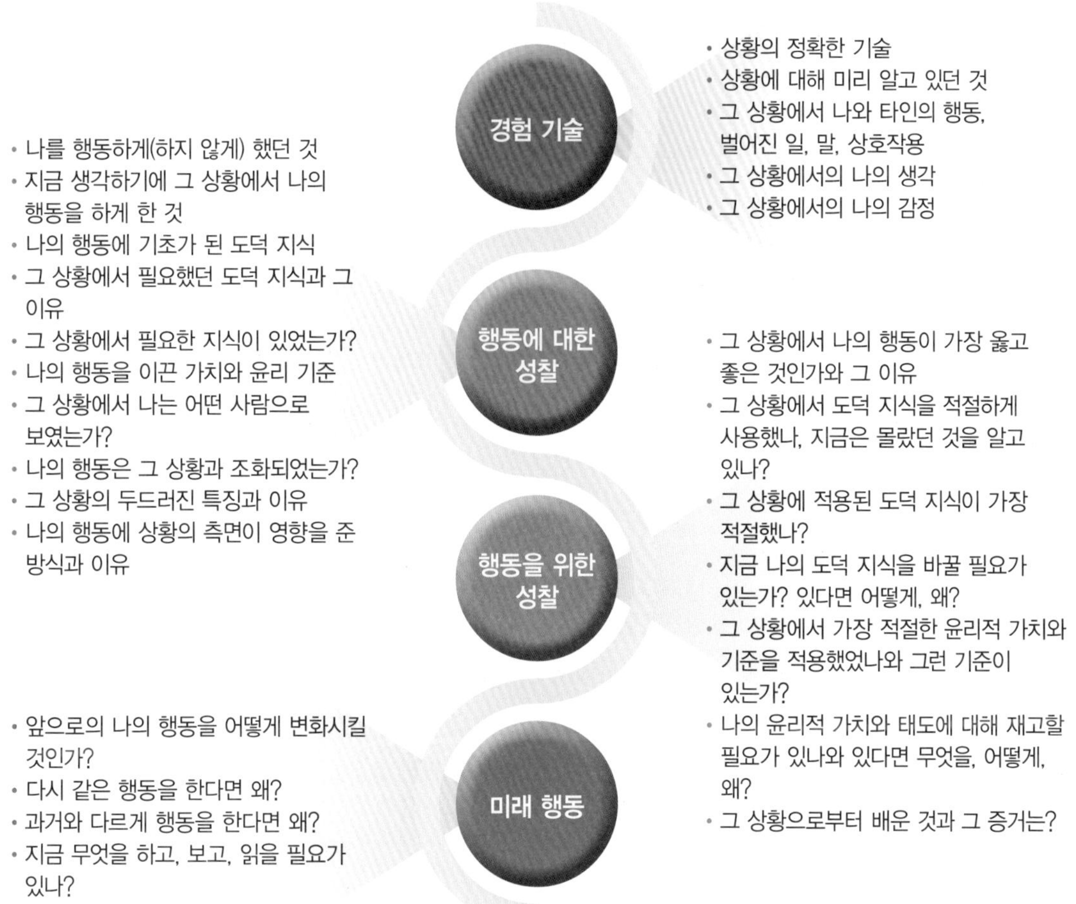

경험 기술
- 나를 행동하게(하지 않게) 했던 것
- 지금 생각하기에 그 상황에서 나의 행동을 하게 한 것
- 나의 행동에 기초가 된 도덕 지식
- 그 상황에서 필요했던 도덕 지식과 그 이유
- 그 상황에서 필요한 지식이 있었는가?
- 나의 행동을 이끈 가치와 윤리 기준
- 그 상황에서 나는 어떤 사람으로 보였는가?
- 나의 행동은 그 상황과 조화되었는가?
- 그 상황의 두드러진 특징과 이유
- 나의 행동에 상황의 측면이 영향을 준 방식과 이유

- 상황의 정확한 기술
- 상황에 대해 미리 알고 있던 것
- 그 상황에서 나와 타인의 행동, 벌어진 일, 말, 상호작용
- 그 상황에서의 나의 생각
- 그 상황에서의 나의 감정

행동에 대한 성찰
- 그 상황에서 나의 행동이 가장 옳고 좋은 것인가와 그 이유
- 그 상황에서 도덕 지식을 적절하게 사용했나, 지금은 몰랐던 것을 알고 있나?
- 그 상황에 적용된 도덕 지식이 가장 적절했나?
- 지금 나의 도덕 지식을 바꿀 필요가 있는가? 있다면 어떻게, 왜?
- 그 상황에서 가장 적절한 윤리적 가치와 기준을 적용했었나와 그런 기준이 있는가?
- 나의 윤리적 가치와 태도에 대해 재고할 필요가 있나와 있다면 무엇을, 어떻게, 왜?
- 그 상황으로부터 배운 것과 그 증거는?

행동을 위한 성찰

미래 행동
- 앞으로의 나의 행동을 어떻게 변화시킬 것인가?
- 다시 같은 행동을 한다면 왜?
- 과거와 다르게 행동을 한다면 왜?
- 지금 무엇을 하고, 보고, 읽을 필요가 있나?

[그림 4] 성찰포트폴리오의 형식과 작성할 내용

와 영역별 가치로 구분하여 [그림 5]와 같이 제시하였다. 즉, 전체 지향 가치에서는 존중, 책임, 정의, 배려를 핵심적으로 다루고, 영역별 가치에서는 도덕적 주체로서의 나, 우리·타인과의 관계, 사회·국가·지구공동체와의 관계, 자연·초월적 존재와의 관계의 네 가지 영역을 제시하였다.

따라서 스마트 기기를 활용하는 것은 도덕과 핵심 가치를 구현하는 데 있어서 방법적 대안으로 제시될 수 있다. 예컨대 미투데이라는 애플리케이션(이하 '앱')을 활용하여 댓글과 공감 정도를 남기는 일련의 활동은 상호 간의 책임감을 증진하거나 배려의 도덕성을 발달시킬 수 있는 유용한 학습 도구가 될 것이다. 아울러 다른 사람의 경험과 감정을 존중 및 지지하거나 자신의 경험으로 내면화하는 과정을 거칠 수 있다.

또 구글 드라이브 앱을 활용하여 학급 안에서나 모둠 안에서의 공동 작업을 진행하는 것은 협력 내지는 상호 존중을 기반으로 학습이 이루어질 것이다. 무임승차의 부작용을 최대한으로 줄이면서도 학습된 무기력에 빠진 학생들의 책임감을 고양시키기 때문에 이런 종류의 스마트 학습 도구는

[그림 5] 도덕과 주요 가치·덕목(핵심 가치와 영역별 가치)

매우 유의미한 효과를 가져올 수 있을 것이다.

QR코드는 학생들이 학습 주제를 스스로 선정하고 학습 내용을 전달받아 전자칠판으로 실시간 자신의 생각이 기록되는 것을 관찰하는 데 활용할 수 있다. 이것은 과거에 교사의 일방적인 수업내용 전달방식을 벗어나는 학습자 중심 교육으로서 자기 배려를 통해 타인 배려로 나아갈 수 있는 가치 덕목의 내면화를 이끌어낼 수 있을 것이다.

아울러 에버노트나 Cacoo(협업 마인드맵), 스프링노트, 클래스팅, 페이스북과 같이 협업이 가능한 스마트 학습 도구는 학생들의 협동심과 배려를 신장하고, 사회적으로 벌어지는 도덕적 문제 사태에 대한 기록·분석·정리 작업을 통해 학생 스스로 정의로운 사회·국가·지구공동체를 상상해볼 수 있도록 하는 데 활용할 수 있다.

스마트 학습 도구는 이와 같이 도덕과에서 교육의 목적으로 추구하는 자율적인 도덕성과 목표로 추구하는 책임, 존중, 정의, 배려 등의 핵심 가치와 하위의 도덕적 가치들을 일상생활에서 실천하는 능력을 발달시키는 데 있어서 유의미하게 활용할 수 있다.

2. 사용되는 스마트 기술

도구명	활용 화면	활용 용도	대안 도구
hoccer		드래그와 같은 간단한 동작으로 사진, 음악, 연락처 및 임의의 파일을 공유하거나, 수신자 근처라면 밀어 보내는 행동으로 파일을 손쉽게 전송하는 장점이 있다. 모둠원 간에 구글 양식지나 아이디어 파일을 hoccer 앱을 이용하여 빠르고 직관적으로 전송할 수 있다.	메일, 구글 드라이브

구글 드라이브		컴퓨터에 프로그램을 설치하지 않더라도 언제 어디서나 문서, 스프레드시트, 프레젠테이션 등의 기능을 무료로 사용할 수 있는 장점이 있다. 구글 양식지를 활용하여 개별적 또는 모둠별로 정리하여 발표하는 활동을 할 수 있다.	네이버 카페
미투데이		자신의 생각을 최대 150자로 자유롭게 올릴 수 있도록 되어 있어, 초등학생들이 부담 없이 글을 올릴 수 있고, 디자인이 예쁘고, 비슷한 다른 앱보다 접근성이 높다는 장점이 있다. 미투데이를 수업 시간과 수업 외 시간에 직접 활용하여 도덕적 성찰에 대한 자신의 경험을 포트폴리오처럼 기록하는 활동을 할 수 있다.	네이버 카페
프레지		제작이 직관적으로 이루어지며, 전자칠판에서 활용하면 보다 쉽고 집중력 있게 수업을 전개할 수 있고, 협업 기능도 가능하다는 장점이 있다. 중요한 내용 전달을 위해 하이퍼링크를 설정하여 활용할 수 있다.	PPT
QR코드		스마트폰에서 인식하여 해당 소개 페이지로 이동하는 앱으로, 제작 방법이 쉽고 설문·시험 등 활용도가 높다는 장점이 있다. 교사가 포트폴리오 양식지나 학습 평가지를 학생, 모둠에게 전송시키려는 목적으로 활용할 수 있다.	메일

3. 교수·학습 과정안

1) 교수·학습 과정안 요약

학교급	초등학교	학년	5학년	차시	3차시
교과	도덕	대단원	6. 돌아보고 거듭나고	소단원	(1) 반성, 보다 나은 삶을 위한 길 (2) 진정한 반성은 (3) 다함께 더 성숙하게
학습 목표	반성의 의미와 중요성을 이해하고, 일상생활에서 도덕적이거나 혹은 비도덕적인 자신의 생각과 행동을 찾아 반성할 수 있다.				
스마트 활동	미투데이 앱을 활용하여 일상생활에서 일어나는 일들에 대해 반성하는 과정을 기록·누적·상호작용함으로써 개인적 성찰, 모둠 성찰, 학급 성찰의 단계를 거치는 활동을 한다.				
학습자 역량	협력, 관계 형성 능력, 지식과 정보를 상호작용하도록 활용하는 능력, 인생 계획을 설정하고 개인적 과제를 실행하는 능력				
수업 진행	개인 성찰 (1차시)	학습 활동	반성의 의미와 중요성 SNS를 통한 반성과정기록 방법 알기		
		학습 도구	프레지, 전자칠판, 스쿨박스, 미투데이, 트위터, 스마트 패드		
	모둠집단 성찰 (2차시)	학습 활동	미투데이의 포트폴리오 공유 모둠 구성원 간 자료 공유, 의견 교환, 정리 활동 결과를 구글 양식지로 발표		
		학습 도구	전자칠판, 미투데이, showme, hoccer, 구글 독스, QR코드, 스마트 패드		
	학급집단 성찰 (3차시)	학습 활동	신문기사를 통한 집단 성찰 사례 찾기 학급 내 실천 의지, 다짐 활동 자기 평가, 동료 평가하기		
		학습 도구	구글 독스, 전자칠판, QR코드, 구글 검색, 트위터, 프레지		
준비물	교사	스마트 패드, 전자칠판, 스쿨박스, 앱(SHOWME, 미투데이, 구글 드라이브, QR코드, hoccer, 프레지, 트위터), 디지털 교과서(Fdesk)			
	학생	스마트 패드, 안드로이드폰, 앱(QR코드, 구글 검색, 구글 드라이브, 미투데이, hoccer), 디지털 교과서(Fdesk)			

2) 교수·학습 과정안

● 개인 성찰–1차시

수업 단계		교수·학습 활동	전략 및 유의점	시간 (분)	활용 도구
도입	학습 순서 안내	본 수업이 총 3차시로 이루어짐을 안내한다.	프레지를 활용하여 학습 순서를 안내한다.	8	◎ ⤴
	동기 유발	반성을 통해 보다 나은 삶을 이룬 인물 사례를 제시하여 학습 주제에 대한 관심을 유도한다. 위의 사례 인물 중 한 명과 교사가 실시간 화상 통화를 하거나, 트위터의 멘션(mention) 기능을 활용하여 학습 동기를 유발한다. tip 인물 선정 시 학생들에게 익숙한 인물로 선정한다.	프레지를 활용하여 사진을 제시한다.		◎ ⤴ 📷
	학습 주제 확인	일상생활에서 자신의 생각과 행동 반성하기	학습 주제를 제시한다.		⤴
	학습 도구 제시	학습에 사용될 도구(미투데이)를 제시하고 안내한다.	학습 도구를 간략하게 제시하고 학습 도구를 통해 실시간으로 교사의 피드백이 제공됨을 알린다.		⤴
전개	반성의 의미	전자칠판과 프레지를 통해 반성의 의미와 중요성 및 필요성에 대해 학습한다. · 반성의 의미: 자기 자신이 한 말이나 행동에 잘못이나 부족함이 없는지 되돌아보고, 어떻게 하면 바람직한 생활을 해나갈 수 있을지 깊이 성찰하는 것이다. · 반성의 중요성: 잘못 생각하여 그릇된 일을 하기도 하지만, 자신을 되돌아보고 고칠 수만 있다면 다시 바른 길로 갈 수 있다. 우리가 알고 있는 많은 훌륭한 분들 역시 반성하는 삶을 살았기 때문에 자신의 잘못을 고치면서 큰 인물이 될 수 있었다.	학습한 내용은 각자의 스마트 패드의 메모장이나 미투데이에 기록하게끔 설명한다.	25	◎ ⤴ 📝 또는 🌐
	반성의 방법	반성할 생각과 행동을 기록하기 위한 방법으로서 미투데이 활용 방법을 실습한다. ① 미투데이 앱에 학생 모두 가입하고 서로 친구맺기를 한다. ② 미투데이 앱 상단은 자신의 생각을 최대 150자로 자유롭게 올릴 수 있도록 되어 있고, 오른쪽 상단에 남은 글자가 표시되어 실시간으로 확인할 수 있다. ③ 글 입력란 아래에 있는 카메라 아이콘을 이용하면 컴퓨터에 있는 사진이나 그림, 동영상을 추가하여 탑재할 수 있다.	미투데이 활용 시 유의점을 설명한다.		🌐

		최근 일상생활에서 반성해야 할 일 한 가지와 이유를 미투데이에 작성한다. ① 나는 오늘 나의 ( ) 행동을 반성합니다. 왜냐하면 ( ) 했기 때문입니다. ② 나는 오늘 나의 ( ) 생각을 반성합니다. 왜냐하면 ( ) 했기 때문입니다.	학습자의 활동에 대한 이해를 돕기 위해 사례를 제시한다.		
정리	학습 활동 정리	수업의 소감과 학습 내용을 메모장에 한 줄로 정리한다.	스마트 패드의 메모장을 활용한다.	7	
	차시 예고	모둠을 정하고 미투데이에 모둠별 그룹을 지정한다.			

활용 도구 스마트 패드 전자칠판   **활용 앱** 사진 프레지 미투데이

● 모둠집단 성찰-2차시

수업 단계		교수·학습 활동	전략 및 유의점	시간 (분)	활용 도구
도 입	전시 학습 확인	showme를 통해 전시 학습에서 이해하기 어려웠던 부분을 선택하여 각자의 스마트 패드로 학습한다. **tip** 전시 학습의 내용 중 교사가 중요하다고 판단되는 부분에 대하여 간략히 피드백을 해준다. ① 수업 중 중요한 내용이나 학생이 잘 이해하지 못하는 부분을 사진을 찍어 저장시켜 놓는다. ② 스마트 패드에서 showme 앱을 실행하여 저장된 사진을 불러오기 하고, 설명을 녹화(음성+화면)한다. ③ 학생들이 모르는 내용을 녹화해서 교사에게 제시하는 것도 하나의 방법이 될 수 있다.	교사는 난해한 부분을 showme를 이용하여 미리 동영상으로 녹화한다.	7	
	동기 유발	전시 학습에 친구의 글에 댓글과 미투 기능으로 공감대를 표시하게 한다. ■ 미투데이 입력 절차 안내 ① 구글 플레이나 앱 스토어에 접속한 뒤 미투데이를 검색해서 설치한다(용량 6.83 MB). ② 네이버 아이디로 로그인하거나 미투데이 아이디로 로그인한다. ③ '모아보는' 메뉴를 통해 나의 글, 친구들의 글, 그룹별 글 등을 구분해서 한 번에 조회할 수 있다. ④ 화면의 중앙 위쪽에 배치되어 있는 '지금 내 생각을' 기능에서 자신의 다양한 생각을 150자 글과 함께 사진, 동영상, 지도, 글감, 링크, 노트, 댓글달기 등으로 올릴 수 있다. ⑤ 실시간으로 올라오는 친구들의 다양한 경험과 생각을 알아보고 공감하는 글에 '미투'를 클릭함으로써 호감을 표현할 수 있다.	전자칠판과 미투데이를 이용하여 사례를 제시한다.		

	학습 주제 확인	집단 속에서 자신의 생각과 행동을 반성하기	학습 주제를 제시한다.		
	학습 도구 제시	학습에 사용될 도구를 제시하고 안내한다(구글 양식지, QR코드, hoccer, schoolbox).			
전개	집단 성찰 학습	미투데이에 기록한 개인의 포트폴리오를 모둠 구성원에게 공유하고 상호 간 의견을 교환한다. ① 타인의 경험에 대한 나의 생각 (격려하기, 칭찬하기) – 친구의 경험에 대하여 내가 느낀 점과 생각을 댓글로 작성한다. tip 격려하기는 비도덕적 행동을 반성한 경우, 칭찬하기는 도덕적 행동에 대해 반성한 경우에 활용할 수 있다. ② 타인의 입장에서 나의 행동 방안 – 친구의 입장에서 나라면 어떻게 행동했을까에 대한 생각을 댓글로 작성한다.			
	모둠별 도덕적 행동 방안 찾기	모둠별로 모둠 내 가장 의미 있는 반성의 사례를 하나 선정하여 구글 양식지에 정리한다. ■ 양식지 작성 순서 [과거] 과거에 경험한 일에 대한 기술 → [현재] 경험한 일에 대한 현재의 반성 → [미래] 미래 행동의 변화 계획 및 실천의지 다짐 • 구글 양식지–첨부자료 참조 • 모둠원 간에 구글 양식지 교환은 hoccer 앱을 이용하여 빠르고 직관적으로 전송시켜 확인한다. • hoccer 앱 사용 방법 ① 앱스토어에서 hoccer를 검색하고 다운로드한다. ② 파일을 보내려는 스마트폰(A 폰)과 받고자 하는 스마트폰(B 폰)을 나란히 밀착시켜 놓는다. ③ A 폰에서 보내려는 파일을 선택하고 해당 파일을 손가락으로 누른 상태에서 B 폰으로 밀어 보내는 행동을 취하면 파일이 손쉽게 옮겨진다.	구글 양식지는 QR코드로 제작하여 모둠별 조장의 스마트 패드로 전송한다. 교사는 순시를 하며 활동이 우수한 모둠의 활동 모습과 포트폴리오 초안을 실시간으로 전자칠판에 소개한다(스쿨박스).	29	
	모둠 발표	스쿨박스를 활용하여 모둠 활동 결과를 발표한다. • 모둠별 발표 사례를 전자칠판에 모두 구현시키고, 학생들은 자유롭게 이동하면서 감상한다.			
	학습 활동 기록	모둠 내 반성 과정을 통해 얻은 경험을 기록한다. • 모둠에서 발표 자료로 선정된 A 학생의 미래 행동을 예측하여 나머지 모둠원 B, C, D가 각각 스마트 패드의 메모장에 기록하게 한다.			

정리	학습 활동 정리	수업의 소감과 학습 내용을 메모장에 한 줄로 정리한다.	스마트 패드의 메모장을 활용한다.	4	📝
	차시 예고	차시에 모둠별로 발표할 준비를 예고한다.			

활용 도구 📝 스마트 패드 〰️ 전자칠판

활용 앱 📹 동영상 ⊙ Showme 🌑 미투데이 📋 구글 양식지 📓 hoccer 🖌️ 스쿨박스

● 학급집단 성찰-3차시

수업 단계		교수·학습 활동	자료 및 유의점	시간 (분)	활용 도구
도입	전시 학습 확인	전시 학습에서 발표한 모둠별 포트폴리오 중 가장 인상 깊었던 모둠의 내용을 떠올려보고 학급 전체가 성찰해본다.	인상 깊었던 모둠의 내용과 자신의 경험을 연관시켜 성찰해보도록 설명한다.	7	
	동기 유발	잘못된 생각으로 그릇된 일을 하고도 반성하지 않았던 역사적 인물을 검색 도구를 활용하여 찾아보고 의견을 교환한다. • 관련되는 인물은 EBS '지식채널e' 영상을 시청하여 찾거나 문학작품 안의 가상 인물을 제시할 수도 있다.	개별적으로 구글 검색을 활용하여 해당 인물을 찾게 한 후 의견을 교환한다.		📝 🔲
	학습 주제 확인	사회 속에서 나의 생각과 행동 반성하기			〰️
	학습 도구 제시	학습에 사용될 도구를 제시하고 안내한다(구글 검색, 스쿨박스, 트위터).			
전개	사회적 성찰 학습	사회적 성찰과 관련된 신문기사를 제시한다. • 신문기사의 핵심적인 문제를 교사가 제기한다. • 나의 삶과의 연관성을 교사가 설명한다. ■ 신문기사의 예시 ① 무분별한 에너지 소비 사례 ② 북한 주민들의 인권 문제를 다룬 사례 ③ 학교폭력을 저지르고도 반성하지 않는 사례 ④ 영토 분쟁과 역사 왜곡 문제를 다룬 사례 ⑤ 음식 낭비와 국제 기아 문제를 다룬 사례 ⑥ 동물의 권리 보호와 모피 의복 착용 사례 ⑦ 특정 상표의 옷과 가방 착용 문제를 다룬 사례	프레지를 통해 신문기사의 중요한 부분을 줌인, 줌아웃해서 직관적으로 핵심을 설명한다.	21	⊙ 〰️
	학급 내 실천 다짐 활동	우리 반이 할 수 있는 일을 기록하거나 약속, 실천의지를 표현하여 기록하게 한다.	구글 양식지는 PPT, 한글, 스프레드시트 등을 모두 활용할 수 있도록 설명해준다.		📋 🐦 〰️

		■ 예시			
		① 만약 우리 반에 학교폭력으로 고통받고 있는 학생이 생겼다면 어떻게 해결했을까요? 여기서 우리가 할 수 있는 것은 무엇입니까?			
		② 여럿이 함께하는 반성은 가정, 학교, 사회 차원에서도 이루어져야 합니다. 이들 중 한 곳을 정하여 우리가 반성해야 할 점을 찾아봅시다.			
		③ 모피 의복을 착용하는 신문기사를 보고 우리가 동물의 권리 보호를 위해 실천할 수 있는 일에는 무엇이 있습니까?			
		④ 무분별한 환경 파괴 때문에 발생하는 자연재해로 인해 세계 사람들은 많은 고통을 받고 있습니다. 생태계의 파괴를 막기 위해 우리 학급에서도 1인당 나무 1그루 심기를 실천하기로 약속해봅시다.			
		• 짝 나누기 활동을 통해 위의 사례와 관련된 사이트를 찾거나, 해당 인물의 트위터를 방문하여 격려의 글, 질문사항 등을 작성하고 캡처해 자신의 트위터에 올려보게 한다. • 교실 화면에 공개해본다.	트위터의 활용 방법과 캡처 요령을 사전에 설명하고, 트위터 예절을 지키도록 알린다.		
정리	학습정리 및 학습 평가	개인 및 모둠 평가하기(1, 2, 3차시 전체 평가) • 교사 주도 평가 교사가 준비한 선택형 및 서답형 문항을 QR코드를 이용하여 제시하고, 학습자들은 스마트 패드를 활용하여 모둠별 평가 및 개인별 평가를 실시한다. • 학습자 주도 평가 ① 학습자 스스로 서답형 문항과 그 채점기준을 만들어 QR코드로 제시하고, 다른 학습자들은 스마트 패드를 활용하여 개인별 평가를 실시한다. ② 다른 학습자들이 작성한 답안을 종합하여 자신의 문항과 답안을 스스로 평가하게 한다. tip 평가는 제시된 두 가지의 방법을 모두 활용하거나, 한 가지의 방법만을 활용해도 된다. tip 채점기준표, 평가표-첨부자료	교사는 자기 평가와 동료 모둠 평가뿐만 아니라 개인 포트폴리오를 기준안에 의해 평가한다. 교사는 학습 내용에 적합한 평가문항을 QR코드로 미리 제작한다.	12	
	차시 예고	보다 나은 삶을 위해 성찰을 통해 도덕적 행동을 실천하는 방법			

활용 도구 📝 스마트 패드 📺 전자칠판

활용 앱 📷 검색 엔진 🔵 프레지 📋 구글 양식지 🐦 트위터 🔲 QR코드

3) 교수·학습의 고려사항 및 유의점

(1) 미투데이 앱 활용 시 유의점

- 미투데이 앱은 알림 기능을 제공하기 때문에 학생들이 수시로 상호작용을 할 수 있다는 장점이 있지만, 늦은 시간까지 활동할 수 있으므로 이를 방지할 규칙이 필요하다.
- 미투데이 앱은 게시판이 하나뿐이어서 정렬된 느낌이 없다. 따라서 태그(tag)를 이용하여 정렬이 가능하기에, 학생들에게 태그에 대한 교육을 철저히 할 필요가 있다.
- 초등학생들의 부적절한 글이 끊임없이 올라오기 때문에 이러한 글을 올릴 때마다 면대면 상호작용이 필요하다.
- 많은 글은 사용자를 지치게 하므로 짧게 나눠서 쓰지 말고 길게 엮어서 쓰게 한다. 사람당 하루에 한 개의 글이 적당하다(24명×1개=하루 24개의 글).
- 미투데이에서 활동하는 연예인들이 많아서 자칫 집중력이 분산될 수 있다. 때문에 개별적 누적 상태를 점검하거나 예방교육을 병행할 필요가 있다.

(2) 반성과 관련된 학습 활동 시 유의점

- 반성 과정에서 교사와 학생들은 반성에 몰두하고 열의를 가져야 하며, 서로에게 개방적이어야 한다.
- 교사는 학생과의 대화를 통해 학생이 반성한 경험을 성찰하도록 자극하고, 적절한 시기에 적합한 피드백을 주어야 한다.
- 너무 모자라거나 지나친 반성이 되지 않도록 진정한 반성의 의미를 학생들에게 피드백한다.

[그림 6] 개인별 미투데이 활용 예시

- 일상생활에서 일어날 수 있는 개인적인 일들이 반성의 대상이 될 수 있으며, 너무 어렵고 복잡한 것을 대상으로 하지 않도록 한다.

(3) 수업 진행 시 기타 고려사항

- 수업활동 중에 스마트 기기로 정해진 활동을 하지 않고 게임, 채팅 등으로 시간을 허비하는 학생이 발생하지 않도록 수업 시작 전에 충분히 설명한다.
- 무선 네트워크 환경을 기반으로 운영되므로, 상황 악화로 발생하는 끊김 현상이나 오류 문제에 대비하여 대체 프로그램을 준비한다.
- 구글 드라이브 등을 이용할 때는 서버 손상으로 인해 데이터가 손실될 수 있으므로 수시로 백업하여 중요한 자료를 보관하도록 한다.

4) 교수·학습 자료

(1) 평가지 양식 및 평가 기준

① 모둠 발표 동료 평가지

모둠 발표	모둠 발표 주제명	모둠 대표 (발표자)	평가 점수		최종 점수
			내용	발표 태도	

- 채점 기준: 아주 잘했음 5점, 잘했음 4점, 보통임 3점, 부족한 편임 2점, 매우 부족함 1점(총 10점 만점)

② 도덕과 모둠 과제 채점표

	채점 기준		
요소	내용의 충실도	형식 및 분량	개인 역할 기여도
상(2)	과제 주제가 적절하고 독창적이며 포트폴리오 내용이 충실하게 잘 정리되어 있다.	포트폴리오 세 가지 분류가 분명하게 정리되어 있고, 매일 한 가지씩 반성하기가 입력되어 있다.	자기에게 맡겨진 역할을 충실히 수행했을 뿐만 아니라 과제 수행에 적극적으로 참여하였거나 리더 역할을 수행하였다.
중(1)	과제 주제가 적절하고 전반적인 내용은 좋은 편이나 일부 내용이 부실하다.	포트폴리오 세 가지 분류가 분명하게 정리되어 있고, 매일 한 가지씩 반성하기가 입력되지 않았다.	자기에게 맡겨진 역할에 충실한 편이다.
하(0)	과제 주제가 적절하지 못하거나 내용이 전반적으로 부실하고 도덕적 성찰 사례가 거의 없다.	포트폴리오 세 가지 분류가 잘 갖추어 있지 않거나, 매일 한 가지씩 반성하기가 입력되지 않았다.	자기에게 맡겨진 역할을 제대로 수행하지 못했거나 과제 활동에 소극적이었다.

	모둠원 채점표					
모둠원 이름	출석번호	개인 역할	특기 사항	가감	최종 점수	학생 확인
		이끔이				
		기록이				
		지킴이				
		나눔이				

• 산출 방식: 총점을 기준으로 6점은 A 등급, 5점은 B 등급, 4점은 C 등급, 3점은 D 등급, 2점은 E 등급, 1점은 F 등급, 0점이나 미제출은 0점 처리함. 개인 역할 기여도에 따라 한 등급씩 가감됨.

(2) 웹사이트 리스트

- QR코드 제작 qr.naver.com
- 프레지 제작 prezi.com/login/?next=/eqyftq20dwji/presentation
- 교육부 www.mest.go.kr/web/51478/ko/board/list.do?bbsId=288
- 지극히 현실적인 스마트러닝 네이버 블로그 felix82.blog.me/140157619639
- 미투데이 me2day.net
- 구글 드라이브 drive.google.com

(3) 학습지: 구글 양식지

모둠과제 계획서

1. 모둠 역할

소속	
학습 단원	
과제명	
과제 설정 이유	

모둠원 역할	이끔이	
	기록이	
	지킴이	
	나눔이	

2. 모둠 포트폴리오

날짜			
분류	과거 경험의 사건에 대한 기술	과거 경험에 대한 현재의 반성	미래 행동의 변화 계획 및 실행
사진			
느낀 점			
격려 멘트			
나라면 어땠을까?			
우리 모둠원들이 서로 어떻게 격려할 수 있을까?			

03 스마트 모델 2: 교실탐구공동체 모형

1. 교수·학습 모형 설명

교실탐구공동체 모형은 2011년 개정 초등학교 도덕과 교육과정 '도덕적 주체로서의 나' 영역 중 5~6학년군에 있는 '6. 돌아보고 거듭나고' 단원을 선정하여 개발하였다. 이 단원의 핵심 개념인 도덕적 성찰은 도덕적 탐구에 비해 도덕과 교육에서 새로운 개념이다. 아울러 도덕적 탐구의 방법으로 해당 단원을 수업하기에도 여러 가지 곤란한 상황에 놓여 있다. 특히 교사들은 교수·학습 과정을 어떻게 설계하고 실행해야 하는지 낯설어 수업 설계에 어려움을 겪고 있다. 이런 점에서 스마트 디바이스를 활용하여 해당 단원을 개발·제공하는 것은 수업 설계와 실행의 효과성 제고 측면에서 가장 적합하다고 판단된다.

도덕적 탐구는 도덕과 교육에서 가치 탐구의 영역으로 교수·학습되어왔다. 그러나 도덕적 탐구의 의미를 명확히 하고, 교수·학습 절차와 과정으로 구체화할 필요가 있었다. 도덕적 탐구는 윤리 문제를 비판적으로 분석하는 것을 말한다. 도덕적 탐구 능력을 기르기 위해서는 자신의 행동을 통해 나타날 결과를 개인적·사회적인 관점에서 비판적으로 평가하고, 공적이고 사적인 의사결정의 윤리적·사회적 함의에 대한 이해를 심화시켜야 한다. 탐구 기술은 기술, 설명, 가설 형성과 같은 고차적 사고기술을 말하며, 그 핵심은 윤리적 추론이다. 추론은 사고와 행동 모두를 고려하는 것으로서 최고의 행동 방안에 관한 가치판단과 관련된다. 윤리적 추론이란 논리적으로 타당한 도덕적 추론으로 도덕적 쟁점, 즉 옳고 그름에 관한 쟁점에 대해 생각하는 방법을 말한다.

윤리적 추론은 합리적인 반성적 사고라고도 불리는데, R. Paul은 자신의 주장을 뒷받침하는 전제를 자각하는 것과 다른 사람의 관점에서 사물을 바라보는 것을 강조한다. 그는 비판적 사고를 도덕적 공평심이라 부른다. 도덕적 공평심을 실현하기 위해서는 다른 사람들의 도덕적 관점을 평가하는 기준에 따라 자신의 도덕적 관점을 평가하는 것, 즉 자기에 대한 비판적인 태도와 자기 자신의 이익이나 관심에 근거하지 않고 판단하는 것이 중요하다.

도덕적 추론이 도덕 교과의 핵심적인 주제로 오랜 시간 동안 제기되어왔고, 교사와 동료 학생 간의 상호작용을 통해 도덕성 발달을 유도한다는 측면에서 본다면, 해당 단원은 스마트 교육이 표방하는 창의적 사고력과 맞춤형 학습을 구현하기에 가장 이상적인 단원이라고 판단된다.

'6. 돌아보고 거듭나고' 단원의 핵심 개념은 '반성'에 관한 것이다. 인간 고유의 특성으로서 반성은 인간이 인간됨의 바탕이 되는 중요한 사고 기능이며, 반성을 통해 인간은 더욱 인간다움으로 성숙해간다. 우선 반성하는 삶의 의미와 그것이 자신을 성숙시켜가는 일이 얼마나 중요한지 깨닫도록 한다. 더 나아가 가정, 학교, 사회에서 여럿이 함께 반성할 점이 무엇인지 바르게 파악하여 도덕적 공동체의 실현에 기여하도록 한다. 이를 위해, 스마트 기술을 활용한 교실탐구공동체 활동을 통해 도덕적 성장을 모색하고자 하였다. 또한 자신과 타인의 반성과 생각을 종합하여 글을 써보도록 함으로써 도덕적 탐구 능력을 확장하고 반성에 대한 실질적인 개선과 발전을 도모하고자 하였다.

'탐구공동체(Community Inquiry)' 개념은 원래 미국의 실용주의자인 C. S. Peirce와 J. Dewey가 사용했던 개념이다. 특히 Dewey는 교실이 탐구하는 공동체가 되어야 한다고 강조하였고, 교실에서의 탐구공동체 활동을 통해 아이들에게 민주시민의 기본 자질을 길러주어야 한다고 주장하였다. 탐구공동체는 미국의 아동철학교육 운동가인 M. Lipman이 철학교육의 방법론으로 활용하였다. Lipman을 비롯한 아동철학교육 운동가들은 교실이 탐구공동체로 바뀌어야 한다는 Dewey의 주장에 동조하고 탐구공동체를 아동철학 교육의 기초로 삼는다.[8]

탐구공동체는 탐구의 개념과 공동체의 개념, 기본적인 두 개의 요소를 지닌다. 탐구라는 말은 흔히 사용되고 있지만, 누구에게나 받아들일 수 있는 일반화된 정의는 찾기 힘들다. Dewey는 "탐구란, 어떤 신념이나 가정된 지식 형태를 지지하는 기초에 비추어 능동적으로 일관성 있게 신중하게 고려한 후 결론을 도출해내는 것"이라고 정의하고 있다. 탐구공동체에서의 '탐구'는 사려 깊고 신중하게 그리고 합리적으로 문제를 해결한다는 것을 의미하고, '공동체'는 그 안에서 사람들 간의 차이점을 알게 될 뿐만 아니라 존중할 수도 있는 공간임을 내포한다. 탐구공동체에서는 다른 사람과의 협동적인 활동이 촉진되며, 그것을 통해 구성원들 간에 깊은 연대감이 형성될 수 있다.[9]

Lipman은, 학생들이 생각할 수 있도록 문제를 구성하기보다 학생들은 이미 생각할 줄 안다는 것을 전제로 더 잘 생각하도록 문제를 구성해야 함을 역설한다. 어떤 문제에 대해 우리가 생각하는 방식대로 학생들을 생각하도록 가르치고 학생들이 그 문제에 대해 우리가 가르친 방식대로 생각하면 그들이 더 잘 생각하게 되었다고 기뻐하지만, 사실 그것은 학생들의 사고의 질적 향상이 아니라 단지 사고 내용의 전환에 불과하다는 것이다. 학생들이 더 많이 더 잘 생각하게 된 것은 아니기 때문에 학생들에게는 더 많이 생각하고 더 잘 생각하게 하는 것이 필요하다고 주장한다. 탐구공동체는 일반적인 탐구기술과 추론기술을 발달시킨다. 일반적인 탐구기술은 주장에 대한 증거를 찾는 것이며, 추론기술은 설득력 있는 이유로 의견 튼튼히 하기, 예와 반례 들기, 숨어 있는 가정 찾기, 적절한 추론 이끌기 등이 해당된다.[10]

---

8) 정창우 외(2009). 도덕과 교수·학습방법 및 평가, 인간사랑, p.201.
9) 위의 책, p.202.
10) 진환 외 역(2005). 고차적 사고력 교육, 인간사랑, p.131.

도덕 교육의 목적

도덕적 토론을 통한 도덕성의
언어와 관념에 대한 지식

도덕적 이슈에 대한 토론과
반성을 통한 도덕적 신념의
본질과 목표 이해

의사 결정을 통한 자신과
타인에 대한 개인적 가치 함양

개인적 가치와 신념에 따라
행동하는 도덕적 성향 개발

[그림 7] 도덕 교육의 목적

[그림 8] 6단계 교실탐구공동체

브루넬 대학교 교육학 교수이며 영국의 사고방법연구센터의 책임자인 Robert Fisher는 도덕 교육의 목적을 [그림 7]과 같이 규정한다.[11] 아울러 Fisher는 도덕 교육의 목적을 실현하기 위해 교실탐구공동체가 필요하다고 주장한다. 교실탐구공동체 활동 안에서의 대화로서의 토론과 토론 규칙 지키기를 통해 민주시민의 자질과 비판적·배려적 사고가 증진될 것으로 본다. 구체적으로 교실탐구공동체의 단계를 다음과 같이 제시한다([그림 8] 참조).

첫 번째 단계에서는 원형이나 말굽 모양으로 자리를 배치하여 평등한 입장에서 자유롭게 토론하고 원활한 의사소통이 이루어지게 한다. 두 번째 단계에서는 사고 자극물을 공유한다. 호기심을 유발하고 사고와 토론을 이끌어낼 수 있도록 창의적·비판적·배려적 사고를 자극할 수 있는 이야기·시·예술작품이나 응답을 유도하는 경험, 의견의 자유로운 표명을 구하는 문제를 활용한다. 세 번째 단계에서는 학습자들이 자극물의 내용을 돌아가면서 접하는 활동을 한다. 자극물의 주제에 대해 흥미로운 것, 혼란스러운 것, 의아한 것 등을 숙고할 충분한 시간을 제공한다. 이때 학습자들이 함께 생각하고 질문을 만들도록 각자 모둠별 토론이나 전체 토론에서 다루기 원하는 질문(토론 주제)을 노트에 적고 발표하게 한다. 그리고 각자 만들어 제시한 질문들 중에서 모둠별 토론이나 전체 토론에서 다룰 질문을 고르게 하는데, 이때는 제비뽑기를 하거나 교사가 직접 선택하거나 학습자들이 선택하거나 투표하기 등을 활용한다. 토론 질문을 고르는 과정은 다수의 의견을 존중하는 민주적 절차를 학습하는 기회가 된다. 네 번째 단계에서는 토론을 촉진한다. 교사가 학습자 또는 리더가 되어 대화로서의 토론을 촉진한다. 교사는 토론의 방향을 안내하고 학생들의 도덕적 사고력 발

---

11) 노희정 역(2011). 사고하는 방법, 인간사랑, p.98.

달을 위해 끊임없이 생각하도록 토론을 이끌어간다. 다섯 번째 단계에서는 선택된 주제(질문)에 대한 토론을 통해 경청의 기술과 태도를 함양한다. 토론 규칙에는 다른 사람의 생각을 공유하기, 다른 사람에게 말할 기회 주기, 다른 사람의 관점 생각해보기, 다른 사람이 말할 때 주의 깊게 경청하기, 분별 있게 생각하고 행동하기, 서로의 생각을 의논하되 방해하지 않도록 주의하기, 다른 사람의 생각에 대해 무례한 반응 보이지 않기 등이 있다. 마지막으로 여섯 번째 단계에서는 탐구를 확장시킨다. 자기 수정(Self-Correction)으로서의 탐구 단계에 해당하며, 교사는 학습자들이 글쓰기, 역할극, 모형 만들기 등 창의적 활동이나 연습활동에 적극적으로 참여함으로써 사고를 확장하도록 탐구 과정을 확대한다. 토론 주제에 대해 학생들이 자신의 관점을 기록하게 한 후 그것에 대한 확장된 토론을 진행하는 것도 가능하다.[12]

탐구공동체 활동은 합리적 의사결정 능력을 함양할 수 있는 탐구활동과 도덕적 사회화와 관련된 공동체 활동이 상호작용함으로써 합리적 사고력·비판력과 같은 인지적 요소와 감정이입·공감·배려·존중과 같은 정의적 요소 및 내면화·신념·실천의지와 같은 행동적 요소들이 균형 있게 결합되어 도덕적 실천력을 높일 수 있는 교수·학습 모형이라고 할 수 있다.

1) 개발 내용에 적용 가능한 교수·학습 방법

(1) 토의·토론법

토의·토론법은 학생과 학생, 학생과 교사 사이에 정보, 아이디어, 의견 등을 나누기 위해 서로 이야기하거나 공동으로 문제를 해결해나가는 탐구의 과정이다. 학습자의 적극적인 참여와 역할이 강조되는 학습자 중심의 방법으로, 학습자 간의 상호작용을 통해 독특한 주제나 아이디어를 발굴해내고, 수업 후에 수업 내용을 요약 및 복습하고, 특정 주제에 대한 참여를 통해 학습을 할 수 있게 하는 것을 목적으로 한다. 이 방법은 사례 연구, 각종 과제의 복습과, 학습자의 연역적 학습의 보조, 집단의 참여 촉진, 문제에 대한 안목의 확장, 타인의 입장이나 견해 이해에 활용할 수 있다.

학생들은 토론을 통해 관점의 다양성을 탐색하는 법, 애매성이나 복잡성을 인식하는 법, 자신의 가정들을 인식하고 조사하는 법, 주의 깊고 정중한 경청, 지속적인 차이에 대한 새로운 인식, 지적 민첩성, 자신과 관련이 없거나 적다고 인식했던 주제를 자신의 삶과 실천과 관련짓는 것, 다른 학생들의 의견과 경험에 대한 존중, 민주적 담화의 과정에서 유용한 기능과 태도를 기를 수 있다. 자신의 생각을 분명하게 의사소통하는 능력, 협동 학습의 습관 그리고 다름에 대한 관용과 공감 능력, 종합과 통합의 기술을 발달시킬 수 있다.

도덕적 사고를 발달시키는 효과적인 방법 중 하나는 도덕적 딜레마 토론이다. 딜레마 토론은 학생들에게 도덕적 딜레마와 문제 사태를 제시하고, 그 문제에 대해 가장 윤리적이고 공정하며 정의

---

12) 앞의 책, pp.93-96.

로운 결론에 도달하기 위해 그들이 학습한 윤리적 개념들과 지침을 사용하도록 요구하는 것이다. 도덕적 딜레마 토론에서 가장 중요한 것은 학생의 도덕적 추론이다. 교사는 학생들이 자신의 의견에 도달한 이유나 근거를 표현하도록 해야 한다. 도덕적 관점의 발달에 도움을 주는 도덕적 추론의 기술은 [표 2]와 같다.

딜레마 토론의 주제로는 가상적인 딜레마, 문학작품 속의 딜레마, 실제 상황과 관련된 딜레마가 활용될 수 있다. 실제 상황과 관련된 딜레마는 국가의 의료제도가 얼마나 공정한지 연구하고 평가하며 보다 공정한 제도를 제안해보게 하는 것 등이다. 딜레마 토론의 주제는 학생들의 발달 수준에 적합해야 하고, 쉽게 답을 내리기 어려운 것이어야 한다. 즉, 문제 해결에 대한 사고를 자극하고 도전해보려는 의지를 불러일으킬 수 있는 것이어야 한다. 그리고 학년이 올라갈수록 복잡한 상황 장면과 여러 사람에게 영향을 미칠 수 있는 딜레마를 활용하는 것이 바람직하다.

도덕적 딜레마 토론은 도덕적 문제 사태 제시, 도덕적 토론의 도입, 도덕적 토론의 심화 단계로 진행된다. 도덕적 토론의 도입 단계에서는 도덕적 쟁점을 강조하는 질문, 이유를 묻는 질문, 상황을 복잡하게 하는 질문을 던진다. 도덕적 쟁점을 강조하는 질문은 학생들이 주어진 도덕적 딜레마를 이해하고 있는지를 확인하고, 주어진 딜레마에 대해 학생 자신이 분명한 도덕적 입장을 취하도록 하기 위한 것이다. 이유를 묻는 질문은 학생들에게 도덕적 문제에 대한 자신의 입장을 지지해주는 이유들을 설명할 것을 요구하는 것이다. 상황을 복잡하게 하는 질문은 처음의 딜레마 상황에 내재된 복잡함과 인지적 갈등을 더 심화시키기 위해 본래의 문제에다 새로운 정보나 상황을 추가하는 것이다. 도덕적 토론의 심화 단계에서는 도덕적 추론의 구조적 변화를 위해 하나의 문제에 대해 여러 관점에서 진지하게 숙고할 수 있도록 하는 데 중점을 둔다. 이를 위해 심층 질문하기, 다음 단계

[표 2] 도덕적 관점의 발달에 도움을 주는 도덕적 추론의 기술

사고 기술	핵심 발문
1. 상상력: 모든 요소, 동기, 결론의 고려	우리는 ~에 대해 생각하였는가?
2. 감정 이입: 유비를 통한 추론, 타인에 대한 생각	만약 ~한다면 어떤 기분이 들까?
3. 보편화: 규칙의 함의에 대한 검증	모두가 ~한다면 어떨까?
4. 결론 예측: 목적과 수단	네가 ~한다면 어떨까?
5. 맥락에의 민감성: 특정 상황, 예시	어떤 시간/장소가 문제가 되는가?
6. 가설적 추론: 대안 가능성 고려	어떤 대안이 있는가?
7. 정당한 근거 제시: 근거 제시를 통한 판단의 뒷받침	이것이 정당한 이유인가?
8. 일관성의 검증: 행위와 신념의 일관성	그 행동이 신념과 일치하는가?
9. 이상적 세계의 기획: 도덕적·사회적·문화적 이상(ideals)	이곳이 네가 살고 싶은 세계인가?
10. 이상적 자아의 기획: 자신의 도덕적 관점	너는 이런 사람이 되고 싶은가?

의 주장을 강조하는 질문, 명료화와 요약·역할 채택을 위한 질문을 던진다.

(2) 논술법

논술은 어떤 주제에 대해 관련된 지식과 정보를 토대로 자신의 생각을 논리적으로 글로 표현하는 것이다. 논술은 문제의 인식 및 발견 능력, 논리적 사고력, 창의적 사고력을 발달시키는 데 적합한 방법이다. 도덕과 논술은 도덕적 가치 개념과 원리에 대한 이해 및 적용 능력, 도덕적 탐구 절차의 습관화, 논리적 추론 능력 등을 발달시키는 것을 목표로 한다. 이 방법은 도덕적 가치나 덕목, 원리나 규범 등에 대한 지식, 도덕적 문제에 대한 대안이나 관점을 제시, 그리고 그 정당화 근거를 논리적으로 표현하는 것을 중심으로 이루어진다.

일반적으로 다른 교과의 논술에서는 평가 요소로서 사고력, 텍스트 구성력, 지식 이해력을 설정하고, 그 하위요소로서 생각, 조직, 어조, 낱말 선택, 문장 유창성, 어법, 서술, 설득력, 설명력, 이야기, 상상력 등을 중시한다. 그러나 도덕과 논술은 개인적·사회적 차원의 도덕적 문제에 대한 인식, 도덕적 판단의 내용 및 근거 제시 그리고 도덕적 문제를 해결하기 위한 합리적 처방 제시가 중심이 된다. 따라서 도덕과 논술의 평가 요소는 도덕적 상상, 가치와 도덕 원리의 이해, 도덕적 탐구, 논리적 구성, 도덕적 설득, 도덕적 개성, 가치에 대한 헌신도 등을 중심으로 구성될 수 있다.

도덕적 상상은 윤리적 딜레마와 문제 상황에 대한 인식, 가치와 도덕 원리의 이해는 가치와 도덕 원리의 정의 및 문제 상황에 대한 도덕 원리나 규칙 적용, 도덕적 탐구는 문제를 도덕적으로 탐구하는 절차의 숙지와 함축된 처방, 논리적 구성은 논리적 전개 및 함축된 주장이나 근거의 적절성, 도덕적 설득은 도덕 원리 해석의 적절성 및 도덕적 동기의 강도, 도덕적 개성은 문제에 대한 다양한 관점의 주장 제기 및 자신의 느낌과 관점의 명확한 표현, 그리고 가치 헌신도는 자신의 가치에 대한 존중과 열정, 다른 가치에 대한 관용도를 그 핵심 내용으로 한다.

논술은, 특정한 주제나 문제 사태를 담은 글을 제시하기, 그 문제나 주제에 관하여 자유롭게 쓰기, 도덕적 딜레마에 초점을 두고 다시 쓰기, 소집단 동료 검토와 협력적 쓰기, 자신의 이야기나 대안으로 마무리하기와 같은 절차로 이루어진다.

논술 방법을 적용한 수업의 진행은 개인 논술과 집단 논술로 운영될 수 있다. 개인 논술은 학생 개인이 교사가 제시한 주제나 도덕적 문제 사태에 관해 자신의 관점에서 글쓰기를 하는 것이다. 글쓰기는 일반적으로 계획하기, 초안 작성, 수정하기, 교정하기, 제출하기, 자신의 글과 다른 사람의 글에 대해 토론하고 평가하기의 과정을 거친다. 집단 논술은 교사나 5~6명의 학생들로 구성된 소집단이 함께하는 글쓰기다. 글쓰기 과정은 개인 논술과 유사하나 논술의 구성 방식, 주장−이유−근거 마련하기, 역할 분담 등에 있어서 집단구성원들의 상호작용이 강조된다. 어떤 방식이든 자신의 이야기와 관점으로 마무리하는 절차는 동일하게 지켜져야 한다. 결국은 학생들이 자신의 도덕적 사고의 내용을 논리적으로 조직하는 것이 도덕과 논술의 본질이기 때문이다.

논술은 문항의 유형에 기초할 때 구조화된 유형(Structured Type)의 논술과 구조화되지 않은 유형(Unstructured Type)의 논술로 구분된다. 구조화된 유형의 논술은 제시된 주제나 문제에 대한 답의 형식과 범위를 제한하거나 그래픽 조직자(Graphic Organizer)를 제공하는 것이다. 주제나 문제에 대해 특정 관점에서만 논술하게 하거나 주제나 문제에 관한 지식, 아이디어, 개념의 시각적 표현에 따라 논술하거나 제시된 내용을 변형하여 글을 조직하게 하는 것이 그러한 예다. 이 유형은 도덕적 가치나 개념에 대한 명확한 이해가 필요하거나 사회의 윤리적 문제나 쟁점에 대해 학생들이 다양한 지식과 정보를 파악해야 하는 경우에 유용하다. 구조화되지 않은 유형의 논술은 특정 관점이나 형식, 범위에 얽매이지 않고 학생 스스로 자유롭게 논술 주제나 문제에 대해 글을 조직하는 것이다. 이 유형은 학생들 스스로 특정 문제에 대한 자신의 입장을 논증의 형식으로 서술할 때 적합하다. 이 유형을 적용하여 구성된 논술은 토론과 연계한 논술이나 소집단 협력 논술 수업에서 유용하게 활용할 수 있다. 즉, 학생이 구성한 논술은 토론의 자료나 협력적 고쳐 쓰기 과정에서 기초 자료로서 활용할 수 있다.

논술 방법이 도덕적 문제나 쟁점에 대해서 효과적으로 적용되려면 학생들이 자신의 주장과 근거를 논리적으로 구성하도록 해야 하며, 동시에 자신의 주장 및 근거와 반대되는 주장 및 근거를 명확하게 이해하고 비판하고 평가하도록 함으로써 논리적 사고 능력을 발달시키는 것이 필요하다.

논술은 본질적으로 논증의 성격을 띤다. 좋은 논증은 증거나 개인적 경험에 의해 정교하게 조직되고 지지되어야 한다. 논증의 질을 높이기 위해서는 반대논증을 고려하고 반박함으로써 논증의 설득력을 높여야 한다. 이러한 점에서 좋은 논증은 반대논증을 포함할 뿐 아니라 논증과 반대논증을 평가하고 비교하여 자신의 최종 입장을 위한 근거로서 결합하고 있어야 한다. 논증-반대논증 통합에는 자신의 논증 구성하기, 반대논증 분석하기, 자신의 논증과 반대논증의 관계 분석하기가 포함된다. 이러한 과정을 거치면서 학생들은 사고를 정교하게 조직하고, 논증을 논리적으로 더욱 공고하게 만들고, 비판적 사고를 강화하게 된다.

논술 방법을 적용한 수업에서 논증-반대논증 통합 방법은 다음의 절차와 방식으로 적용될 수 있다. 교사는 학생들이 특정 주제나 쟁점을 선택하고 자기 자신의 도덕적 가치들을 반영하여 입장을 정하도록 한 후 다음과 같이 학생 자신의 사고 내용을 글로 조직하도록 한다.

첫째, 자신의 입장을 지지하는 이유들을 제시하도록 한다. 단 이유에는 도덕적 이유와 사실에 근거한 이유 모두가 포함되도록 한다. 또 이유를 강화하는 사례와 증거를 사용하도록 한다. 둘째, 자신과 반대되는 입장을 사람들이 가지는 이유를 기술하도록 한다. 셋째, 반대 입장을 고려해봄으로써 학생 자신의 최초의 신념이 바뀌거나 변했는지 또는 자신의 신념과 반대되는 논증을 공정하게 고려했음에도 최초의 신념이 변하지 않은 이유가 무엇인지 기술하여 결론을 맺도록 한다.

이러한 논술 방법이 효과적으로 활용되려면 교사의 철저한 수업 준비와 열정이 전제되어야 한다. 논술 주제나 쟁점, 문제와 관련하여 교사는 최신의 자료, 공신력 있는 기관에서 발행된 자료, 특정 관점에 경도된 자료와 여러 가지 관점을 균형 있게 다루고 있는 학습 자료를 풍부하게 확보해야 한다. 특히 논증–반대논증의 형태로 작성된 자료를 준비해야 한다. 교사는 논술 문제나 쟁점과 관련되는 논증과 반대논증 요약 자료를 미리 만들어 수업에서 활용한다. 또한 선행 조직자를 담은 파일을 수업 전에 미리 학생들에게 제공하고 이를 바탕으로 특정 문제나 쟁점에 대한 논술 초안을 수업 전에 미리 작성해 오게 함으로써 토론 수업과 연계한 논술의 교육 효과를 높여야 한다.

2. 사용되는 스마트 기술

도구명	활용 화면	활용 용도	대안 도구
에버노트		모아둔 자료를 활용하거나, 동일한 자료를 다양한 기기에서 활용하거나, 메모와 기록을 빠르게 클리핑할 수 있는 장점이 있는 앱이다. 노트, 녹음, 사진, 할 일을 생성하거나 스캔, 업로드 등의 수집하는 기능, 과제나 프로젝트를 공유하는 협업 기능이 있다. 탐구공동체 토론이 끝난 후 에버노트에 주제에 대한 글을 작성하고, 녹음 기능을 이용하여 자신의 생각과 의견을 기록할 수 있다.	포털 사이트, 카페
QR코드		스마트폰에서 인식하여 해당 소개 페이지로 이동하는 앱으로, 제작 방법이 쉽고 설문·시험 등 활용도가 높다는 장점이 있다. 반성과 관련된 자료를 교사가 제시할 때, 학생이 각자의 스마트 패드나 스마트폰에 QR코드를 다운로드하여 학습 주제에 대해 생각해보거나 가장 흥미로운 토론 주제를 선정하는 것으로 활용할 수 있다.	메일
구글 드라이브		컴퓨터에 프로그램을 설치하지 않더라도 언제 어디서나 문서, 스프레드시트, 프레젠테이션 등의 기능을 무료로 사용할 수 있는 장점이 있다. 구글 양식지에 올라온 전체 학생들의 질문과 경험을 소개하는 목적으로 활용할 수 있다.	포털 사이트, 카페

3. 교수·학습 과정안

1) 교수·학습 과정안 요약

학교급	초등학교	학년	5학년	차시	1차시
교과	도덕	대단원	6. 돌아보고 거듭나고	소단원	(3) 다함께 더 성숙하게
학습 목표	바람직한 공동체 생활을 위해 여럿이 함께하는 반성에 대해 알고 이를 실천할 수 있다.				
스마트 활동	교실탐구공동체 수업 모형을 적용하여 학생들이 QR코드로 선택한 토론 주제와 질문들에 대해 토론하고, 에버노트에 판단과 감정에 기초한 글쓰기를 하여 상호작용하도록 한다.				
학습자 역량	자신의 권리, 관심, 한계, 요구를 옹호하고 주장하는 능력, 갈등 관리 및 해결 능력, 언어·상징·텍스트를 상호작용하도록 활용하는 능력, 지식과 정보를 상호작용하도록 활용하는 능력				
수업 진행	1단계 자리 배치하기 (원형, 말굽형) ▶ 2단계 사고 공유물 공유 ▶ 3단계 자극물 접하기 (숙고, 내용 선정) ▶ 4단계 토론 촉진 (대화로서의 토론) ▶ 5단계 선택된 질문에 대한 토론 ▶ 6단계 탐구의 확장 (글쓰기)				
준비물	교사	스마트 패드, 전자칠판, 스쿨박스, 앱(구글 드라이브, QR코드, 에버노트)			
	학생	스마트 패드, 안드로이드폰, 앱(QR코드, 구글 검색, 구글 드라이브, 에버노트)			

2) 교수·학습 과정안

● 도입

수업 단계	교수·학습 활동		시간 (분)	활용 도구
	교사	학생		
자리 배치	학습 목표를 제시한다. 교실탐구공동체 활동에 대해 설명한다. 자리 배치(원형, 말굽형)를 한다.	학습 목표와 학습 활동에 대한 설명을 전자칠판으로 확인한다.	4	💻📺
사고 공유물 공유	학습 주제(반성)와 관련된 자료 서너 가지를 QR코드로 제시한다. 각자의 스마트 패드 또는 스마트폰에 다운로드된 QR코드를 보고 학습 주제에 대해 생각해보게 한다(교사는 이때 미리 제작한 QR코드를 제시한다).	뉴스 동영상, 뉴스 기사, 학교생활 가운데 반성과 관련된 문제에 대한 자료를 받아보고 학습 주제에 대해 생각해본다.	3	📝📱💻🔳

활용 도구 📝 스마트 패드 📱 스마트폰 💻 컴퓨터 📺 전자칠판

활용 앱 🔳 QR코드

● 전개

수업 단계	교수·학습 활동		시간 (분)	활용 도구
	교사	학생		
자극물 접하기	각자가 QR코드에 답변을 작성, 제출하게 한다. 교사는 구글 양식지에 올라온 전체 학생들의 질문과 경험을 소개한다. 또 다른 QR코드를 학생들에게 전송시켜 질문 가운데 가장 다루고 싶은 흥미로운 질문의 번호를 기록하여 제출하도록 한다. 구글 양식지의 통계에서 가장 많이 선택된 기사와 질문을 각각 소개하고, 토론이 끝난 후에 선택된 질문에 대한 토론이 별도로 이루어질 것을 예고한다.	전체 토론에서 다룰 토론 기사의 번호와 질문을 기록하여 제출한다. 자신의 질문이 올라왔는지 확인한다. 질문 가운데 가장 흥미로운 것의 번호를 기록하여 전송한다. 통계를 통해 선택된 기사와 질문을 자신의 스마트 패드 메모장에 기록해둔다.	5	📝 💻 📱 ▦ 🔺
토론 촉진	교사는 학습자 또는 리더가 되어 토론을 이끌어간다.	자신의 의견과 경험을 자유롭게 발표한다.	15	
선택된 질문에 대한 토론	선택된 토론 질문에 대한 토론을 시작한다. 이때 교사는 토론 규칙을 정확히 알려준다. 교사는 스마트 패드의 동영상 기능을 통해 학생들의 발표를 녹화하고 차시에 동영상 녹화본을 보고 토론 규칙 이행 여부를 분석해 보기로 예고한다.	학생들은 자신들이 선택한 토론 질문과 관련하여 토론을 시작한다. • 토론 규칙을 지킨다. ① 다른 사람의 생각 공유하기 ② 다른 사람에게 말할 기회 주기 ③ 다른 사람의 관점 생각해보기 ④ 다른 사람이 말할 때 주의 깊게 경청하기 ⑤ 분별 있게 생각하고 행동하기 ⑥ 서로의 생각을 의논하되 방해하지 않도록 주의하기 ⑦ 다른 사람의 생각에 대해 무례한 반응 보이지 않기	7	📝 📹

활용 도구 📝 스마트 패드 📱 스마트폰 💻 컴퓨터
활용 앱 📹 동영상 🔺 구글 드라이브 ▦ QR코드

● 정리

수업 단계	교수·학습 활동		시간 (분)	활용 도구
	교사	학생		
탐구의 확장	토론이 끝난 후 글쓰기 주제를 제시하여 에버노트에 글을 작성하도록 한다. 에버노트의 녹음 기능을 활용하여 글에 대한 자신의 생각과 의견을 기록하고 공유하도록 한다.	판단에 기초한 글쓰기, 감정에 기초한 글쓰기, 나열된 핵심단어를 조합한 글쓰기 등 자신이 원하는 글쓰기 방법을 선택하여 에버노트에 기록하게 한다.	6	📱 📱 📝

활용 도구 📝 스마트 패드 📱 스마트폰 활용 앱 🐘 에버노트

3) 교수·학습의 고려사항 및 유의점

(1) 탐구공동체 활동 시 유의점

- 토론이 끝난 후 곧바로 글쓰기를 실시하는 것이 효과적이지만, 1차시 수업으로 글쓰기까지 수행하기에는 시간적 여유가 없다. 따라서 방과 후 수행평가 과제로 부과하는 방법도 고려해야 한다.
- 토론과 논술을 실시하기 전에 토론과 논술하는 방법을 철저히 가르쳐야 한다. 예를 들어, 논술의 경우 논술문 쓰는 절차와 요령, 논리적 오류의 유형과 근거를 대는 방법 등을 사전에 교육한 후 논술문 쓰기를 해야 좋은 결과를 얻을 수 있다.
- 가급적 토론에는 특정 학생이 분위기를 장악하지 않도록 교사가 적절히 개입하여 전체 학생들이 참가할 수 있도록 해야 한다.
- 발표시간을 적절히 조절하고, 토론이 주제에서 벗어나지 않도록 주의한다.
- 타인의 의견을 존중하는 태도가 무엇보다 중요함을 주지시킨다.
- 논술 문제를 지나치게 어렵게 출제하지 않도록 주의한다.
- 자연스럽게 토론할 수 있는 분위기, 허용적인 분위기를 조성한다.
- 교사의 가치판단이 주입되지 않도록 한다.

(2) 반성과 관련된 학습 활동 시 유의점

- 반성 과정에서 교사와 학생들은 반성에 몰두하고 열의를 가져야 하며 서로에게 개방적이어야 한다.
- 교사는 학생과의 대화를 통해 자신이 반성한 경험을 성찰하도록 자극하고, 적절한 시기에 적합한 피드백을 주어야 한다.
- 진정한 반성의 의미를 학생들에게 알려주어 너무 모자라거나 지나친 반성이 되지 않도록 피드백을 준다.
- 일상생활에서 일어날 수 있는 개인적 일들이 반성의 대상이 될 수 있으며, 너무 어렵고 복잡한 것을 대상으로 하지 않도록 유념하게 한다.
- 반성과 관련하여 어린이들이 직접 경험한 것을 발표하도록 하는 것이 학습 흥미를 유발하는 데 효과적이다. 이때 자신의 잘못과 문제점을 솔직하게 말하고, 어떻게 반성하였으며 어떤 노력을 해서 지금은 어떻게 달라졌는지 발표하는 것이 좋다.
- 학생들이 자신의 모습을 자기 스스로 살피고 잘못된 점이나 부족한 점을 개선해나가는 것이 진정한 반성임을 강조해서 지도한다.
- 집단 구성원 모두가 나와 타인, 그리고 집단의 잘못에 대해 책임감을 갖고 반성할 때 문제를 잘 해결할 수 있으며, 우리는 보다 행복한 사회를 만들 수 있음을 강조하여 지도한다.

(3) 에버노트 활용 시 유의점

- 에버노트를 적극적으로 활용하기 위해서는 일회성 작업이 아니라 일상생활에서 필요하면 언제든지 기록하고 찍고 메모하는 습관이 필요함을 충분히 설명한다.
- 태그를 이용하여 글을 작성함으로써 추후에 손쉽게 검색할 수 있도록 미리 준비시킨다.
- 에버노트에 차곡차곡 기록된 학생들의 글은 추후에 포트폴리오 평가로 활용할 수 있도록 한다.

(4) 수업 진행 시 기타 고려사항

- 수업활동 중에 정해진 앱이나 검색을 하지 않고, 게임이나 채팅 등으로 허비하는 학생이 발생하지 않도록 수업 시작 전에 충분히 설명한다.
- 무선 네트워크 환경을 기반으로 운영되므로, 상황 악화로 발생하는 끊김 현상이나 오류 문제에 대비하여 대체 프로그램을 준비한다.
- 구글 드라이브 등을 이용할 때는, 서버 손상으로 인해 데이터가 손실될 수 있으므로 수시로 백업하여 중요한 자료를 안전하게 보관하도록 한다.

4) 교수·학습 자료

(1) 평가 기준

평가 범주			수행 내용	배점	평가 근거
토론 참여도		상	토론하기 위하여 동료들과 의견을 나누고, 토론에 참여한 횟수가 10회 이상이다.	10	관찰 체크리스트
		중	토론하기 위하여 동료들과 의견을 나누고, 토론에 참여한 횟수가 5회 이상, 9회 이하다.		
		하	토론하기 위하여 동료들과 의견을 나누고, 토론에 참여한 횟수가 4회 이하다.		
토론 절차 수행		상	토론 절차를 이해하고, 규칙에 맞게 토론을 수행한다. 토론에 필요한 자료와 질문을 모두 제시한다.	45	관찰 체크리스트
		중	토론 절차를 이해하고 규칙을 파악하였으나, 토론을 수행하는 데 어려움이 있다. 토론에 필요한 자료와 질문을 제시한다.		
		하	토론 절차를 이해하지 못하고, 주변의 도움을 받아 토론을 수행한다. 토론에 필요한 자료와 질문을 제시하지 못한다.		
글쓰기 평가	내용의 완성도	상	반성의 의미와 중요성을 설명하기 위한 핵심적 개념이 글에 포함되어 있다. 학습 주제를 완전히 이해할 수 있다.	15	에버노트에 기록된 보고서
		중	반성의 의미와 중요성을 설명하기 위한 핵심적 개념이 대부분 포함되어 있다. 학습 주제에 대한 이해에 어려움이 없다.		
		하	반성의 의미와 중요성을 설명하기 위한 핵심적 개념이 상당 부분 빠져 있다. 학습 주제를 이해하는 데 어려움이 있다.		
	구조의 논리성	상	글에 포함된 모든 개념들의 관계가 논리적이다. 학습 주제를 충분히 이해할 수 있다. 설득력이 있다.	15	
		중	글에 포함된 대부분의 개념들 간 관계가 논리적이다. 글에 대한 이해에 어려움이 없다.		
		하	글에 포함된 개념들 간 관계 중 논리적으로 적절치 못한 것들이 많다. 글에 대한 이해에 어려움이 있다.		
	주제와의 연관성	상	글에 포함된 개념이 모두 주제와 매우 밀접하게 연관되어 있다. 학습 주제 설명이 매우 적절하다.	15	
		중	글에 포함된 개념이 대부분 주제와 연관되어 있다. 개념이 사용된 이유를 이해하는 데 어려움이 없다.		
		하	글에 포함된 핵심적 개념들 중 주제와 관련되어 있다고 볼 수 없는 것들이 많다. 학습 주제를 충분히 이해하기가 어렵다.		
				100	

(2) 웹사이트 리스트

- QR코드 제작 qr.naver.com
- 조성민 교수의 탐구공동체 niecomin.cyworld.com
- 지극히 현실적인 스마트러닝 네이버 블로그 felix82.blog.me/140157619639
- 구글 드라이브 drive.google.com
- 에버노트 evernote.com/intl/ko

(3) 학습지

토론학습지

소속	( )학년 ( )반 ( )번		
이름			
날짜	( )월 ( )일 ( )요일		
내가 원하는 토론 주제			
정해진 토론 주제			
내 생각과 근거			
친구들의 생각과 근거	찬성		
	반대		
토론 후 자신의 생각과 근거			
토론과 관련된 친구들의 질문 선택	1번	2번	3번
소감 및 다짐			

04 e-Book 적용 사례

1. 적용 방법

2페이지의 '넓은 우주 안의 작은 나와 너' 영상은 성찰에 대한 학습 분위기를 위해 수업 도입 전에 시청하게 한다([그림 9] 참조). 눈을 감고 감상해도 되며, 영상을 보면서 감상할 때는 영상 화면을 전체 화면으로 전환시켜 크게 볼 수 있도록 한다. 학습 주제와 관련시켜 영상의 의미와 이번 시간에 다룰 내용의 중요성을 알려준다.

효행의 날 영상을 시청하고 난 다음에는 바로 생각의 나무 페이지로 이동하도록 플래시 단추를 클릭하도록 한다. 반성 수목원과 '소 잃고 외양간 고친다'와 관련된 사진은 교사가 다른 사진으로 대체할 수 있으며, 그에 따른 질문도 별도로 준비한다. 글이 입력란을 넘어가지 않도록 최대 글자 수를 조절하도록 유도한다([그림 10] 참조).

되도록 프레지 링크를 열어서 프레지 화면에서 개념에 대한 수업이 이루어질 수 있도록 한다. 링크된 프레지에서의 내용 연구는 교사가 별도로 준비한다. 게임 중독을 통해 반성하는 삶과의 연관성을 이끌어낼 수 있도록 지도한다. 게임 중독이 아니더라도 교사가 학생들의 수준을 고려하여 다른 동영상을 제시할 수 있도록 한다. 이때 영상에 따른 질문도 같이 준비한다([그림 11] 참조).

맹자 사진은 총 5장으로 분류되므로 각각의 사진들을 보여주며 맹자에 대해 알려준다. 맹자의 충고는 되도록 하이라이트 기능과 메모 기능, 쓰기 도구를 활용하여 좀 더 중요함을 인식하도록 한

] 적용 e-book의 도입 페이지

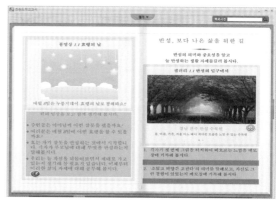

[그림 10] 적용 e-book의 효행의 날과 생각의 나무 페이지

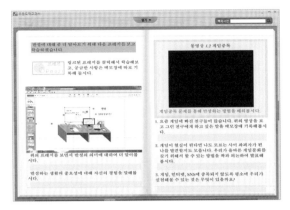

[그림 11] 적용 e-book의 개념 및 연관 내용 소개

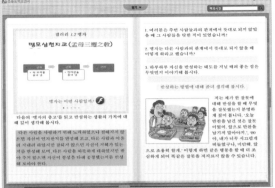

[그림 12] 적용 e-book의 맹자 관련 페이지

다. 반성하는 방법은 교과서의 내용을 실어놓은 것으로, 교사가 다른 좋은 예시 방법을 연구하여 제시하도록 한다([그림 12] 참조).

2장에 대한 내용은 내용 학습보다는 활동하기와 관련된 부분이므로 학습자의 부담감을 덜어주도록 하되, 활동 방법을 정확히 인지하도록 안내한다([그림 13] 참조).

미투데이 로고를 클릭하여 미투데이 홈페이지에 접속해보고, 회원 가입 및 글을 남기는 실습을 해보도록 안내한다. 회원 가입을 한 후에는 학습자 각자의 스마트 패드나 스마트폰에 미투데이 앱을 다운로드하여 직접 기능을 체험해보도록 안내한다. 15년 후 도둑의 편지를 읽어보고 학습 주제를 연관시켜 반성하는 삶과 관련된 활동이라는 점을 인식시킨다([그림 14] 참조).

되도록 프레지 링크를 열어서 학습하도록 안내한다. 프레지의 중요한 내용은 이미지 단추를 클릭해서 좀 더 자세히 설명해준다. 미투데이에 각자의 글을 남기는 방법을 사진을 통해 알아보고, 실제로 각자가 스마트폰으로 미투데이 앱을 이용하여 실습해보도록 안내한다([그림 15] 참조).

각자가 미투데이 앱에 기록한 내용을 구글 드라이브 양식지에 정리해서 보관하도록 한다. 구글

[그림 13] 적용 e-book의 2장 도입

[그림 14] 적용 e-book의 미투데○

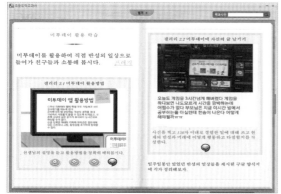

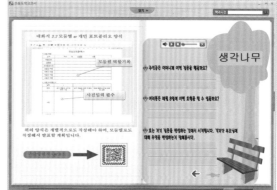

[그림 15] 적용 e-book의 미투데이 활용 학습 2　　　　[그림 16] 적용 e-book의 마무리 단계

양식지는 QR코드를 스마트폰으로 스캔해서 읽어볼 수 있도록 한다(QR코드 스캔 방법은 학생들이 별도로 알고 있어야 한다). 생각나무에 자신의 생각을 기록할 때 음악을 재생시켜 차분한 분위기를 조성해준다([그림 16] 참조).

2. 제언 및 시사점

스마트 기기와 SNS가 정치, 경제, 사회, 문화 등 삶의 전 영역에 깊숙이 스며들어 삶의 일부분이 되어감에 따라 삶의 환경을 스마트 환경으로 부를 수 있는 상황이 되었다. 이런 상황에서 교육의 패러다임 역시 디지털 교육을 넘어서 스마트 교육으로 전환되고 있다. 따라서 학습자의 학습 역량, 창의성과 인성 발달이 스마트 교육을 통해 보다 효과적으로 신장될 수 있는 교수·학습 방안이 정립되어야 한다. 그중 가장 중요한 과제는 스마트 기기의 보급 확대와 함께 스마트 기기를 활용한 교육의 교수·학습 모형 및 자료를 개발하는 것이다. 스마트 교수·학습의 콘텐츠가 풍부하게 개발되어 학교 수업에 적용될 때 스마트 교육의 토대가 확립될 수 있다. 본 연구는 이러한 연구 필요성에 따라 도덕과 수업에 적용할 수 있는 초등·중등 스마트 콘텐츠를 개발하였다. 개발된 자료가 학교 수업에 적용되어 학생들의 학습 역량, 창의성과 인성을 높이는 데 효과적으로 기여할 수 있도록 다음과 같은 정책 지원이 이루어져야 할 것이다.

실습과 실연 중심의 스마트 교육 교사 연수

개발한 스마트 교수·학습 자료들이 학교 현장에 보급되어 교사들이 해당 자료를 재 구성하거나 교사 스스로 새로운 자료를 개발할 때 기본 틀로서 활용할 수 있도록 하기 위한 스마트 교수·학습 자료 자체에 대한 심층적인 교육과 연수가 이루어져야 한다. 교과서가 더 이상 발간되지 않고 교사들의 교육과정에 대한 낮은 이해도를 고려할 때 교과의 성격과 목표, 교육과정의 변화에 대한 연수가 병행된다면, 스마트 교육 및 연수의 효과가 높아질 것으로 기대된다.

이미 개발된 스마트 교수·학습 자료 활용 방안, 스마트 교수·학습 자료 개발 방법과 절차 등에 대한 교육과 연수가 효과적으로 이루어지기 위해서는 스마트 교육 환경이 잘 구축된 시범학교가 교육의 장으로 활용되어야 한다. 또한 연수 총 인원이 몇 명인지가 아니라 연수 내용을 실제로 자신의 교수·학습 과정에 적용할 수 있는 능력을 신장하는 데 연수의 목적을 둘 필요가 있다. 따라서 스마트 기기를 의사소통, 협동 학습, 수행평가 등의 학습 도구로 활용하는 방법에 대한 연수가 중점적으로 이루어져야 한다.

그러므로 앞으로 스마트 교육 교사 연수는 종래의 교사 연수와는 다른 형식을 갖추어야 하며, 내용 측면에서도 질적으로 개선될 필요가 있다. 먼저, 연수 방식이 대규모 집합형 강의에서 소규모 집단의 스마트 학습 도구 활용 실습 및 실연 중심의 심층 연수로 전환되어야 한다. 스마트 시범학교를 교육의 장으로 활용해 스마트 기기를 직접 다루어보고 시연을 모방하여 익히는 방식, 연수 내용을 소집단별로 실습하고 집단 구성원들이 협력하여 기능을 숙달하는 체험형 연수가 이루어져야 한다. 연수 과정에는 소집단별로 연수생 소속 학교 학생들의 발달 수준과 관심에 적합한 적용 방안을 교수·학습 과정안으로 작성하여 실연해보고, 강사 및 동료 연수생들의 피드백을 받는 절차가 포함되어야 한다.

(2) 제언 2: 스마트 교육 전문가 양성을 위한 대학원 맞춤형 교육 시스템 구축

스마트 교육이 학생들의 창의성과 인성을 함양하고 학습 역량을 높이기 위해 필요한 학교 교육의 패러다임으로 자리 잡아가고 있지만, 학교 현장에서 스마트 교육 역량을 갖춘 교사는 매우 부족한 것이 현실이다. 스마트 교육 역량을 갖춘 교사를 확보하는 것이 스마트 교육의 효과적 실행을 위해 선결해야 하는 과제 중 하나라면, 현재 시점에서 활용 가능한 인적자원 개발 제도를 활용하는 것이 효과적이다. 그러한 방안으로서 두 가지 제도를 들 수 있다.

한 가지 제도는 학습연구년제를 시행하는 시·도 교육청의 경우 학습연구년 교사를 선발할 때 체 인원의 일정 비율을 스마트 교육 역량 전문성 향상 과정 전형으로 선발하여 대학의 유관에서 교수 및 전문가들을 통해 전문성을 신장하게 하는 방안이다. 스마트 교육 역량 전문 과정으로 선발된 인원은 교과별로 스마트 교수·학습 자료 축적이 이루어져야 하므로 교 이상이 포함되도록 하는 것이 타당하다.

또 다른 제도는 한국교원대학교를 중심으로 운영되고 있는 파견교사 특별전형제도 대학교의 경우 교사들의 스마트 교육 역량 신장을 위한 연구·개발의 중심이 되고 있 육 환경이 잘 갖추어져 있는 세종시교육청, 교육부의 스마트 교수·학습 자료 연구· 를 통해 진행되고 있고, 학습뇌과학센터, 뇌기반 교육에 대한 연구가 활성화되어트 교육 전공 대학원 과정이 개설되었다. 이러한 사정을 고려할 때 시·도 교육청별로 한국교원대학교에 파견하는 교사들 중 일정 비율을 스마트 교육 전공 과정 대학원생으로 할당하는 방식을 고려해볼 필요가 있다.

대학원 특별 전형 과정에서 스마트 교육 역량을 신장하기 위해 스마트 교수·학습 자료를 개발하는 교사들을 위해서는 석사학위 취득 경로를 이원화하여 운영하는 방안이 마련되어야 한다. 학위논문 대신 스마트 교수·학습 자료를 연구물로 산출하는 경우, 대학원위원회가 일정한 심사과정을 거쳐 일정한 질을 갖춘 산출물을 인증하여 석사 학위를 수여하는 방안이다. 석사학위 심사과정을 통과하여 석사학위 취득 자격을 충족한 스마트 교수·학습 자료는 한국교원대학교 교수·학습센터의 데이터베이스로 등록하여, 예비 교사들의 스마트 교육 역량 개발이나 현직 교사들의 스마트 교육 역량 신장을 위한 연수 자료로 제공할 수 있다. 단, 저작자들의 저작권 보호, 스마트 교수·학습 자료 관리 시스템 구축 및 갱신, 자료 서비스 등에 필요한 최소 경비를 확보하기 위해서 교육부와 시·도 교육청과의 재정 지원이 이루어져야 할 것이다.

(3) 제언 3: 교사의 스마트 교수·학습 자료 개발에 대한 학술 및 기술 자문 지원 체제 구축

학생들의 발달 특성, 관심, 스마트 기기에 대한 친숙도, 스마트 교육 기기 구비 등의 교육 환경을 고려하여 학습 목표를 달성하는 데 가장 적합한 수업을 설계하는 행위자는 교사다. 스마트 교육의 실행자로서 교사는 스마트 교육 역량을 갖추어야 하는데, 스마트 교육 역량이란 스마트 기기의 교육적 기능, 가치, 스마트 기기를 상호작용적으로 활용하는 전문성을 말한다. 구체적으로 스마트 기기의 학습 도구로서의 특성, 스마트 기기를 활용한 교수·학습 원리와 방법에 대한 지식, 스마트 기기를 활용한 교수·학습 설계, 스마트 기기를 활용한 교수·학습 자료 개발 능력, 스마트 기기를 활용한 교수·학습 실행 능력 등이 포함될 수 있다.

교사의 스마트 교육 역량을 신장하기 위해서는 교육부와 교육청의 행정·재정 지원과 함께 학술 자문과 기술 자문 지원 체제를 갖추어야 한다. 학술 자문 지원 체제라 함은 교과의 성격을 분명하게 드러내는, 교과의 목표를 달성하는 데 효과적인 교과별 교수·학습 이론, 배경 학문 지식 및 교과 내용에 대한 지식, 교과의 교수학적 내용 지식(PCK), 스마트 교육의 원리와 방법, 국내외 스마트 사례 및 시사점 등에 대한 교사 연수, 교과의 스마트 교수·학습 자료 개발 과정에서 교수 또는 전문가와 교사의 멘토-멘티 관계 형성을 통한 밀착형 학술 자문을 말한다.

교수·학습 자료 개발에 대한 기술 자문 지원 체제라 함은 교수 또는 교과 전문가와 교사가 스마트 교수·학습 자료를 개발하는 과정에서 특정한 교수·학습 아이디어를 구현함에 있어 어려움을 겪고 있는 부분에 대한 전문 기술적 자문을 제공하는 것을 말한다. 스마트 교수·학습 자료를 개발하는 교사들에게 기술 자문을 제공하는 전문가 집단에는 교육공학 전문가, 스마트 교육용 앱 개발자, 디지털 교과서 프로그램 개발자 등 스마트 교수·학습에 관련된 원천 기술 및 활용 도구 전문가가 포함될 수 있다.

학술 자문 체제와 기술 자문 체제는 목적 및 필요성 측면에서 상이한 특성이 있으므로 전문가 활용 방식이나 인적자원 구축 방식이 다를 수 있다. 학술 자문의 경우, 심층 교육 및 연수를 통한 밀착형 자문이 필요하다. 교사들이 교수나 전문가가 제공하는 교육의 내용을 충실히 이해하고 개발 과정에 적용하기 위한 숙고와 토론의 과정이 필요하다. 따라서 전문가와 교사의 인격적 관계, 빈번한 교육 및 연수가 필요하다. 그러므로 시·도 교육청 단위로 학술 자문 교수 및 전문가 인력풀을 구축하는 것이 효과적이다. 교과연구회별로 학술 자문 교수 및 전문가 인력풀을 구성하여 자문을 제공하도록 하는 방식으로 지원 체제가 구축되어야 한다. 기술 자문의 경우, 자료를 개발하는 교사들이 요청하는 경우 필요한 기술 영역의 전문가가 신속하게 문제를 해결하도록 지원해야 한다. 따라서 지역교육청 단위로 전문가 인력풀을 구성하여 기술 영역별로 기술 자문을 제공하는 것이 효과적이다. 그러나 지역교육청 단위로 기술 자문을 제공할 수 있는 전문가 인력풀을 구축하는 것이 현실적으로 어려울 수 있다. 따라서 교육 공학, 컴퓨터 교육 등을 전공한 대학 졸업자들 중 일정 기간 스마트 교육에 필요한 기술 연수 과정을 거친 자, 컴퓨터 교육을 전공한 교사, 스마트 교육에 적용되는 기술 자격증을 소지한 교사로서 대학원에서 관련 전공을 수료한 교사들로 기술 자문단을 구축하는 방안이 고려되어야 한다.

참고문헌

교육과학기술부 고시 제2011.361호. 별책 6, 도덕과 교육과정.

교육과학기술부(2011). 인재대국으로 가는 길: 스마트 교육 추진 전략 실행계획.

김국현(2012). 도덕과 교육에서 도덕적 성찰의 의미와 교수 학습 방안, 윤리 교육연구 제27집.

김국현(2012). 인성 교육을 위한 교사의 역할 변화와 교사 교육의 개선 방향, 제6회 청람교육포럼 자료집, 인성 교육: 교육과정과 교사가 변화해야 한다.

김회수 외(2012). 2011년 디지털 교과서 효과성 측정 연구, 한국교육학술정보원.

노정민 외(2011). 디지털 교과서 콘텐츠 개발 방법, 한국교육학술정보원.

노희정 역(2011). 사고하는 방법, 인간사랑.

박진환 외 역(2005). 고차적 사고력 교육, 인간사랑.

신재한 외(2012). SNS 활용수업 스마트하게 하기, 교육과학사.

양재봉(2012). 세상에서 제일 쉬운 전자책 만들기 iBooks Author, 한빛미디어.

이도원 외(2012). 스토리텔링 프레젠테이션 프레지 Vol 2, 멘토르출판사.

임걸(2011). 스마트러닝 교수 학습 설계모형 탐구, 컴퓨터교육학회.

임희석(2012). 스마트하게 가르쳐라, 스마트 교육, 휴먼싸이언스.

정창우 외(2007). 도덕과 교수·학습방법 및 평가, 인간사랑.

천세영(2012). 스마트 교육 혁명, 21세기북스.

홍순성(2012). 스마트 워킹 라이프, 영진닷컴.

홍순성(2012). 에버노트 라이프, 영진닷컴.

Denton, D.(2011). Reflection and Learning: Characteristics, obstacles, and implications. *Educational Philosophy and Theory, 43*(8).